ANTOLOGIA DO TEATRO ROMÂNTICO

Paulo Eiró (1836-1871)

ANTOLOGIA DO TEATRO ROMÂNTICO

Edição preparada por
ELIZABETH R. AZEVEDO

Martins Fontes
São Paulo 2006

1ª edição *2006*

Acompanhamento editorial
Helena Guimarães Bittencourt
Preparação do original
Célia Regina Camargo (atualização ortográfica)
Revisões gráficas
Marisa Rosa Teixeira
Luzia Aparecida dos Santos
Dinarte Zorzanelli da Silva
Produção gráfica
Geraldo Alves
Paginação
Moacir Katsumi Matsusaki

Dados Internacionais de Catalogação na Publicação (CIP)
(Câmara Brasileira do Livro, SP, Brasil)

Antologia do teatro romântico / edição preparada por Elizabeth R. Azevedo. – São Paulo : Martins Fontes, 2006. – (Coleção dramaturgos do Brasil)

Bibliografia.
ISBN 85-336-2300-3

1. Eiró, Paulo, 1836-1871 2. Guimarães, Bernardo, 1825-1884 3. Menezes, Agrário de, 1834-1863 4. Teatro – Antologias – Literatura brasileira I. Azevedo, Elizabeth R.. II. Série.

06-3993 CDD-869.92004

Índices para catálogo sistemático:
1. Antologias : Teatro : Literatura brasileira 869.92004
2. Teatro : Antologias : Literatura brasileira 869.92004

Livraria Martins Fontes Editora Ltda.
Rua Conselheiro Ramalho, 330 01325-000 São Paulo SP Brasil
Tel. (11) 3241.3677 Fax (11) 3101.1042
e-mail: info@martinsfontes.com.br http://www.martinsfontes.com.br

COLEÇÃO "DRAMATURGOS DO BRASIL"

Vol. XII – Antologia do teatro romântico

Esta coleção tem como finalidade colocar ao alcance do leitor a produção dramática dos principais escritores e dramaturgos brasileiros. Os volumes têm por base as edições reconhecidas como as melhores por especialistas no assunto e são organizados por professores e pesquisadores no campo da literatura e dramaturgia brasileiras.

Coordenador da coleção: João Roberto Faria, professor titular de Literatura Brasileira da Universidade de São Paulo.

Elizabeth R. Azevedo, que preparou o presente volume, fez o doutorado na Escola de Comunicações e Artes da Universidade de São Paulo, onde é professora de Teatro Brasileiro do curso de Artes Cênicas. É autora de *Um palco sob as arcadas: o teatro dos estudantes do Largo de São Francisco, em São Paulo, no século XIX*.

ÍNDICE

ANTOLOGIA DO TEATRO ROMÂNTICO

INTRODUÇÃO

O DRAMA HISTÓRICO E A CONSTRUÇÃO DA NACIONALIDADE

O teatro romântico brasileiro inaugura-se em 1838 com a encenação da peça de Gonçalves de Magalhães, *Antonio José ou O poeta e a Inquisição*, realizada pela companhia teatral de João Caetano. A partir de então, muitos outros trabalhos vieram à luz produzidos por nomes conhecidos, como Gonçalves Dias, Castro Alves e Álvares de Azevedo, por exemplo. O romantismo dramático no Brasil estendeu-se a partir de então por cerca de trinta anos, até o final da década de 60, muitas vezes flertando perigosamente com o melodrama, às vezes confraternizando com o realismo.

Num primeiro momento, até meados da década de 50, preferiu os temas tirados das histórias e tradições estrangeiras. Gonçalves Dias, por exemplo, escreveu quatro dramas, nenhum deles ambientado no Brasil. Talvez isso se devesse ao fato de que o maior ator e empresário teatral brasileiro da época, que monopolizava o panorama do cena nacional, João Caetano, tivesse notória preferência pelos melodramas estrangeiros e pela tragédia neoclássica. Por isso, autores iniciantes teriam procurado cativar seu interesse escrevendo peças mais próximas da temática européia.

As três peças reunidas neste volume, escritas num segundo momento do romantismo teatral brasileiro, a partir de meados dos anos 50, têm muito em comum: são dramas históricos com temática nacional, falam de amores impossíveis, de perigo, de coragem, falam de guerras, falam, sobretudo, do Brasil. Mas quem é que fala do Brasil, e por quê?

Os três autores também apresentam semelhanças. Estão na província (longe, portanto, do teatro da corte de João Caetano), são jovens, bacharéis ou estudantes de Direito. Agrário de Menezes (1834-1863) era baiano. Formou-se na Faculdade de Direito de Recife, sendo depois deputado provincial. No teatro, além de dramaturgo, foi fundador e presidente do Conservatório Dramático da Bahia e administrador do Teatro São João, de Salvador, onde morreu subitamente enquanto assistia a uma representação. Agrário de Menezes teve uma produção razoavelmente numerosa para seus quase trinta anos de vida. Além do drama *Calabar* (1858) publicou: *Matilde*, drama em cinco atos e em versos (1854), *Os miseráveis*, drama em cinco atos (1863), e *Bartolomeu de Gusmão*, drama em três atos (1865). Além deles, deixou inéditos os manuscritos: *O dia da Independência*, *O retrato do rei*, *Os contribuintes*, *O voto livre*, *O primeiro amor*, *O príncipe do Brasil*, e inacabadas as peças *Uma festa no Bonfim*, *A questão do Peru*, *O bo-*

cado não é para quem o faz, *São Tomé*, esta última um drama sacro.

Paulo Eiró (1836-1871) chegou a ser lendário em São Paulo. Sua vida talvez tenha sido dentre todas a mais exemplar de um "autor romântico", marcada que foi pela instabilidade. Nascido em Santo Amaro, na época uma vila independente de São Paulo, estudou na Escola Normal e exerceu o magistério na escola de seu pai, também professor. Envolveu-se com o teatro já em sua juventude organizando e participando de representações amadoras em sua cidade natal. Aos dezoito anos, em 1854, numa produção febril, escreveu uma série de trabalhos dos quais conhecemos apenas os nomes: *Vanina de Onano*, drama; *Chegamos tarde*, *O traficante de escravos*, *Terça-feira de entrudo*, *Pedra filosofal*, comédias; *Noivo à pressa* e *Fel e vinagre*, farsas, além de *O adali*, *Foi já minha*, *Dois irmãos*, *Caim*, *Um lobisomem*, *Escola tupi*, *Modos de vida*, *Onze letras*, *Valdevinos* e *Esganarelo*. Foi também poeta, e seus versos abolicionistas o fizeram conhecido entre os estudantes quando entrou para a Faculdade de Direito de São Paulo, no Largo de São Francisco. Contudo, Paulo Eiró apresentava um comportamento estranho. Vivia solitário, desaparecia repentinamente, voltando meses depois esfarrapado após ter viajado a pé até Minas ou Rio de Janeiro. Sofrendo de crises místicas, abandonou a faculdade e decidiu matricular-se no Seminário Episcopal da Luz, mas os padres lhe recomendaram voltar para a casa de seus pais e destruir todos os seus poemas e peças, fonte suposta de seus problemas mentais. E assim foi feito. No entanto, ainda adoentado, resolveu participar de um concurso aberto pelo Instituto Dramático de São Paulo para comemorar o aniversário do imperador D. Pedro II. Vitorioso, o drama *Sangue limpo* foi encenado no Teatro de São Paulo (antiga Casa da Ópera) em 2 de dezembro de 1861. Paulo Eiró participou ativamente da montagem, aproveitando sua experiência anterior com o palco, "tirando os papéis" e fazendo as marcações de cena. Apesar dos esforços do autor, a peça não foi bem recebida pela crítica, o que abalou o estado de espírito já fragilizado do autor. Eiró voltou a dar aulas em Santo Amaro, até que sua saúde piorou sensivelmente e ele teve de ser internado no Hospício dos Alienados, onde veio a falecer de meningite aos 35 anos.

Quando sua peça foi representada em Ouro Preto, em 1860, Bernardo Guimarães (1825-1884) tinha 35 anos. Formara-se havia oito anos na Faculdade de Direito de São Paulo, tendo trabalhado como juiz municipal em Goiás antes de mudar-se para a histórica cidade mineira onde nascera e onde veio a falecer. Além de dramaturgo – escreveu ainda *Os dois recrutas* e *Tiradentes*, ambos inéditos – foi poeta e romancista.

A formação de nível superior e o convívio com o meio acadêmico instigaram os três autores a expressar suas reflexões a respeito de uma questão central que se impunha à discussão no Brasil de meados do século XIX – a construção da nacionalidade, e, dentro dessa questão, foram levados a abordar o problema racial, fundamental para a formação da população brasileira. Do encontro de indivíduos oriundos de diferentes etnias e grupos culturais desencadeiam-se as ações dos três dramas aqui publicados e é da impossibilidade do amor entre pessoas de origens diferentes (social ou étnica) que se sustentam, sobretudo *Sangue limpo* e *A voz do pajé*.

Na verdade, a peça mais antiga dentre elas, *Calabar*, apresenta a questão de um ponto de vista um tanto diferente. Dizendo-se um liberal na literatura tanto quanto o era na arte, em seu texto de introdução à peça, Agrário de Menezes justifica a escolha da estrutura ainda clássica de cinco atos e o uso dos versos decassílabos brancos de fácil declamação.

Esta foi a segunda peça escrita pelo autor e foi composta às pressas para ser enviada ao Conservatório Dramático Nacional e participar de um concurso de dramaturgia. Como demorasse a resposta do Conservatório sobre qual drama tinha saído vitorioso no concurso, Agrário de Menezes decidiu retirar seu trabalho e publicá-lo por conta própria na Bahia.

Como as demais obras apresentadas aqui, *Calabar* é um drama histórico, que tem seu enredo situado durante o período de conflito entre portugueses e holandeses em Pernambuco no século XVII.

Caracterizado como um mestiço (mulato), Domingos Fernandes Calabar se apresenta como um brasileiro preso em meio aos interesses de portugueses e holandeses, pendendo entre uns e outros sem devotar a nenhum dos campos uma convicção sólida o suficiente para justificar sua lealdade. Afinal, do ponto de vista de um brasileiro, faria pouca diferença ser dominado e colonizado por uma ou outra potência. Indeciso entre dois lados, sem outra escolha possível, Calabar acaba por selar seu destino de traidor e condenado. Como últimas palavras, conclama o Brasil a se libertar de seus dominadores, sejam eles quem forem: *Pátria! Pátria! Conquista tua liberdade!...*

Agrava sua situação a paixão intensa e, até certo ponto incestuosa, que nutre pela índia Argentina. Cego de amor, usa de sua ascendência sobre ela para conseguir submetê-la a seus desejos. Por ter se separado de seu pai, o índio Jaguarari, dado como morto, Argentina ficara sob a proteção de Calabar e dedicava a ele um amor filial. Muito embora tente se conter, Calabar não resiste à possibilidade de possuir a mulher amada e deixa-se levar por seus instintos mais fortes.

Diferentemente das duas outras peças, tão intenso amor do herói (ou anti-herói) não é correspondido. Argentina ama Faro, soldado português que também a ama, mas que é dado como morto para reaparecer tempos depois, no melhor estilo das intrincadas reviravoltas dos dramas românticos. Desse modo, temos dois amores impossíveis e mal-sucedidos: o de Calabar e o de Argentina.

O drama apresenta qualidade de composição, não só na apresentação de Calabar como um homem indeciso em sua posição política mas também em relação a seus sentimentos quanto a Argentina. É o típico herói romântico conflituoso e dividido entre os valores morais e a lealdade e a paixão e o desejo.

Outros personagens menores dão colorido a este drama sombrio: a figura íntegra e heróica de Jaguarari e os soldados portugueses e holandeses trazendo um certo toque de fanfarronice ligeira. A peça de Agrário de Menezes, assim como as demais, foi encenada em sua cidade natal.

O drama que se segue neste volume, *A voz do pajé*, de Bernardo Guimarães, depois de aprovada pelo Conservatório Dramático Nacional, em 1860, recebeu os aplausos da platéia de Ouro Preto, em 1861, quando foi montada no teatro da cidade, aliás o mais antigo do Brasil. Segundo os biógrafos de Bernardo Guimarães, o autor só não viu sua peça montada na corte porque se meteu numa desavença com Joaquim Manuel de Macedo, na época um personagem importante e influente da cena cultural do Rio de Janeiro.

Em *A voz do pajé* a preocupação artística superou as limitações históricas e Bernardo Guimarães não se preocupou em dar aos personagens seus nomes históricos (o governador da Paraíba era Frutuoso Barbosa, e não Coelho de Souza), nem mesmo respeitando a identificação da tribo de índios rebelados, na realidade os Tabajaras, e não os Potiguares. O drama fala do amor impossível entre o índio civilizado Henrique, cujo nome potiguar era Jurupema, e Elvira, filha do governador e destinada por este a se casar com o nobre português Diogo de Mendonça. Passando por cima de todos os preconceitos, ameaças e avisos, Elvira e Jurupema não recuam diante das reviravoltas da trama e das dificuldades que se apresentam a cada momento diante de sua paixão. É difícil não pensar no modelo de *Romeu e Julieta*, de Shakespeare, para a situação em geral e para o desfecho do drama em especial. Note-se que das heroínas das três peças, Elvira é a única socialmente superior a seu parceiro. Para compensar essa desigualdade, Jurupema acaba revelando-se uma espécie de príncipe selvagem.

Elvira, como a protagonista feminina, desempenha bem seu papel de mulher perfeita. Leal em sua paixão, leva até o fim a escolha feita por seu coração, sem deixar de, por uma artimanha da trama, obedecer aos desejos de seu pai e de seu prometido. É possível sentir nela o vigor e a manifestação de um desejo pouco comum às heroínas dessas peças, e de outras, que vão minguando de infelicidade ou enlouquecendo diante das adversidades (ver Argentina, de *Calabar*, e Luísa, de *Sangue limpo*).

Repudiado por portugueses e indígenas, seu relacionamento está condenado desde o início. Para agravar a situação, Jurupema se encontra diante da dúvida de permanecer leal aos portugueses ou juntar-se à revolta de sua tribo, honrando a memória heróica de seu pai. Novamente encontramos o dilema da fidelidade.

O drama de Bernardo Guimarães ganha destaque suplementar pelo fato de ter como protagonista um índio. Para todo o século XIX existem apenas cerca de dez peças escritas com essa temática, incluindo nesta lista o próprio *Calabar*. A presença da personagem indígena permitiu ao autor fazer a crítica da escravidão e louvar a liberdade, sem que tivesse que debater diretamente a questão dos escravos africanos, muito mais atual e, portanto, polêmica. Há nele uma idealização em relação ao selvagem e à sua cultura – afinal os índios confrontaram os portugueses como um povo unido, íntegro, enquanto os negros trazidos da África sofreram uma perda nas suas unidades culturais e são representados muito mais comumente como indivíduos isolados.

Lembrando em muitos aspectos *O guarani* (1857), de José de Alencar, ele trouxe à cena essa figura de herói pouco comum nos palcos brasileiros. Com ele veio uma dupla de personagens desse mundo selvagem que completa o painel da representação dos índios no contexto nacional de então. O primeiro é o pajé que dá nome à peça. Sua prédica é a voz da consciência de Jurupema, da altivez da raça, mas principalmente da vingança pela situação da tribo diante da conquista européia. O outro, circulando no registro da comédia, é Julião. Este não é um índio puro; é mestiço. Tem um olho emboaba e outro tapuia, como costuma dizer. Na verdade, reúne todos os aspectos negativos dos dois lados. Comparado a Jurupema, realça o valor e o caráter reto deste último. Pode-se dizer que Julião é um mestiço de fato, e a mestiçagem o enfraquece, enquanto Jurupema/Henrique é um mestiço cultural, e isso o fortalece. Parece que o ideal para a formação da nacionalidade seria uma convivência, em moldes europeus, entre os dois elementos íntegros mas não integrados.

Por outro lado, existe no grupo dos portugueses a figura, de pequeno destaque, nomeada apenas como 1º Cavalheiro, que está presente só para fazer a crítica ao tratamento comumente dispensado aos índios e que parece representar a posição do autor em relação ao assunto: "E é talvez esse rigor, esse extermínio, e perseguição, a que os condenamos, que os tornam cada vez mais indomáveis (...) seria talvez conforme aos nossos interesses chamá-los a nós por meios pacíficos (...)" (Ato 3, cena 1).

A peça de Bernardo Guimarães tem semelhança estrutural com a precedente, já que foi escrita no formato clássico dos cinco atos. Guarda certo rigor em termos das unidades de tempo e espaço, mas principalmente mantém a concentração da trama em torno dos dilemas de Jurupema e Elvira, envolvidos no confronto entre portugueses e potiguares.

É preciso ainda dizer algo sobre a linguagem usada na obra. Em primeiro lugar, reconhecer que ela se afasta completamente da tentativa de mimetizar uma possível caracterização do falar indígena. O pajé, Jurupema, Julião e outros índios exprimem-se dentro da norma culta da língua, sem nenhum tipo de desvio "caracterizador". Chama a atenção, por outro lado, a preocupação do autor em caracterizar os personagens indígenas utilizando-se de inúmeros adjetivos e metáforas ao longo do texto. Uma crítica de Monteiro Lobato feita aos clichês paisagísticos presentes na prosa de Bernardo Guimarães não seria de todo descabida se aplicada à sua peça: "Bernardo descreve a natureza como um cego que ouvisse cantar e reproduzisse as paisagens [no nosso caso, também os personagens] com os qualificativos surrados de mau contador (...) Bernardo falsifica o nosso mato."

Abandonando as paragens rurais de *Calabar* e *A voz do pajé*, encontramos em *Sangue limpo* (1860) o retrato da vida urbana no início do século XIX. A peça foi escrita para um concurso literário aberto em 1859 pelo Instituto Dramático Paulistano para "drama original, revestido de moralidade, que tivesse por assunto alguns dos gloriosos episódios da história de nosso país (...)". Como Bernardo Guimarães, Paulo Eiró preferiu a prosa ao verso, dando um colorido todo especial ao texto.

Drama histórico ambientado na semana da proclamação da Independência, retrata uma São Paulo agitada pelos acontecimentos políticos. Há todo um prólogo que procura descrever a animação pouco comum trazida à pequena vila pela expectativa da passagem do Príncipe Regente. As pessoas estão na rua, circulando pela praça, tipos variados colorem a cidade. Talvez o mais interessante entre eles seja Vitorino, o pequeno agregado da casa do sargento Rafael Proença e de sua irmã Luísa. Sua linguagem é vívida, seu espírito atento, não poupando nunca um comentário jocoso ou um murmúrio de preocupação. Seu embate contra a quase silenciosa personagem de tia Onistalda (uma velha índia) é um dos pontos fortes desse drama, que tem como eixo central a questão da miscigenação da população brasileira, como o autor bem destaca em seu prefácio à obra. São as dificuldades quase insuperáveis do amor nascido entre Luísa, descendente de escravos africanos, e o jovem Aires, filho de um fidalgo português, o principal assunto da peça.

Ao contrário das obras anteriores, *Sangue limpo* dá um peso muito menor à situação política apresentada na peça – vai ou não o Brasil se separar de Portugal? A tese que se quer demonstrar é muito mais ampla, sociológica mesmo – qual o relacionamento possível entre negros e brancos no Brasil? Como poderá essa nação que ensaia sua autonomia lidar com sua formação étnica tão diversificada? Diz o autor no prefácio: "Todos sabem de que elementos heterogêneos se compõe a população brasileira, e os riscos iminentes que pressagia essa falta de unidade. Não é somente a diferença do homem livre para o escravo; são as três raças humanas que crescem no mesmo solo, simultaneamente e quase sem se confundirem; são três colunas simbólicas que, ou hão de reunir-se, formando uma pirâmide eterna, ou tombarão esmagando os operários."

O amor entre Luísa e Aires é um desafio às convenções. O pai de Aires faz questão de frisar isso, justificando sua posição não pelo aspecto racial da questão, mas pelo social. Mais do que se casar com uma mulata (aliás, mais indígena do que negra, pela descrição da personagem), o problema estaria em se casar com alguém oriundo de uma família que passou pela condição servil. Inesperado apoio recebem os argumentos do nobre português, vindo do irmão de Luísa, Rafael. Apesar de todo o seu discurso sobre a mistura racial no Brasil, este é um personagem que não luta para superar sua condição social. É um soldado leal, uma versão do escravo fiel, já não mais a um senhor em particular mas ao país como um todo. Não tem ambições pessoais, chegando até a dispensar uma promoção para não "extrapolar" sua condição e provocar a inveja de outros. De amor ou de paixão, nenhum traço. Ele se condena à solidão, pois lhe parece insuperável a nódoa que a escravidão deixou em seu sangue. Rafael introjeta profundamente os valores da sociedade branca que domina o país.

Mesmo desaprovados por ambas as famílias, os apaixonados insistem em levar o romance adiante. Luísa abandona sua casa e vai em busca de Aires, que tinha sido levado à força por seu pai para Santos e mantido prisioneiro. É a meio caminho entre São Paulo e Santos, numa pousada da estrada, que se arma o desenlace. É bem verdade que, dramaturgicamente, a solução encontrada para chegar-se a um final feliz (o único das três peças) é um pouco forçada, apelando-se para aquilo que se chama de *Deus ex-machina*, ou seja, uma solução que não é um desdobramento interno da própria ação, mas um dado novo e inesperado que vem de fora e que modifica a relação de forças do drama. Este deus mecânico que na última hora surge em cena veste a pele do escravo Liberato.

Liberato é um raro exemplar na literatura dramática brasileira da figura do escravo encarregado dos trabalhos mais pesados, tratado como fera e que reage, finalmente, com a mesma violência. Normalmente, a imagem do escravo posta em cena, mesmo sofrendo por sua condição abjeta, é a do escravo fiel, ligado por laços afetivos a seu senhor, ou ex-senhor, geralmente dedicado aos trabalhos domésticos (lembre-se aqui a popular figura da mãe-preta, ama e companheira para a vida toda de seus sinhozinhos ou sinhazinhas). O negro Liberato – que nome mais irônico para um escravo! – descreve sua vida como uma sucessão de maus-tratos e humilhações. Cansado de ser espancado, reage afinal, justamente no momento conveniente para o desenrolar do enredo da peça, ajudando a desatar o nó da trama. Ameaçado de ser levado de volta ao cativeiro, prefere a morte.

Apesar de ter sido aplaudido no dia da representação, o drama de Paulo Eiró teve de esperar até 1873 para receber sua primeira crítica favorável. Quem a escreveu foi José Felizardo Junior, sob o pseudônimo de Felix Junius. No panorama do teatro romântico brasileiro, o drama *Sangue limpo* é o que apresenta, de modo mais direto e original, o problema da escravidão. Sua mensagem final parece ser otimista. É possível o encontro entre senhores e escravos, entre brancos e negros para a construção sólida e justa da nação brasileira.

Como se pode ver, os dramas têm muito em comum. Apesar das características particulares de estilo de cada um dos autores, todos se voltaram para a exposição das relações e tensões entre os grupos que formaram o povo brasileiro, como também para o fato de como essas questões se desdobraram politicamente na estruturação da nação. Nos três casos está presente a luta contra o português colonizador. Os personagens estão sempre envolvidos em conflitos armados, momentos decisivos da construção da nacionalidade. Os empecilhos à realização amorosa decorrem diretamente dessas relações e encontram um final quase sempre infeliz.

ELIZABETH R. AZEVEDO

CRONOLOGIA

1833. Criação, em Niterói, da primeira companhia teatral brasileira pelo ator João Caetano dos Santos. Publica-se em São Paulo, na *Revista da Sociedade Filomática*, o texto *Ensaios sobre a tragédia*, assinado pelos estudantes da Faculdade de Direito do Largo de São Francisco: Justiniano José da Rocha, Bernardino Ribeiro e Antonio Augusto Queiroga. Nele, os jovens introduzem o debate literário e teatral entre as estéticas do Classicismo e do Romantismo, com posição claramente favorável à primeira.

1836. Justiniano José da Rocha dá início no Brasil à crítica teatral ao escrever sua coluna no jornal *O Cronista*, no Rio de Janeiro. Alterando sua posição de alguns anos antes, admite ver alguma beleza nos dramas românticos modernos.

1838. Montagem da peça de Gonçalves de Magalhães, *Antonio José ou O poeta e a Inquisição*, pela companhia de João Caetano. Apesar de apresentar elementos que a caracterizam mais como tragédia, data oficialmente o início do romantismo teatral brasileiro.

Montagem da primeira comédia de Martins Pena, *O juiz de paz da roça*, pela companhia de João Caetano, marcando, segundo alguns estudiosos, o real início do teatro nacional brasileiro.

1843. Gonçalves Dias escreve o drama *Patkull* durante seus anos de estudo em Portugal.

1845. Gonçalves Dias escreve *Beatriz Cenci*, drama romântico passado durante o *cinquecento* italiano, cujos temas (incesto e parricídio) foram censurados pelo Conservatório Dramático Nacional.

Martins Pena compõe sua obra-prima: *O noviço*. Provavelmente, é esta a peça mais reencenada do teatro nacional. Composta em três atos, retoma, como em outras comédias anteriores, o retrato e a crítica à sociedade de sua época.

1846. *Leonor de Mendonça*, certamente o melhor drama romântico do teatro brasileiro, é escrito por Gonçalves Dias pouco depois de sua chegada ao Brasil em 1845. Juntamente com a peça, o autor elaborou um precioso prólogo, que é um manifesto coerente e fundamental em defesa do teatro romântico.

1848. Paulo Antonio do Vale, autor paulistano, escreve *Caetaninho ou o tempo colonial*, drama baseado em fatos verídicos ocorridos na cidade durante o século XVIII. A peça foi encenada no mesmo ano na Casa da Ópera, em São Paulo, pela Sociedade Dramática Constância, grupo amador local, já que não existia então nenhuma companhia profissional local.

1849. Joaquim Manuel de Macedo escreve o drama *O cego,* que aborda um caso de amor impossível de dois irmãos apaixonados pela mesma mulher.

Paulo Antonio do Vale escreve *As feiras de Pilatos*, novamente abordando uma temática histórica local. Reelaborada em 1856, nunca foi encenada.

1850. Gonçalves Dias escreve seu último drama, *Boabdil*. Assim como os demais trabalhos do poeta, nunca foi encenado em vida do autor.

1851. Paulo Antonio do Vale escreve seu último drama histórico, *Capitão Leme ou a palavra de honra*, também inédito nos palcos. Como o trabalho anterior, tem parentesco próximo com o melodrama, uma característica presente em muitos dos nossos autores românticos.

João Caetano instala-se no Teatro São Pedro de Alcântara, o maior do Rio de Janeiro, e passa a receber auxílio financeiro do governo imperial através da renda de loterias.

1852. Esta é a data provável do segundo drama de Joaquim Manuel de Macedo, *Cobé*, um dos raros dramas indianistas da história do teatro brasileiro. Passado em Niterói durante o período colonial, conta a história de amor e sacrifício do índio Cobé por sua amada, Branca.

Também é a data presumida para a composição por Álvares de Azevedo de sua peça *Macário*. Drama fantástico e sombrio, escrito quando o poeta era estudante de Direito em São Paulo, nunca foi encenado durante a vida do autor, mas consagrou-se com um dos clássicos do teatro romântico brasileiro.

1854. Agrário de Menezes escreve seu primeiro drama, *Matilde*, enquanto ainda é estudante de Direito em Olinda. O drama foi publicado pouco depois.

1855. Abertura do Teatro do Ginásio, no Rio de Janeiro, que marcará a chegada do teatro realista ao Brasil em oposição ao teatro romântico.

1856. Casimiro de Abreu escreve a peça *Camões e o Jau*.

1858. Publicação do drama de Agrário de Menezes – *Calabar*.

1859. José de Alencar escreve o drama *Mãe*, abordando a temática da escravidão e suas funestas conseqüências.

1860. Bernardo Guimarães apresenta o drama *A voz do pajé*.

1861. Paulo Eiró escreve e encena em São Paulo a peça *Sangue limpo*.
O drama *O jesuíta*, de José de Alencar, é composto especialmente para João Caetano, que, no entanto, não o encena. A peça só viria a ser montada mais de dez anos depois. É a única incursão do autor pelo drama histórico e retrata uma suposta conspiração jesuítica no século XVIII.

1862. João Caetano publica as *Lições dramáticas*, uma reedição, corrigida e ampliada, de *Reflexões dramáticas*, de 1837, na qual o autor, além de retomar teorias européias sobre interpretação, acrescenta sua própria experiência de 25 anos de carreira.

1863. Morte de João Caetano dos Santos.
Ano de composição do drama *Bartolomeu de Gusmão*, de Agrário de Menezes.

1867. Montagem do drama histórico de Castro Alves, *Gonzaga ou A revolução de Minas*, primeiramente em Salvador, com a atriz Eugênia Câmara. No ano seguinte, tendo o autor se transferido para a Faculdade de Direito de São Paulo, a peça foi novamente montada com grande sucesso na capital paulista.

1868. Data provável para a peça de Fagundes Varela, *A morte do capitão-mor*, um drama histórico passado no Rio de Janeiro e em Minas Gerais no século XVII.

NOTA SOBRE A PRESENTE EDIÇÃO

Na elaboração da presente antologia foram utilizadas as seguintes edições:

Para *Calabar*, a versão original da Tipografia e Livraria de E. Pedroza de 1858 e a da revista *Dionysos* (ano VI, dezembro de 1955, nº. 6).

A obra *Bernardo Guimarães: perfil bio-bíblio-literário*, de Dilermando Cruz, que inclui o drama *A voz do pajé* (2ª. ed., Belo Horizonte, Imprensa Oficial do Estado de Minas, 1914).

A Separata da *Revista do Arquivo Municipal*, nº. CXIX, da Divisão do Arquivo Histórico do Departamento de Cultura de São Paulo, de 1949, para *Sangue limpo*.

Em todos os textos a ortografia foi atualizada e pequenos erros de impressão corrigidos. Foram mantidos a pontuação, o uso pronominal e as contrações originais.

ANTOLOGIA
DO TEATRO
ROMÂNTICO

Agrário de Menezes

CALABAR

Drama em verso e em 5 atos
(1858)

PESSOAS DO DRAMA

CALABAR
MATIAS DE ALBUQUERQUE
SIGISMUNDO VAN-SCOPP
FARO
JAGUARARI
1º. OFICIAL HOLANDÊS
2º. IDEM
3º. IDEM
4º. IDEM
UM PADRE
1º. SOLDADO PORTUGUÊS
2º. IDEM
O GOVERNADOR DO RIO GRANDE
PEDRO MENDES
ARGENTINA
SOLDADOS, TRIBOS, UM CARRASCO, OFICIAIS
DA EXECUÇÃO *etc.*

ATO PRIMEIRO

(*Casa de Calabar. Pequena sala mal mobiliada. Algumas armas dispersas e encostadas na parede do fundo. Aqui uma porta que, ao abrir-se, deixa ver algumas árvores pela extensão de um vale.*)

Cena I

O 1º. *e o* 2º. SOLDADO
(*Ouve-se o rufo de tambores.*)

1º. SOLDADO
Hein? que é lá isto?...

2º. SOLDADO
Nada, não é nada.

1º. SOLDADO
Será?...

2º. SOLDADO
Que temes tu?... estás com medo?...

1º. SOLDADO

Um momento...

(Pequena pausa)

Descanso. Não é fogo...
Medo – disseste?... Sim, talvez... quem sabe?...
Talvez comece a tê-lo d'hoje em vante.

2º. SOLDADO

Stou zombando, bem vês. Medo fazemos
Nós, que uma vez tomamos a espingarda
Pra vencer ou morrer!...

1º. SOLDADO

E co'a fortuna!...
Vencemos ontem pra morrermos hoje,
Hoje morremos, e depois...

2º. SOLDADO

A glória!...

(pausa. Encaram-se com intenção)

1º. SOLDADO

Deixei meus filhos, minha mãe caduca,
Minhas redes, os peixes do meu rio,
As coplas da saudade, e os ternos cantos
Que em noites de luar a minha esposa
Fazia-me escutar!... E tu, mancebo,
Fala-me assim?... A glória quase nada
É pra o soldado!

2º. SOLDADO

Então?...

1º. Soldado

Fala da pátria,
Do dever e da honra. A glória é sonho;
É como o negro fumo do combate,
Que corre, como um véu, sobre o cadáver
Do mísero soldado!

2º. Soldado

Não discorres
Bem neste ponto. O mísero soldado
Pode chegar a capitão ilustre
Por feitos de valor. Então a glória
Pode também acompanhar seu nome.

1º. Soldado

Emudeço. Nem mais quero dizer-te.
Por glória ou por dever, somos na guerra.
É o mesmo.

(*senta-se*)

2º. Soldado

Já sei que estás saudoso...
Estes breves momentos de descanso
Convidam a lembranças... É verdade.
Quero também lembrar-me do meu tempo.

(*senta-se*)

Vou contar-te uma história interessante.
Queres ouvi-la?...

1º. Soldado

Não.

2º. Soldado

Que desabrido!...

Não sabes o que perdes. É a história
Exata e verdadeira, em que figura
Calabar.

1º. Soldado

Calabar!... Então começa.

2º. Soldado

Em noite de borrasca...

1º. Soldado

Mau princípio!
Em tais ocasiões furtam-se moças,
Esperam-se rivais, abrem-se covas,
Enterram-se cadáveres de homens
Tomados à traição...

2º. Soldado

Qual!... não é isto.
Certa noite, depois do vivo fogo,
Em que, malgrado seu, os holandeses
Viram-se rechaçados pelos nossos,
Uma donzela, pálida, corria
Como louca, no meio dos soldados,
Pedindo compaixão...

1º. Soldado

É caso novo
Deveras para mim. Vamos adiante.

2º. Soldado

Era bela, eu a vi, bela e formosa
Como a flor parasita das montanhas.

O que é? – bradaram todos – A desgraça,
A morte, que roubou-me neste instante
Meu pai, meu pobre pai! – disse a donzela.
O seu corpo onde está?... ninguém sabia;
O seu nome qual é?... um nome indígena:
Jaguarari – chamava-se.

1º Soldado
(*levantando-se*)
Conheço:
Por outra, conheci-o.

2º Soldado
(*idem*)
Denodado,
Forte era ele, que nem seta aguda
Dos seus, nem dos contrários a clavina
Pudera estremecê-lo!

1º Soldado
Mas a moça?

2º Soldado
Procura Calabar, as mãos lhe beija,
Cobre-as de pranto, e num delírio extremo
Exige dele o pai que sucumbira!

1º Soldado
O capitão que fez?...

2º Soldado
Triste donzela!
Disse-lhe, erguendo-a nos forçosos braços:

Confia em mim. Se a pátria hei defendido,
Também defendo a mísera orfandade.
Serei teu pai.

1º Soldado

Depois?

2º Soldado

Trouxe-a consigo:
Deu-lhe morada e pão, deu-lhe vestidos,
Deu-lhe amparo e valia...

1º Soldado

Deu-lhe afetos
De irmão, de esposo!...

2º Soldado

Sabes?... Nesse caso...

1º Soldado

Sei melhor do que tu toda essa história.

2º Soldado

Toda?... e o seu nome, sabes?...

1º Soldado

Argentina.
Sempre és um contador de histórias velhas.
Ouve agora, que eu vou continuando...
Pela formosa filha dos indígenas,
Por sua tez morena, por seus olhos
Vivos, voluptuosos, por seus lábios,
Por seu viço e beleza, largas noites

De vigília e de insônia, pensa e pensa
O duro Calabar!...

2º Soldado

Quê!... Será crível?...

1º Soldado

Silêncio!...

2º Soldado

Calabar?!...

1º Soldado

Suspira e chora!...
Vi-o uma vez assim, lá por desoras,
Estendido na relva das campinas
Co'as lágrimas nas faces!... Branquejavam
Quais fossem duas pérolas pendidas
Do tostado semblante do guerreiro!
Junto ao calor ardente das fogueiras
Também logo secaram, que ele tinha
Outro calor igual dentro do peito!

2º Soldado

Amor!!

1º Soldado

Amor! que dizes?... não é isto.
O capitão, de pena é que chorava.
(*mais baixo*)
Teme Argentina, teme os seus afetos,
Ignora-os, inda mal!... teme perdê-los!

Cena II

Os ditos e FARO

FARO

(*tendo ouvido as últimas palavras*)

Que escuto!...

(*contendo-se*)

Calabar inda repousa?...

1º SOLDADO

Há muito que saiu.

(*à parte*)

Se pôde ouvir-me...

FARO

Hei mister de falar-lhe neste instante.

1º SOLDADO

Urge a guerra, senhor?...

FARO

E como nunca.

Os holandeses levam por diante
Seus audazes projetos. Não contentes
De saquear Olinda, eles pretendem
Que Pernambuco inteiro se avassale
Estamos prestos, a guerra continua,
Calabar é preciso.

1º SOLDADO

Co'a fortuna!

Flamengos atrevidos, que eu não possa
Matá-los todos de uma só rajada!...

2º. Soldado

Vamos ver Calabar.

Faro

Voltai depressa.

Fico ansioso.

1º. Soldado

Não duvido.

(alto)

Avante!

(saem os soldados)

Cena III

Faro *e depois* Argentina

Faro

(só)

Eis-me só... ela viu-me... hei de encontrá-la.
Quero vê-la também, quero falar lhe...
Não posso mais estar n'ausência dela...
Hoje ou segue-me ou deixo-a.

(aparece Argentina)

Que ventura!
Argentina, eis-me aqui, eis-me a teu lado.

(segura-lhe as mãos)

Um beijo nestas mãos...

(beijando-as)

Um terno abraço...

Argentina

Senhor!...

FARO

Recusas?... Oh! bem desgraçado,
Bem desgraçado sou!... Neste momento,
Em que devo partir para o combate,
Foges, foges de mim?...

ARGENTINA

Partir! quem disse?...
Será certo, senhor? Partis de novo,
Deixando-me sozinha, abandonada,
Sem um riso sequer dos vossos lábios,
Sem uma doce lágrima dos olhos?...
E eu inda esta vez fico sepulta
No horror da solidão? Inda a saudade
Tem de pungir-me o peito?...

FARO

É necessário,
É forçoso, Argentina. Tu bem sabes
Que quem manda quer ser obedecido.
Eu não tenho vontade.

ARGENTINA

É que não amas!
Por mim deixarás uma vez a guerra,
Por mim tu foras superior a tudo,
Se mais que tudo o meu amor valesse.

FARO

O teu amor – acaso inda duvidas
Que seja para mim a própria vida?
Por quem, senão por ti, corro às batalhas
Para trazer os louros da vitória?

Por quem, senão por ti, venho arriscar-me,
Podendo ser por Calabar malquisto.
Podendo ser talvez injuriado?
Que queres tu que eu faça?...

ARGENTINA

Não me fujas,
Não me abandones, Faro!...

FARO

Por que preço
Queres assim comprar o meu delito?...

ARGENTINA

Que dizes?... teu delito?

FARO

Sim deveres
De soldado, eis-me aqui quanto violo.
Delinqüindo, hei de ter bem justa pena.

ARGENTINA

Então, nem um só raio de esperança!...
Nem um sinal de amor, nem uma prova
De que desejas ter-me por esposa?

FARO

Argentina, que dizes? Não prossigas;
Não prossigas, Amor, que me desvairas,
Estás disposta a ser a minha esposa?...
Então, segue-me...

ARGENTINA

Quê! não te percebo.

FARO

Seguir-me é ser feliz, minha Argentina;
É transpor os umbrais do templo augusto
Onde tu deves aceitar meus votos.

ARGENTINA

Que dizes, Faro? é isto? Então, depressa,
Que venha Calabar, que nos escute,
Que nos conduza...

FARO

Oh! Deus!... é um engano.
Calabar não assente aos meus desejos.

ARGENTINA

Que pensas? que loucura! O teu caráter,
O teu nome, o teu posto não exigem
Que sejam respeitados?... Não conheces
Não conheces decerto quanto é nobre,
E quanto é digno Calabar!

FARO

Conheço-o como tu, minha Argentina.
Suas altas façanhas, os seus feitos,
Vão muito além da fama que os pregoa
Mas ignoras, misérrima inocente,
Que trata-se de ti mais do que julgas?
Ignoras que esses lábios, que esses olhos,
Que essa beleza virgem que te esmalta,
Podem ter despertado afeto ignoto,
Grande, imenso, qual sinto no meu peito,
No peito dele?!...

ARGENTINA

Basta!... Enlouqueceste,
Enlouqueceste, Faro!...

FARO

Quem dissera!...

ARGENTINA

De Calabar o afeto não conheces;
Longe vai do que pensas. No soçobro
Em que viu-se a minha alma, quando à terra
Baixou meu pobre pai, a voz que ouvi-lhe
Foi de outro pai que o Céu me deparara.
A mão, que à triste órfã desvalida
Ele deu a beijar, foi mão paterna,
Onde imprimi-lhe o ósculo de filha,
O trato que depois, sempre, até hoje,
Hei dele recebido, é trato amigo,
Puro, liso e singelo. E quem no crera?
Quem já viu Calabar por outro afeto,
Senão por glória, suspirar um dia?
Quem já lhe ouviu dos lábios uma fala
De amor senão à pátria? Quem nos olhos
Já lhe enxergou um raio dessa chama,
Que vem do coração, que abrasa o peito?...
O muito que por mim tua alma sente
Pode ocupar talvez a fantasia
Criando imagens que a razão dissipa.
Por ti somente, Faro, eu sou amada,
Bem como só por ti desejo a vida!

FARO

Leio a sorte ditosa no que dizes;

Dão-me palavras tais a f'licidade,
Mas não destróis assim minhas suspeitas.
(*apaixonadamente*)
É natural, bem sei... quase forçoso!
Quem pode ver-te, Amor, que amor não sinta?
Quem, vivendo contigo, as mesmas auras
Podendo respirar o que tu respiras,
Pisando a mesma terra, os mesmos ares
Bebendo, ao pôr-do-sol, em fresca tarde
Colhendo as mesmas flores, na alvorada
Dos pássaros ouvindo o mesmo canto,
Quem, invejando o amor da natureza,
Não sentirá por ti bater-lhe o peito?
Não culpo Calabar, não, Argentina.
Branco ou negro, do homem neste mundo
O coração é o mesmo. Nem tampouco
Quero exprobar-te o crime da beleza
Tudo está, meu Amor, em convencer-te
De que deves seguir-me.

ARGENTINA

Só por isto?
Só por suspeitas vãs queres que eu deixe,
Sem mais dizer-lhe, quem me tem valido?
Que abandone este lar, onde os meus dias
Tenho passado, à sombra da piedade?...
Que fuja enfim, de Calabar n'ausência,
Como a ré do juiz, sob o pretexto
De ser por ele amada? E por que preço
Queres comprar assim o meu delito?
Para, no fim de rápidos instantes,
Deixares-me sem dó, marchando à guerra?

FARO

Por esse preço, então, crê-me, Argentina,
Eu ficarei.

ARGENTINA

(*com satisfação*)
Que dizes?... A meu lado
Tu ficarás, não é?...
(*pausa de reflexão*)
Meu Deus!...
(*com resolução*)
Não quero.

FARO

Não te entendo, Argentina... Que disseste?

ARGENTINA

É grande o meu amor?... tu bem conheces.
A minha gratidão não será menos!

FARO

Nesse caso, senhora...

ARGENTINA

Que esperemos
Calabar. Tu dirás, e por meu turno
Eu lhe direi também – Senhor, amamo-nos!

FARO

Depois?...

ARGENTINA

Ele há de dar-nos sua bênção;
Sua bênção, que prezo e que respeito,
Como a do pai que Deus me havia dado.

FARO

Se recusar?...

ARGENTINA

Insistes?... Nesse caso,
Acompanho-te, Faro!...

FARO

Num momento,
Num momento; percebes?...

ARGENTINA

(*com pesar*)

Num momento!...

FARO

Obrigado, Argentina... Nova vida
Deste-me agora nesta só palavra!...

ARGENTINA

E cumprirás a tua?...

FARO

Eu to prometo.

Cena IV

Os ditos e CALABAR

(*Calabar, entrando com ar prazenteiro, carrega subitamente o semblante. Pausa de muda contemplação*)

FARO

Busco-te, Calabar, para falar-te...
Mas, antes me dirás – o que há de novo?
(*Ouve-se o rufo de tambores.*)

CALABAR

(*secamente*)
Eis que responde o rufo dos tambores!...
(*com fingida brandura*)
O que me queres tu?...

FARO

Primeiramente
Anunciar-te os planos do flamengo
Dizer-te, e aconselhar-te...

CALABAR

Basta, Faro.
Foste serôdio em traspassar-me a nova
De que para o Pontal segue o inimigo,
Vamos em breve opor-lhe resistência:
O sinal bem ouviste.

FARO

Neste caso...

CALABAR

Apresta-te também. A guerra chama:
Não há razão que deva demorar-te.

FARO

Sabes que eu bem conheço os meus deveres.

Calabar

Nem mal eu disse nunca em teu desdouro.

Faro

Entendo, Calabar. Mas é que às vezes
Uma força maior, ah! quem duvida?
Pode sustar o braço do soldado...

Calabar

Em defesa da pátria, oh! nunca, nunca!...
(*pequena pausa*)
Pensaste nisto, Faro?... não te creio.
Pensar em ser traidor!... idéia horrível!...
Não se viola assim um juramento
Sem grande ofensa a Deus!...

Faro

É bem verdade.
(*à parte*)
Que disse?... ante Argentina!... oh! imprudente!
(*alto*)
Sei, Calabar, que é justo o que me dizes;
Sei que o soldado que nasceu pra guerra
Jamais deve evitá-la. Mas que importa,
Que val o que devemos quando n'alma
Soa mais forte ainda o que sentimos?...
Que valem o clamor e a voz da honra,
Da honra do soldado, quando a vida,
Quando o amor, Calabar...

Calabar

Que dizes, Faro?...
(*acentuando a palavra*)

Amor!... Amor no peito do soldado!...
Meteoro fatal que os olhos cega,
Como o clarão ignífero do raio!...
Amor!...

(*olhando a furto para Argentina*)

Extingue-o, se no peito o sentes!

(*com animação*)

Ama o zunir das balas no combate!
Ama, como eu, o lampejar dos ferros,
O fumo asfixiante das bombardas,
O estrondo do canhão, o pó cinzento
Que o exército levanta, o horror e o pranto,
O sangue e a morte!...

(*mudando de tom*)

E a glória! e a glória, Faro!
Ama, como eu, a glória e a liberdade;
E a pátria!...

(*ironicamente*)

A pátria! a liberdade!...

(*com amargura*)

Engano!
Mentira tudo!...

FARO

Calabar!... e dizes?...

CALABAR

O que disse, não sei... não sei... confesso.
Apenas... que... já vem chegando a hora
De acompanhar os nossos para a guerra!
Apresta-te, mancebo!

FARO

Num momento.

Mas, antes, Calabar, quero pedir-te,
Pedir-te, sim, que ouças, Argentina,
Que me ouças também...
(*movimento de Calabar*)

ARGENTINA
(*à parte*)
Oh! céus, eu tremo!...

CALABAR
(*ansioso*)
Dizei, falai, falai...

ARGENTINA
(*com candura*)
Senhor, amamo-nos!

CALABAR
(*como fulminado*)
Nunca! nunca!... jamais!... é impossível!
(*mudando subitamente de tom*)
Quero dizer...
(*fingindo calma*)
Agora... neste instante...
Quando devemos só cuidar na guerra.
Depois... depois...
(*com raiva concentrada*)
Amai-vos, não?...

ARGENTINA
(*à parte*)
É crível
O que me disse Faro... Oh! que suplício!...

Faro

Acedes, Calabar?...

Calabar

(*refreando-se*)

Oh! que direito
Tenho eu para me opor? Sois ambos livres...
Livre é o coração... Sois um do outro...
Não é assim?...

Faro

Então?...

Calabar

Um só conselho,
Se é que posso dá-lo, eu vos daria.
(*azedando gradualmente a expressão*)
Primeiro que donosos galanteios
Hajais de coroar, deixai que findem
As entrepresas bélicas dos nossos,
Que nesta ocasião, entre os perigos,
Esquecem-se de amor, curam da pátria!
Um nobre coração não há, que ouvindo
O clangor da trombeta em crise horrenda,
Sopre de longe o fumo dos combates
Para aspirar das flores o perfume!
De vosso pai, senhora, a sombra inulta
Vaga talvez no meio desses campos
Em busca de um punhal para vingá-lo!
(*Argentina treme*)
Essa espada, senhor, que vos cingiram
Pra defender os foros de uma gente,
Ainda não banhou-se em sangue imigo,

Nem um só palmo conquistou de terra!...
(Faro adianta-se, ameaçador)
Ofende-vos acaso o que vos digo?
É a franqueza rude do soldado,
Mas é também a força da verdade.
(amargamente)
O duro Calabar, talvez sentindo
Muito mais do que vós, nunca dos lábios
Deixou cair de amor uma palavra!
E é que não amasse?! desgraçado!...
(arrebatadamente)
Desconheceis o afeto do mulato?
Negais-lhe coração, negais-lhe alma?!
Tudo o que tendes, brancos, também tenho!
Alma às vezes melhor do que é a vossa,
Coração que se esmalta de virtudes,
São igualmente dotes que nos cabem!
(a Faro, em particular)
É que amava em segredo! Imenso, ardente,
Como este sol que queima os nossos bosques;
Oculto, como a serpe que se enrosca
No cavo tronco de floresta opaca;
O amor que aqui senti, que sinto ainda,
Stá recalcado pela mão de ferro
De uma vontade de homem!
(à parte, com compunção)
Que tremenda
Revolução se opera na minh'alma!
Ela o ama!!!
(pausa de meditação)

FARO
(em voz baixa)
Argentina, inda duvidas?

ARGENTINA

Meu Deus, valei-me!...

FARO

Cumpre a tua jura!
Eu te espero, não faltes!

ARGENTINA

Oh! que sina!

FARO

(*batendo no ombro de Calabar*)
Desperta, Calabar! Eu te precedo...
Guerra! guerra de morte!...
(*dando as mãos a apertar*)
Aos holandeses!...

CALABAR

(*apertando-lhe as mãos*)
Guerra! guerra!
(*à parte*)
Por quem, só Deus o sabe!...
(*Faro sai*)

Cena V

CALABAR *e* ARGENTINA
(*pausa*)

CALABAR

(*à parte*)
Eis-nos sós. Tanta vez que assim nos vemos...

E eu jamais lhe disse uma palavra,
Uma palavra só do amor ardente.
Que agora em labaredas me incendeia!...
Misérrimo de mim!... perante uns olhos
Tremo, qual nunca do medonho fogo!...
(*com pungente exclamação*)
Argentina!!

ARGENTINA
(*assustada*)
Senhor!
(*indo ajoelhar-se*)
Eis-me prostrada
Aos vossos pés!... Aqui quero que desça
O perdão para mim, se sou culpada.

CALABAR
(*levantando-a*)
Culpada! que dizeis? ah! levantai-vos,
Culpado fora Deus, se crime houvesse
Em termos coração!... Eu não te acuso.
Como tu és, são todos. Para amarmos
É que no Céu cintilam as estrelas,
É que na terra as flores desabrocham!
Ante o quadro gentil da natureza
Tudo respira amor, amor é tudo.
Deste nosso país nas densas matas
Eu vi as mesmas feras se ameigando.
Certo dia, na pista do inimigo,
Pelos ínvios silvedos entranhei-me.
Duas pequenas onças reclinadas
Uma noutra, lambendo-se, beijando-se,
Eu encontrei ali. Tremendo ao vê-las,

Pude logo fugir-lhes sem ser visto.
Cegava-as o amor, como nos cega.
Eu mesmo tenho amado, ó Argentina!!
Eu, que, nascido à sombra das florestas,
Quase indômita fera me supunha,
Desconhecendo amor, também me curvo
À soberana lei que os entes rege!...
No meio da refrega encarniçada,
Em que só fumo e sangue respirava.
Uma como fragrância, um doce aroma
Senti que vinha deleitar-me o olfato.
Era uma jovem pálida-morena,
Que, como uma visão de amigo sonho,
Tinha ante mim!... Não pesa-me dizê-lo:
Foi a primeira vez que tive medo!...
E eu nunca lhe disse que a adorava!
Nunca, Argentina! os lábios do mulato
Temeram descerrar-se! Quem dissera
Que as suas vozes fossem escutadas,
Que os seus protestos fossem atendidos?...
Como ao leão das selvas, um rugido
Era o único som que lhe escapava!...
Então valeu-me o amor duro da guerra!...
Como um suspiro – escuto os sons estrídulos
Dos ferros que se batem no conflito!
Como um olhar furtivo – a luz vivace
Do fogo que nas lâminas reflete
Como a luz do relâmpago nos mares!
Como uma nota angélica e magoada
De lábios de mulher, o arquejo extremo
Do moribundo em vômitos de sangue!
Como o perfume róseo da coroa
De núpcias, o bafo pestilento

De cadáveres mil que enchem os campos!
É um amor horrível! não? Embora.
Assim o quer a sorte, assim o queres,
Tu, Argentina!!

ARGENTINA

Quê! meu Deus! que escuto?
Que me dizeis, senhor?! Não vos entendo...

CALABAR

Assim deve de ser! Linguagem nova
É esta que me ouvis! Pois bem, senhora;
Resumindo o que sinto neste instante,
Direi por fim com a força de minh'alma:
Argentina, eu te amo!!...

ARGENTINA

(*estremecendo*)

É impossível!...
Oh! meu Deus!... socorrei-me!... estou perdida!...

CALABAR

(*brandamente*)

Perdida!... que disseste?... Nos meus braços
Já receaste os golpes da fortuna?
Já te dobraste ao sopro da tormenta?
Linda, mimosa flor, quem te há valido
Nestes amargos transes da existência?
Quem te há prestado a sombra coroável
A que foges do sol, que as flores cresta?
(*mudando de tom*)
Será que me desprezes, Argentina?!
Será que seja de outro?!... Oh! desvario!...

(*consigo mesmo*)
Amei-a como pai!... foi um engano:
Era outro amor o que eu lhe consagrava!
Ante ela emudeci... fatal silêncio!...
É tarde agora!...
(*com força*)
Ou sempre havia sê-lo?!...
Astro horrendo luziu sobre o meu berço;
E negro, como era, me imprimira
A sua cor!... Assim nasce o mulato!...
(*arrebatadamente*)
E tu, mulher, me julgas pelo rosto,
Ou pelo que por ti hei praticado?!...
Decide-te!...

ARGENTINA
(*com angústia*)
Senhor!... quereis ouvir-me
Palavras que não devem, que não podem
Retratar fielmente o que ora sinto?!...
Que valera dizer-vos que vos amo,
Se há muito o coração hei dado a outro?...
Perdoai-me... talvez sou criminosa...
Porém maior delito certo fora
Mentir a quem merece-me a verdade!...
(*com candura*)
Mas eu vos amo... sim, eu vos adoro;
Adoro-vos, senhor, como uma filha
Que por seu pai a Deus constante roga!...

CALABAR
Basta, basta, por fim... O subterfúgio
De que vos socorreis quase me indigna!...

Que quer dizer, senhora, o amor de filha?...
Efêmero e fugaz como o sorriso
De lábios infantis, pobre de aroma,
É desbotada flor, que num só dia
Nasce pela manhã, e à tarde morre!...
Falta-lhe a seiva, o orvalho matutino,
O ardor do sol... A seiva é a esperança,
Que faz reverdecer flores já murchas...
O orvalho... são as lágrimas sentidas
Que verte o coração, nadando em gozo...
O ardor do sol é a chama benfazeja
Que, rebentando d'alma, a vida aquece!...
Eis o amor que desejo... ardente e forte,
Irrequieto e audaz como o oceano,
Grande, infinito, imenso como o espaço!...
Eu vi a luz à sombra das florestas,
Onde o vento sibila e a fera ruge!...
Criei-me ao som das vagas espumantes,
Que lutam peito a peito c'os rochedos!...
Hoje, adormeço ao pé de anosos troncos,
Ou escutando o silvo das serpentes,
Ou recordando a orquestra das batalhas!...
Meu amor deve ser como o meu gênio,
Como o meu coração, como a minh'alma!...
Soberbo e altivo, indômito e tirano,
Que uma vez posto em luta, ou vence ou morre!...
(*moderando-se*)
Mas eu não quero impor-te os meus afetos,
Não, Argentina... Quero que me fales
Co'a voz da caudidez que te enobrece...
Não me amas como pai?... Pois bem: escuta.
De plácido e suave que nascera
Esse bom sentimento, que me votas,

Muda-lhe facilmente a natureza;
Crê-te esposa, deixando de ser filha!...
Dá-me um riso de amor... sim, Argentina...
Que lágrimas de amor te tenho eu dado!...
Dize... dize...

ARGENTINA
(*timidamente*)
Senhor, um juramento
Ante os Céus, ante Deus... me liga a Faro...
Perdão...

CALABAR
(*exaltado*)
Perdão!... Maldito o que perdoa
Quem o condena à morte nesta vida!...
Perdão!... e para quem?... para esse indigno,
Esse vil e covarde aventureiro,
Que além da pátria as afeições me rouba?!
Traidor!... infame!... Longe dos perigos,
Longe da guerra, em ócio criminoso,
Deixando a espada – qu'inda mal lhe deram –
Enferrujar-se dentro da bainha;
Vem perturbar os sonhos inocentes
De uma virgem tão bela, e seduzi-la!...
Perdão!... e para quem?... pra quem ditou-me
A sentença fatal que me aniquila?!
Pra ti, que neste instante me respondes
C'o um desengano atroz?!...
(*pequena pausa*)
Pois bem, senhora:
Antes assim, conheço o meu futuro...
(*com amarga ironia*)

Sereis feliz; não é?... Nos braços dele,
Vereis brilhar no Céu lindas estrelas,
E rebentar do chão mimosas flores!...
Do passarinho o canto matutino
Irá vos despertar no róseo leito!...
À noite, quando a lua prateada
Espargir seu clarão por sobre a terra,
Ou nas margens de um rio, ou nas colinas,
Desprendereis suspiros, brandos, ternos,
De amor e de esperança!... Unidos ambos,
Ambos ligados por um laço eterno,
A mesma sorte levareis no mundo
De gosto e de ventura!... Então lembrai-vos
De Calabar maldito!... Aos Céus por ele
Uma oração singela e piedosa
Vós mandareis decerto...

ARGENTINA
(*com aprazimento*)
Oh! sim... decerto.
Por vós, por vossos dias...

CALABAR
(*atalhando*)
Por minha alma,
Por minha alma!... que então serei já morto!

ARGENTINA
Oh! não, jamais, jamais... Deus há de ouvir-me
Vós...

CALABAR
(*idem*)
Irei para a guerra incontinênti!...

Mais bravo que um leão, mais indomável
Que um tigre, as minhas garras afiadas
Irei pregar no peito do inimigo!...
Depois, cansado já de acerba lida
Em que derramarei um mar de sangue,
Virão tomar-me fraco, sem alentos,
E me farão subir o cadafalso!...
Irei tranqüilo, plácido, e sereno,
Não duvideis, senhora... irei contente!...
Vosso amante há de ter já sucumbido!...
Não sereis minha, não?! não sereis dele.

ARGENTINA
(*aterrada*)
Meu Deus!... meu Deus!...
(*ajoelhando-se*)
Senhor, por piedade!...
Dizei-me que mentis... que tão perverso
Ah! não sereis assim... que a vossa filha
Não matareis, meu pai! oh! sim, dizei-me...
(*pequena pausa*)
Mudo estais? oh! então...
(*com firmeza*)
Sois um tirano!...
Se mal vos fiz, em mim deveis puni-lo...
Eis-me ante vós, descarregai o braço!
Feri-me, se podeis... quem vos impede?...
É meu o crime?... seja minha a pena!
Uma fraca mulher nunca fez medo...
Tendes-me aqui, não fujo... Valoroso,
Intrépido guerreiro, erguei a espada!...
Cravai-a neste peito criminoso!...
Avante! avante!... Falta-vos coragem?

Nunca se ouviu que Calabar tremesse
Eia, senhor, matai-me!...

CALABAR

Nunca!... nunca!...
Morto fui eu por ti... que mais tu queres?
Ele o será por mim!... Morte por morte!

ARGENTINA

(*à parte*)
Como salvá-lo, ó Deus?!...
(*pausa. Alto*)
Pois bem, ouvi-me:
De mim, dissestes, pende a vossa vida...
Vós me amparastes... Sou-vos devedora!...
Bem o conheço... Então um só instante
Dai-me pra meditar... depois...

CALABAR

Que dizes?...
Sim, Argentina, vai... Oh! esperança!...
Tomas de novo posse da minh'alma...
Eu espero por ti...
(*Argentina sai*)

Cena VI

CALABAR *e depois os dois* SOLDADOS

CALABAR

(*só*)
Será possível?...

Cresce a tormenta, ou extingue-se de todo?...
Vê-la, gozá-la... oh! doces pensamentos
que nunca o pensamento me deixastes!...
A minha sorte agora está pendente
De uma palavra sua, de um seu riso!...
Bem fraco leme és tu, razão do homem!
Dever, a glória, a pátria, a liberdade,
Tudo é menos que amor!... Nem já me lembra
A hora do combate... Hei combatido
Demais. O coração também me fala;
Devo escutá-lo um dia... Longe as gritas,
Os toques dos clarins, e os sons da guerra...
(*percorrendo a cena*)
Armas cruéis, forjadas pelo inferno,
Instrumentos de morte em sangue tintos,
Ficai mudos aí... eu vos detesto!
Ecos horríveis do estampido ingente
Que as belicosas máquinas expelem,
Trocai-vos pelas auras que acompanham
As saudosas canções de dois amantes!...
Planos e ardis, que a mente desenvolve
Para tomar de assalto os inimigos,
Convertei-vos em sonhos encantados,
Pela fagueira esp'rança da ventura!...
Enfim, astros do Céu, flores da terra,
Natureza gentil, eis-me contigo!
Maldito o que turbar-me a paz que enceto!...
(*entram os soldados*)

1º SOLDADO

Senhor, um caso novo...

CALABAR
(*atalhando*)
Quem te chama?...
O que pretendes tu?

2º. SOLDADO
(*à parte*)
Está com febre.

1º. SOLDADO
Quem nos chama? dizeis... Nós é que vimos
Dizer-vos que vos chamam...

2º. SOLDADO
Na verdade,
Querem falar-vos, sim. Quem, não sabemos,

CALABAR
Então, ide-vos...

1º. SOLDADO
Mas...

CALABAR
Tenho já dito.

2º. SOLDADO
A pessoa é suspeita... alguma trama
Bem pode ser...

CALABAR
Não temo. Que me querem?

1º Soldado

É segredo: nos disse o tal sujeito.
É segredo que muito importa à causa
Portuguesa...

Calabar

Talvez. Fazei que entre.
(*os soldados obedecem*)

Cena VII

Os ditos e Um desconhecido

1º Soldado

Ei-lo, senhor.
(*à parte*)
Que cara!... não me agrada.

Calabar

Retirai-vos...

2º Soldado
(*vacilando*)
Senhor...

Calabar

Ide-vos ambos.
(*os soldados saem*)

O desconhecido

Estamos sós, não é?...

Calabar

Haveis receio?

Falai, falai. Que tendes a dizer-me?

O desconhecido

Então não vos importa quem eu seja?
Melhor. Nem eu também vo-lo diria,
Venho a negócio... O mais, curiosidade...
Sois Calabar, é certo. Conheci-vos
Logo à primeira vista. Este desgarro,
Este arreganho...

Calabar

(*atalhando*)

Nada de delongas
Em cumprimentos fúteis. Apressai-vos.
Nestes tempos só fala-se de guerras.

O desconhecido

Inda bem que vós mesmo haveis chegado
Ao ponto. Nada mais e nada menos,
Venho falar-vos disso.

Calabar

O que há de novo?

O desconhecido

Que eu saiba, nada. Tudo está no mesmo.
Entretanto, é preciso... é necessário
Que isto se acabe... Sim, que se decida.

Calabar

E, neste caso, a quem houver mais força;

Que a justiça, inda mal, não sei quem haja!
Então, já conjecturo ao que vieste...
Sois trânsfuga talvez, que...

O DESCONHECIDO

Tomai tento!
Pensai melhor!

(*moderando-se*)

Quem sabe?... Ouvi primeiro.
Não que eu maldiga o trânsfuga... Por vezes
Podem haver razões que nos obriguem...
Trânsfugas, vemos nós em todo tempo
Em todos os partidos. Tudo segue
Pelas conveniências do indivíduo.
Mas é que não sou eu quem deve agora
Usar deste recurso. O que valera
A minha fuga, em prol deste ou daquele?...
Quem sou eu? Estes fatos pesam muito
Conforme as personagens que os praticam.
Que val um janianes neste mundo?
Se vós fugísseis, lá era outra coisa...

CALABAR

Que dizeis, temerário?... É uma infâmia!

O DESCONHECIDO

(*à parte*)

Espinhou-se?... Falemos-lhe mais claro.

(*alto*)

Perdoais, Calabar... Sois esquentado!
Quem já chamou infames esses grandes,
Grandíssimos heróis, que têm deixado
Uma causa por outra?... Os seus coevos
Irritam-se, exasperam-se, excomungam:

Os vindouros, a sã posteridade,
Admiram-lhe o valor, honram-lhe a fama.
O herói nunca jamais deixou de sê-lo
Porque fugiu de Roma pra Cartago.
E deixaríeis vós, por tal motivo,
De ser o mesmo Calabar?...

CALABAR

Enxergo
Finalmente a missão que te incumbiram.
Foste ousado demais! E, por minh'alma,
Vieste a ponto. Queres subornar-me?...

O DESCONHECIDO

Menos isto, senhor... Eu falo sério.
Guerreiros como vós não se subornam;
Convencem-se co'a força de argumentos,
Co'a lógica...

CALABAR

Pois bem. Dizei primeiro
Quem vos mandou aqui?...

O DESCONHECIDO

Isto é o menos:
Van-Scopp.

CALABAR

Que garantias oferece?...

O DESCONHECIDO

Postos, honras, fortuna...
(*tira um papel*)
Aqui vos trago
A sua assinatura. Se aceitardes,

Com ela firmaremos um contrato,
E obtereis o quanto desejardes.
O general não falta ao que promete:
Sendo certo também que cedo ou tarde
Há de colher os louros da vitória.

CALABAR
(*tomando o papel*)
Bem vedes que me dou por convencido:
Dai-me o papel. Agora haveis dizer-me
A quanto vão as tropas holandesas
Para calcular a gente que precisam.

O DESCONHECIDO
(*à parte*)
Entendo-te, sagaz... Tu não me embaças.
(*alto*)
A gente é muita: falta-lhe somente
Quem a dirija aos pontos vulneráveis
Dos inimigos lusos. Só nos falta
Um Calabar.

CALABAR
Entendo. Que conheça
Melhormente o caminho pra cortá-lo.

O DESCONHECIDO
Justamente.

CALABAR
Que trace e que descreva
As derrotas possíveis e prováveis.

O DESCONHECIDO
Tal e qual.

CALABAR

Que se oponha finalmente,
Com quanta força houver, às forças lusas...
(o desconhecido faz um sinal afirmativo)
Que venda a honra, e sacrifique a pátria!...

O DESCONHECIDO

Menos isto, senhor... Stais enganado.
Nós também temos pátria, temos honra;
Tal ou qual, esta, aquela, isto é o menos.

CALABAR

(rasgando o papel)
Torna a Van-Scopp, indigno mensageiro;
Dá-lhe a notícia do que vês fazer-se
Da sua assinatura!...

O DESCONHECIDO

(confuso)
É muito arrojo!...
Senhor!...

CALABAR

(sorrindo-se)
Bem fraca foi a tua lógica!...
Guerreiros, como eu, não se subornam;
Vencem ou morrem!... Vai-te, miserável!

O DESCONHECIDO

(à parte)
Perdi a aposta... Leva-me o diabo!
(alto)
Tu te arrependerás do que fizeste!...
(entram os dois soldados)

Então, por isso que vos desagrada...
Posso ir sem risco?...

CALABAR

Podes ir tranqüilo.
Dai passagem, soldados, ao enviado
Do general Van-Scopp.

1º SOLDADO

Um inimigo!...

2º SOLDADO

Um holandês!...

CALABAR

Afoito e resoluto.
Arriscou-se e perdeu!

O DESCONHECIDO

Então?...

CALABAR

Depressa.
Parti!

(*o desconhecido sai*)

Cena VIII

CALABAR *e os dois* SOLDADOS

1º SOLDADO

Partiu!...

2º Soldado

E nós também partimos.
Eis-nos prontos, senhor...

Calabar

Eu já vos sigo.
(*à parte*)
E ela, que medita em meu destino!...
Ela, que foi calar antigo afeto,
Para acolher o meu!... Vou encontrá-la.
Boa ou má, quero ouvir sua resposta:
Quero saber o que farei na guerra!...
(*entra no quarto de Argentina*)

1º Soldado
(*maliciosamente*)

Ouviste?... Viste?... É certo o que eu te disse.

2º Soldado

Deveras, Calabar...

1º Soldado

Está perdido!
Depois de velho, dar em namorado!...
Quase que não se lembra mais da pátria!...

2º Soldado

E quem ama tem pátria?

1º Soldado

Que é que dizes?...
Dar-se-á que tu estejas namorado
De uma flamenga?... Cuida noutro ofício.

(mostrando as espingardas)
Eis ali tua amante... Eia, suspende-a!
(seguram as espingardas)
Dá-lhe um estreito abraço, um doce beijo...
(abraçam e beijam as espingardas)
Ai! que cheiro, que aroma, que fragrância
De pólvora! Por Deus, é mais gostoso
Que alguns beijos que dão certas mulheres.

2º. SOLDADO

Aí vem o homem...
(retiram-se ao fundo)

CALABAR

(entra, atônito, e com uma carta)
Não!... lá não estava!...
(correndo a cena)
Aqui, talvez... Parece-me que escuto
A sua voz, o som do seu sorriso...
Creio sentir o mágico perfume
Dos seus cabelos...
(pequena pausa. Mostrando a carta)
Oh! isto é uma carta!...
É para mim...
(lendo-a)
"Senhor, foi necessário,
"Foi forçoso deixar-vos...
(estremece)
"Eu me aparto...
"Pedistes um amor... que era impossível!...
"Adeus...
(arquejando)
"Adeus, meu pai!"

(*com dolorosa exclamação*)

Oh! Argentina!!!...

1º. Soldado

(*ao 2º.*)

Partiu!... ouves?...

2º. Soldado

Partiu!...

1º. Soldado

Senhor...

Calabar

(*como despertando*)

Estais prontos?...

Vamos, vamos... Porém... ide primeiro...

(*exaltando-se*)

Depressa, ide buscá-la!... ide ligeiros!...
Viva ou morta, eu a quero!... Eia, soldados!...
Trazei-me o seu amante... Vivo ou morto
Eu o quero também!... Ide após ambos!...
Estais quedos?... Não ides?... Estais surdos
À voz de Calabar?...

(*pequena pausa*) (*subitamente*)

A minha espada?...

Dai-ma, dai-ma!...

(*tomando uma espada*)

1º. Soldado

Corramos ao combate!

Lá punireis, senhor, o crime de ambos!...

CALABAR

(*querendo levantar a espada*)

Está pesada!... não posso mais erguê-la!...
Ao coração correu-me o sangue todo!...

1º SOLDADO

Valor!... Coragem!...
(*ouve-se o clarim*)
O clarim já soa!...

2º SOLDADO

O fogo vai romper...
(*chega à porta do fundo e dispara para fora*)

1º SOLDADO

Senhor, partamos.

2º SOLDADO

Morra o flamengo!...

1º SOLDADO

Viva o lusitano!...

CALABAR

(*com força*)

O lusitano!... tredo, vil, covarde!...
Caia sobre ele o raio da vingança.
(*brandindo a espada*)
Vede outra vez a força do meu braço!...
Reviveu, aumentou!... Renhida e fera
Vai ser a luta agora!... Tremam todos!
Holanda ou Portugal, senhores ambos,
Ambos tiranos, roubam-nos a pátria!...

Escravo aqui, ali, deste ou daquele,
Que importa?... A escravidão é sempre a morte!
Segui-me, amigos; vamos combatê-los!

1º. Soldado

O luso ou o holandês?...

Calabar

(*dolorosamente*)

Dize, Argentina!
Dize tu, se outra vez me perguntarem!...

1º. Soldado

Tresvariais, senhor?... Que sonho horrível
Vos tolda a mente?... Calabar perjuro?!...

2º. Soldado

Traidor à pátria!...

Calabar

À pátria?! oh! nunca, nunca!
Por ela, amigos, vamos ao combate!
(*com intenção*)
Por ela, só por ela!...

Os dois Soldados

À guerra! à guerra!...

Calabar

(*brandindo a espada*)

À guerra! à guerra! estremecei, tiranos!!...

FIM DO ATO PRIMEIRO

ATO SEGUNDO

(Quartel-general dos holandeses. Uma sala com dois reposteiros no fundo. Portas laterais. No centro, uma mesa grande rodeada de cadeiras.)

Cena I

O 1º., *o* 2º. *e o* 3º. Oficial
(entrando pela direita)

1º. Oficial
(sentando-se)
Bofé, meus camaradas, estou moído,
Mais moído por certo do que o polvo,
Que deu-nos a jantar o comissário.
Andei como um camelo dos desertos!...
Olé! que vos parece esta façanha?...

2º. Oficial
Sempre foste um herói!... Perdeste a aposta,
Mas trouxeste em reféns uma deidade!...

3º. Oficial

Bela como os amores!...

1º. Oficial

(*tirando um cachimbo*)

Ora viva!...

Pela maior deidade deste mundo
Não ando, nunca andei nem meia légua!...
Quem fuma não se lembra de mulheres.

2º. Oficial

Não diz assim aqui o nosso amigo:
Fuma e ama co'a mesma assiduidade.

3º. Oficial

Descubro na fumaça do cachimbo
A verdadeira fonte da poesia.

1º. Oficial

(*espreguiçando-se*)

Já falas em poesia!... Co'a fortuna!...
Ao mudares de terra, certamente
Mudaste de caráter e de gênio.
Ora, viva!... Não há nada mais triste
Que ver-se um holandês feito poeta.

3º. Oficial

Neste país tão belo, é muito fácil:
Basta encarar um dia a natureza,
Basta ver um semblante bem moreno,
Uns olhos bem quebrados, um sorriso...

1º Oficial

Alto lá! se quiseres falar dela,
Mais respeito!...

2º Oficial

Que dizes?... Nesse caso
Estás apaixonado?...

1º Oficial

(*rindo-se*)

Apaixonado!...
Eu sou mui sério: trouxe-a pra negócio.
Sempre havia lucrar alguma coisa
Da perigosa empresa em que meti-me.

2º Oficial

E como cumprirás um tal projeto?
Quanto queres que valha essa donzela?
De que te servirá?

3º Oficial

Inda perguntas?
De uma fiel e terna companheira.

1º Oficial

Essa é boa!... Lá temos a poesia...
(*levantando-se*)
Ora escutai-me. Fui, como soubestes,
Ao pé de Calabar a ver com jeito
Se me fora possível suborná-lo.
Foi-me avessa a fortuna... que remédio?
Apostei o sucesso, e me ganhastes.
A lógica falhou-me; os argumentos

Ficaram reduzidos à poeira.
O mulato é mais duro e mais teimoso
Que o mais teimoso e duro crocodilo!
Deste modo escapei-me desesperado,
Mandando quase tudo aos mil diabos,
Eis enfim que a fortuna me protege.
Encontro dois amantes que fugiam,
De quem, não sei. O ríspido tonante,
Que acompanhava a bela, de repente
Saúda-me com um tiro de pistola,
Crendo talvez que eu fosse-lhes no encalço.
Vendo-me salvo, dei-lhes a resposta:
Fui mais certeiro, a bala o alcançara.
Então aproximei-me: da donzela
Fiz-me logo senhor; e do mancebo
Não quis mais indagar; deixei-o morto.
Agora ouvi-me – como aproveitei-me
Deste sucesso. Ao general ansioso
De tudo investigar, de saber tudo,
Participei o caso, figurando
Novas exatas do que vai no campo
Inimigo, contadas pela moça.
Folgou com isto, tendo-me emprazado
Para trazê-la agora ante o conselho.
Sabeis de tudo.

2º. Oficial

Estás ameaçado
Sendo assim, de uma bela recompensa.

3º. Oficial

Sigismundo não deixa estes serviços
Sem um prêmio qualquer.

1º OFICIAL

Confio nisto.
Senão, mando aos diabos a tal moça,
Que nunca sustentei mulher em casa.

2º OFICIAL

Piores animais tens sustentado...
Assim não fosse o tempo em que vivemos...

1º OFICIAL

Que farias então?...

2º OFICIAL

Responde, amigo.

3º OFICIAL

Eu?... Que lembrança exótica tiveste!...
Vá que seja: dar-lhe-ia um doce beijo...

1º OFICIAL

Em mim?...

3º OFICIAL

Não: na donzela.

1º OFICIAL

É outro caso.
Então faço contigo um bom negócio.
Se nada me render a tal moçoila
Com Sigismundo, dou-ta por bem pouco:
Contento-me que pagues o trabalho
Que tive de trazê-la.

3º. Oficial

É muita coisa.

Parvoalho fora eu, se desesperasse
De lográ-la também, agora ou logo,
Ou mais cedo, ou mais tarde... não há pressa.
A moça há de chegar para nós todos.

2º. Oficial

Quase que tenho pena dessa jovem!

1º. Oficial

Chora se queres... Era o que faltava...
Eles não fazem menos quando podem,
Essa cáfila vil de lusitanos,
Ainda assim não pagam o que devem!

2º. Oficial

Mas ela é brasileira.

1º. Oficial

Idem por idem,
Como nos diz aquele missionário.
Tu bem sabes que sempre, em nosso dano,
Une-se o português ao brasileiro.
Esqueces-te que nunca nos pouparam?...
Recorda-te somente da perfídia,
Da crueldade atroz, que esses daninhos
Praticaram conosco há pouco tempo!
Junto de Olinda, ao pé das olarias,
Apertados da fome, íamos todos
Colher alguma fruta por sustento.
Que haviam de fazer os tais mestiços?!
Por ordem de Mathias de Albuquerque,

Emboscaram-se então por entre os soutos,
Para virem após sobressaltar-nos!
Assim fizeram... lembras-te?... De rojo
Caíram sobre nós – desprevenidos,
E, co'a sanha de feras indomáveis,
Mataram sua sede em nosso sangue!!

2º OFICIAL

É bem verdade!...

1º OFICIAL

Então... viva quem vence!

Cena II

Os ditos e SIGISMUNDO VAN-SCOPP

(*Sigismundo, entrando, pára e inclina-se levemente perante os oficiais: estes correspondem ao cortejo.*)

1º OFICIAL

Saúde ao general!
(*pequena pausa*)

SIGISMUNDO

Tendes sabido
Alguma novidade?

1º OFICIAL

Além da nova,
De que já sois senhor, nada sabemos.

SIGISMUNDO

E essa muito importa ao bom sucesso
Das nossas entrepresas, se alcançarmos
Saber a rota que o inimigo segue,
E as traças que imagina. Necessário
É, primeiro que tudo, conhecermos
A quanto monta o número das armas
De que podem dispor. Se conseguirmos
Que tal informação nos seja dada,
Teremos avançado um grande passo
Pra de todo ganharmos a vitória.

1º OFICIAL

E quem, meu general, inda ignorando
As traças do inimigo, ao vosso lado
Pode temer a sorte dos revezes?...
Quem convosco batalha um só momento,
Enxerga bem de perto a luz da glória!

SIGISMUNDO

Não chamarei lisonja o que me dizes;
Mas ardor juvenil, ou inexperiência.
Nesta grande conquista que empreendemos
Mais val a astúcia bem elaborada,
O ardil, a manha, que o renhido fogo.
Tal nos ensina a prática da Europa,
Quer no que têm as páginas da história,
Quer no que dão as regras da milícia.
Do grande capitão da antiga Roma,
De César, sempre a máxima foi esta,
Como em seus Comentários estudamos.
A par do grande braço, a grande mente!

Esta, mais do que aquele, o Macedônio
Invito coroou de imensos louros;
Esta, a Cícero deu o consulado;
E, desde a mais remota antiguidade,
Considerada foi como o palácio,
Que fez de Ulisses general famoso.
Quem nos pode afirmar, se vencedores
Nós não fôramos já sob outros planos?...
Theodoro Wandemburg, ousado e bravo,
Qual não se nega, há sido infrutuoso,
Talvez por temerário em demasia.
A sorte vai da sorte de tentá-la.
Por isto há de ser outro o meu sistema:
Muito pensar, pra muito conseguirmos.

1º OFICIAL

Como seja, senhor; não cessaremos
De respeitar-vos muito e obedecer-vos.

SIGISMUNDO

A obediência leva a grandes feitos;
É filha do dever, que honra o soldado,
É filha do valor que ilustra os homens.
Obedecer é sempre a norma augusta
Das maiores ações que o mundo admira.
Senão a mim, obedecei à pátria!
Quem obedece à pátria alcança a glória.
Tal à posteridade impõe seu nome
Quem só escuta a voz dos seus deveres.
Próximo exemplo tendes do que digo:
Jamais o olvideis; é santo exemplo.
Sai da Bahia – Oquendo, acompanhado
da frota de Castela, em direitura

A Pernambuco. Então, de sobreaviso,
Tratamos de apressar a nossa armada
Grossa de velas, rica de artilheiros.
Dela se encarga Patres, o valente,
O destemido Cabo, a quem a glória
Há muito houvera lhe exornado a fronte.
Chegado o ensejo, investem as armadas,
Ambas de fúria igual sendo impelidas,
Ambas sedentas do contrário sangue!
Em breve os elementos se revoltam,
Tomando as negras cores do conflito!
Ao trom da artilharia o pego treme!
No denso véu do fumo o ar se envolve!
Fuzila o fogo, a terra bebe horrores!...
Após estado tal, ri-se a vitória
Para o inimigo... os Batavos sucumbem!
Que fez o Cabo ilustre? Desesp'rado
De próspero sucesso, ao ver as chamas,
As grossas labaredas, que estalavam
Da nossa armada, como uma fogueira
Que se houvesse acendido sobre os mares,
O famoso Adrião, o egrégio Patres,
Toma o estandarte, cobre-se com ele,
E, em vida amortalhando-se na honra,
Pra sepultar-se atira-se nas ondas!...

1º. Oficial

Foi uma ação bem digna de memória!

2º. Oficial

Foi, como bem dissestes, um exemplo
Que deve ser por todos imitado.

3º Oficial

Foi um sublime feito nunca visto,
Que nunca mais veremos!

Sigismundo

Que injustiça
Fazes assim aos nossos companheiros!...
Qual de vós, ao saber que a pátria o exige,
Iguais façanhas, feitos semelhantes
Não cumprirá decerto?... A valentia
Tem distinguido os nossos avoengos;
Distingue mesmo agora os holandeses,
E há de distinguir nossos vindouros
Nem debalde procuro quem no prove.

(*ao 1º oficial*)

Tu, meu bravo guerreiro, há pouco deste
Uma lição de ânimo esforçado.
Entraste os arraiais dos inimigos,
Arriscando-te assim a sucumbires
Perante Calabar.

1º Oficial

Senhor...

Sigismundo

Não minto.

(*ao 2º oficial*)

Tu por mais de uma vez tens te mostrado
Digno filho de um pai que honrou a pátria.
Como ele, já no prélio recebeste
Honrosas cicatrizes.

2º Oficial

Como herança,
Tenho-as em muito.

SIGISMUNDO

(ao 3º oficial)

Nem menor parcela
De glória – cabe a ti, gentil mancebo,
Pobre de idade, rico de coragem:
Nas batalhas navais, que temos dado,
Nunca tremeste, sempre te exaltaste!

3º OFICIAL

É a grata saudade do meu berço,
Do meu país natal, que alguma força
Dá-me ao braço, senhor...

SIGISMUNDO

São vossos brios.
Convosco, enfim, valentes camaradas,
Não há temer falanges aguerridas,
Nem o furor de naves portuguesas.
Confio nisto. Agora, o resultado
Será o que aprouver à Providência.

1º OFICIAL

Que temos a fazer? Senhor, dizei-o.
Estamos aqui pra sermos cumpridores
Fiéis do que mandardes.

SIGISMUNDO

Um momento.
Aguardo pelo fim de uma mensagem,
Que cometi ao senso de um amigo,
Como vós sois, discreto e corajoso.

1º OFICIAL

Depois, senhor?...

SIGISMUNDO

Iremos para a guerra;
Marcharemos seguros à vitória.

Cena III

Os ditos e o 4º OFICIAL

4º OFICIAL

Cheguei por fim... Alvíssaras, amigos!
Saúde, general!...

SIGISMUNDO

Chegaste a ponto.
Que novas trazes?...

4º OFICIAL

Boas, muito boas.
Bagnuolo vos responde nesta carta.
(*dá-lhe uma carta*)

OS OUTROS OFICIAIS

Bagnuolo?!...

SIGISMUNDO

(*com intenção*)
Sim, amigos, sim – Bagnuolo!...
Eu vos deixo, e não tardo.
(*sai*)

1º OFICIAL

(*depois de pausa*)
Então, deveras
Estiveste com Bagnuolo?...

4º. OFICIAL

Tão deveras,
Tão certo como a Calabar falaste.

1º. OFICIAL

(*apertando-lhe a mão*)
Toca, amigo!... Nós cá nos entendemos.
Foste feliz, já sei: vieste armado
De um cartapácio em guisa de resposta...
O homem é...

4º. OFICIAL

Bonito, bem disposto,
Meão na altura...

1º. OFICIAL

Nada. Não pergunto
do físico; pergunto unicamente
Do moral.

4º. OFICIAL

Oh! então, não sei que diga.
O homem é afável, prazenteiro...

1º. OFICIAL

E o meu, sanhudo e fero, como um tigre!

4º. OFICIAL

Recebeu-me com modos delicados,
Com gentis ademanes...

1º. OFICIAL

Co'a fortuna!

E o meu cortou-me logo os argumentos,
Riu-se da minha lógica... Maroto!...

4º Oficial

Ofereceu-me almoço... e grande almoço!...
Deu-me um belo cachimbo, ótimo fumo!...

1º Oficial

E o meu quase remete-me aos diabos,
Sem fumo e sem cachimbo!...

4º Oficial

Finalmente
Bagnuolo é um verdadeiro gentil-homem!

1º Oficial

E Calabar, não há quem o duvide,
É um refinadíssimo tratante!...

Sigismundo
(*entrando*)

Que dizeis, senhores?...

1º Oficial
(*adiantando-se*)

Que a fortuna
Parece estar por nós...

Sigismundo

Depois veremos.
Por hora tenho algumas esperanças.
Bagnuolo diz-me, em termos lisonjeiros,
Que o sucesso da causa é duvidoso,
E que talvez... nos seja favorável.

2º. Oficial

E tendes confiança?...

Sigismundo

Não vos digo.

2º. Oficial

O astuto conde pode atraiçoar-nos;
O italiano é pérfido por gênio.

4º. Oficial

Mas é também amigo do dinheiro.
Muito gostou do mimo que lhe destes:
Por gratidão, se quer...

Sigismundo

Fique ao futuro
Dizer ou não se fomos avisados.
Em todo o caso, devo agradecer-te
A pressa e o resultado da mensagem.

4º. Oficial

O meu dever, senhor, antes de tudo...

Sigismundo

Não são todos que bem o compreendem,
Raros são os que bem o desempenham!...
Vamos agora ver se conseguimos
Que essa mulher, por vós aprisionada,
Preste-se a dar notícia, inda pequena,
Do que prepara o ânimo inimigo.
Em tal ocasião, é necessário
Tingir o aspecto em cores rigorosas,
E carregar um tanto o sobrecenho.

O porte marcial bem consertado
Muito impõe aos espíritos imbeles.
(*ao 1º oficial*)
Desejo que ante nós, neste momento,
Conduzas a mulher que nos trouxeste.
(*o 1º oficial tira uma chave e dirige-se à porta da esquerda*)
Demos ao ato a forma de Conselho
Pra mais solene ser a conferência.
Sentemo-nos, senhores.
(*Sigismundo toma a cabeceira da mesa, e os oficiais os lados*)

1º Oficial
(*abrindo a porta, à parte*)
E agora...
Se esta mulher desmancha-me os projetos,
Ai! não me escapa da primeira bucha!...
(*alto para dentro*)
Vinde, senhora... aqui vos aguardamos.
(*indo a sentar-se*)
Parece que já treme antes de ver-nos!...

Cena IV

Os ditos e Argentina
(*está pálida, trêmula e pesarosa*)

Sigismundo
(*com ar austero*)
Vinde, senhora, vinde ante o Conselho,
Que para vos julgar vedes reunido.
(*movimento de Argentina*)

1º Oficial
(*à parte*)

Resistirá ou não?...

Sigismundo

O vosso nome?...

Argentina

Argentina.

1º Oficial
(*à parte*)

Argentina!... Bem bonito!

Sigismundo

Não tendes pai ou mãe?...

Argentina
(*com angústia*)

Senhor, sou órfã!

Sigismundo

Sois casada ou solteira?
(*pequena pausa. Argentina vacila*)

1º Oficial
(*à parte*)

A rapariga
Parece que é das tais do meio-termo...

Sigismundo

Senhora, respondei!

Argentina

(*pungentemente*)

Que vos importa,
Que vos importa a vós?...

Sigismundo

Sede prudente,
Sede prudente, se quereis ser livre.

Argentina

Livre!... livre, sem ele?!... oh! dai-me a morte!

1º Oficial

(*à parte*)

Pior, pior!... a coisa se atrapalha!...

Sigismundo

(*à parte*)

Parece amar... Vejamos se a esperança...

(*alto*)

Não procureis a morte antes do tempo;
Sois muito moça, tendes formosura,
Podeis alimentar sonhos dourados...
Ora, vamos... Dizei-nos com franqueza
O que vos perguntamos. Tendes medo
Do nosso aspecto, bélico, intratável?...
Credes estar em frente de juízes,
Que vos apontam já para o suplício?...
Credes que somos, nós os holandeses
Monstros sem fé, apóstolos do sangue?...
Tal, se alguém vo-lo disse, é só mentira.
Somos, pelo contrário, justiceiros;
E muita vez, à sombra da eqüidade,

Amigos do perdão, mais que da pena.
Podeis falar sem medo... Se disserdes
Tudo quanto sabeis, incontinênti
Vereis raiar o sol da liberdade,
Vereis – quem sabe? – o filho, o pai, o esposo!...

ARGENTINA

O filho... oh! que ventura se o tivesse!...
Fora-me um anjo em horas de agonia,
Linda estrela, que em noites de tormenta
Devera alumiar o meu caminho,
E aclarar-me as trevas da existência!...
O pai!... o pai!... valera-me igualmente...
Fosse ele vivo, e a mísera Argentina
Teria a felicidade no seu rosto
Velho, e tostado ao sol da nossa terra!...
Teria um lenitivo às suas mágoas
No pranto que das faces lhe caísse!...
Teria um sustentáculo poderoso,
Para ampará-la contra os infortúnios!
O esposo!... ai!... que ferida vós me abristes!...
Devia tê-lo agora nos meus braços...
Fiando de mim só sua ventura...
Dando-me os seus afetos, seus extremos...
Por mim sacrificando a própria vida!...

(*como alucinada*)

Mas eu vi-o cair!... estrondo horrível!
Foi o sinal que veio dos infernos!...
Uma nuvem... depois, um ai sentido
De moribundo... sangue!... um mar de sangue!
Vi-o cair!... depois... não vi mais nada...
Minha fraca razão me abandonara!...

1º OFICIAL

(*à parte*)

Ainda bem!... não pôde conhecer-me...

(*alto*)

Não tem que perguntar: foi vossa gente,
Que vos privou assim do vosso esposo!
Os lusitanos vivem destas coisas.

SIGISMUNDO

Deixa-me prosseguir... Pois bem, senhora;
Estamos já inteirados do sucesso,
Que deu motivo aos vossos dissabores.
Não os creiais despidos de remédio,
Que algum remédio poderemos dar-lhes.

ARGENTINA

(*desanimada*)

É impossível, oh!... é impossível!...

SIGISMUNDO

Eu vos prometo dar o que perdestes...
O filho, não... o pai, da mesma sorte...
Mas o esposo, senhora...

ARGENTINA

(*com prazer*)

Que dissestes?...
O esposo?...

(*tristemente*)

Ah! dorme já o sono eterno!...

1º OFICIAL

É falso, é falso, sim... palavra de honra!

ARGENTINA

Meu Deus! meu Deus! é falso? não é morto?...
Dizei, dizei, senhor...

SIGISMUNDO

Dize, que o sabes.

1º OFICIAL

(*à parte*)

Custo a mentir... porém não há remédio.

(*alto*)

É vivo, sim, senhora... muito vivo!
Goza boa saúde, o vosso esposo...

ARGENTINA

E quem, quem o salvou?... Onde está ele?...

1º OFICIAL

Quem o salvou, fui eu... Ficai tranqüila...
Está, neste momento, descansando
Dos seus trabalhos...

ARGENTINA

(*com satisfação*)

Ah, que felicidade!...
Então... depressa, vamos encontrá-lo...

SIGISMUNDO

Ouvi-nos antes, logo sereis livre.
Faz-se mister sabermos o que existe
De fato e de intenção por entre os vossos,
Que os torne contra nós mais poderosos.
Que planos têm?... que gente? que derrota
Devem seguir agora?... Eia, dizei-nos!

Argentina

Que perguntais, senhor?... Não vos entendo...
(*pequena pausa*)
Mas... é verdade...
(*com inteligência*)
Entendo-vos de sobra!...
Quereis que contra os meus, que contra a pátria,
Eu vos informe acerca dos projetos,
Que tem por fim guardá-la e defendê-la!!
Quereis que, atraiçoando os meus patrícios,
Eu vos diga: senhores, trucidai-os;
À minha voz, guerreiros, extingui-los?!
Oh! bem cara me fica a liberdade!...
Dais-me, para gozá-la, um só momento;
Depois, matando-a toda nesta terra,
Me entregareis também ao cativeiro!!

Sigismundo
(*atalhando*)
Tem-te, mulher!... Não chames nossas iras,
Justas agora, agora estimuladas!...
Repara bem que somos neste instante
Teus juízes, teus únicos senhores!
Ao mais leve sinal que nós façamos,
Subirás os degraus do cadafalso!...

Argentina
(*aterrada*)
Oh... Santo Deus!...

Sigismundo
(*brandamente*)
Pensai no que dissestes:
Fostes precipitada na resposta.

Que val dizer o que vos perguntamos,
Se, em troco, a liberdade concedemos?...
Livre sereis, senhora, pra gozardes
Quanto pode a mulher gozar no mundo!...
Que vos importa a pátria, quando escrava
Quiséssemos fazê-la?... A felicidade
Vossa, do vosso sexo, só consiste
Em ter um coração terno e extremoso,
Por outro coração correspondido.
Renunciais assim a dita imensa,
Que vos oferecemos?...

ARGENTINA
(*com resolução*)
Renuncio!

1º OFICIAL
(*soerguendo-se*)
Que dissestes, mulher?... E o cadafalso?!
E esse esposo infeliz que vos reclama?!

ARGENTINA
(*contrariada*)
Por Deus!... por Deus!...
(*pequena pausa*)
O esposo?!... qu'inda vive?!...
(*nobremente*)
Eu fora dele indigna, se aceitasse
Essa permuta ignóbil que propondes!...
Fala agora por mim a sã memória,
Que de meu pai conservo. Em minhas veias
Gira o sangue do indígena valente,
Que pelo seu país perdeu a vida!...

Sou brasileira, deverei ser livre!
Prefiro, sempre, a morte ao cativeiro!...

SIGISMUNDO
Não gastarei contigo mais palavras.
(*ao 1º oficial*)
Seja reclusa até que soe a hora
Do suplício.
(*o 1º oficial vai conduzir Argentina*)

ARGENTINA
Meu Deus! por piedade,
Dai-me valor, senhor, dai-me coragem!...
(*sai por onde entrou. O oficial fecha a porta*)

1º OFICIAL
(*com força*)
Merece a morte, sim, merece a morte!...

2º OFICIAL
Talvez que ainda...

3º OFICIAL
O horror dos tratos pode...

4º OFICIAL
Decida o general.

SIGISMUNDO
Confio a presa
A quem a capturou.

1º OFICIAL
(*idem*)
Então a morte!

Os outros OFICIAIS
À morte!... à morte!...

SIGISMUNDO
(*levantando-se*)
Acaba-se o Conselho.
(*os oficiais indo a levantar-se*)

Cena V

Os ditos, um SOLDADO *e depois* CALABAR

O SOLDADO
Um homem, que se diz desconhecido,
Pede uma conferência.

SIGISMUNDO
Que apareça.
(*torna a sentar-se, e os oficiais. O soldado sai*)

SIGISMUNDO
Não presumo quem seja...

2º. OFICIAL
É bem possível
Que algum espia...

SIGISMUNDO
É muito atrevimento...

3º. OFICIAL
Um mensageiro...

4º Oficial

Ou antes um resgate...

1º Oficial

(*à parte*)

Já estou desconfiado co'a fortuna...

(*entra Calabar, embuçado em um grande manto pardo*)

Calabar

(*solenemente*)

Eis-me ante vós!... Saúde aos holandeses!

1º Oficial

(*à parte*)

Esta voz!...

Sigismundo

(*com altivez*)

Não sabemos quem nos fala.
Quem quer que sejas, deves, sem rebuço,
Dizer teu nome, e o fim a que vieste!

Calabar

(*acentuando*)

Quereis saber meu nome?...

(*mudando de tom*)

Sobre a terra
Com caracteres de sangue está escrito!...
Depois, une-se ao eco das ruínas,
Ou ao murmúrio tétrico e pesado
Das agoureiras aves do sepulcro!...
Quereis saber meu nome?... Se o proferem,
Lançam-lhe maldições!... Se alguém o escuta,
Parece ouvir o epíteto da morte!...

SIGISMUNDO

Então és?!...

1º OFICIAL

(*erguendo-se e apontando*)

Calabar!!!

(*levantam-se todos. Pausa de admiração*)

CALABAR

(*descobrindo-se*)

É o mulato!!...

É o mulato, sim, hórrido e triste,
Indômito e feroz como a procela,
Que solevanta as ondas do oceano!!...
Tremeis de mim?... Sentai-vos.

SIGISMUNDO

(*sentando-se*)

Continua.

(*os oficiais sentam-se*)

De que ânimo vieste a procurar-nos?...
Quem te mandou? que queres? que pretendes?

CALABAR

Minha vontade só, é quem me impele!
Quis, e bastou. Que quero, e que pretendo?...
O que pretendes tu, ó Sigismundo?

SIGISMUNDO

Vingar a pátria, conquistar a glória!

CALABAR

Não te valhas de títulos pomposos
Para encobrir a sede de domínio.

(*movimento dos holandeses*)
A glória e a pátria – fúteis subterfúgios! –
São palavras vazias de sentido,
Que morrem como os sons que as acompanham.
São, muita vez, um dístico solene
Sobre as cinzas da alma e o pó das crenças!...
A glória é como um sonho que se extingue
Ao despertar de um longo pesadelo!
A pátria, aqui e ali, é o mundo inteiro,
Quando a negra ambição domina os homens!
(*pequena pausa*)
Venho abraçar, Van-Scopp, o teu partido!
Eis aqui o meu fim.

SIGISMUNDO
Será possível?
Aos nossos, Calabar, já recusaste
Os teus serviços... Hoje...

CALABAR
Acreditai-me,
Como corre o tufão do sul ao norte,
Corro eu na terra ao grado de caprichos!
Que val, que vos importa – o que fui ontem?
Hoje serei dos vossos.

1º OFICIAL
(*à parte*)
Convenceu-se!...
Não há nada melhor que ser de todos.

SIGISMUNDO
E amanhã, quem diz, quem nos garante,
Que ainda serás o mesmo?...

CALABAR

Sigismundo!!...

(*mudando de tom*)

Tens bastante razão no que me dizes:
Quem sou eu para ser acreditado?
Um impostor, ou um aventureiro!
Um soldado traidor, que há desertado!
Um trânsfuga infiel que vende a pátria!...
Como o quiserdes, nobres holandeses.
Oculte Calabar os seus motivos
De traição e perfídia, o mais que importa?...
Se vem d'alma o poder que anima o braço,
Respeite o braço quem não sabe d'alma.

(*mão no peito*)

Há um segredo aqui, grande e profundo,
Que nunca aos homens se fará patente!...
Têm-se visto no meio de batalhas
Ferros, que brandem mãos desconhecidas,
Juncar de mil cadáveres os campos!..
Será meu ferro assim... Depois, a morte
Leva consigo ao pó do esquecimento
O nome e a fama de quem foi tão bravo!
Não indagueis a causa que me impele;
Não indagueis o dia que foi ontem,
O de hoje, o de amanhã!...

SIGISMUNDO

Tudo mistérios!...
Mas nós necessitamos quem te abone...

CALABAR

Não basta o que me ouvistes, holandeses?
Não basta que me olheis?... Em cada ruga

Do meu semblante lê-se uma sentença
De extermínio e de morte aos lusitanos!...
Quereis um juramento?... Oh! nada vale...
Quem um só quebrantou, quebranta muitos.
Que posso eu vos dizer?... que posso dar-vos?...
Esta espada?...

(*tira a espada*)

Tomai, eu vo-la entrego!

SIGISMUNDO

Que val?... que diz?...

CALABAR

É o ferro que banhou-se
No vosso sangue em prélios repetidos!
Ei-lo!... dai-me outro ferro acostumado
A se tingir no sangue lusitano!

(*atira a espada*)

SIGISMUNDO

Eu quero acreditar no que prometes.

(*dando lhe uma espada*)

Eis, Calabar, a espada de um flamengo!
Com ela...

CALABAR

(*tomando a espada*)

Baterei as tropas lusas!
Derramarei com ela um mar de sangue!
Com ela morrerei!...

SIGISMUNDO

(*aos oficiais*)

Estais satisfeitos?...

1º Oficial

Ainda não. Com ela, antes de tudo,
Decepe Calabar a vil cabeça
Dessa mulher, que aos lusos subtraímos,
E à morte condenamos!...

2º Oficial

Quê!... Carrasco?!...

Calabar

Tudo, tudo serei!... Minha vingança
Deve assim começar!... Em breves horas
Vereis cair a vítima na terra!...

Sigismundo

Depois?...

Calabar

Aos lusitanos!!...

Sigismundo

(levantando-se)

Sem demora!...

(os oficiais levantam-se)

Calabar

(brandindo a espada)

Calabar já vos disse!...

Todos

Aos lusitanos!...

FIM DO ATO SEGUNDO

ATO TERCEIRO

(Interior da fortaleza do Rio Grande. No fundo, correm dois muros, inferior e superior, unidos por uma ponte de tábuas, em seguida da qual desce uma escada até à cena. Ao pé do superior, cujas ameias se avistam, está uma guarita. Embaixo, na cena, um banco comprido e uma mesa velha.)

Cena I

O GOVERNADOR *e* PEDRO MENDES

O GOVERNADOR

Haveis pensado bem no que dissestes?...
Calai-vos, capitão!...

MENDES

Oh! nunca! nunca!
Vós arriscais assim a fortaleza.
Os flamengos não dormem; o perigo

Cresce por toda parte; e os defensores
Deste pobre país vão acabando!...
E não acreditais no que vos digo?...
Repito-vos, senhor: a esta hora
Dirigem-se pr'aqui os inimigos!

O Governador

Sempre vos conheci fantasiando
Coisas que não existem. Não importa.
Deixai chegar as tropas holandesas:
Dareis co'a vossa espada alguns gilvazes,
E todos correrão cheios de espanto!!...

Mendes

Entendo-vos, senhor... Não será tanto,
Como dizeis co'as vossas ironias.
Porém talvez de mim corra o inimigo,
Mais que de vós. Ao menos não me consta
Que lhe fizésseis já virar as costas...

O Governador

É que sois mui novel nisto de guerras...
Chegastes ontem, quando há muito tempo
Eu cá estou. Por novel, sois timorato.

Mendes

Timorato!... por Deus, sou previdente.
E vós, governador, sois um cobarde!...

O Governador

Indigno!... que proferes?... Não te assustam
As minhas iras?...

MENDES

Só me causam riso.

Convosco, pelo menos, sou valente.

O GOVERNADOR

(puxando a espada)

Desafiais-me, então?!...

Cena II

Os ditos e JAGUARARI

MENDES

(ao governador)

Se vos parece...

(pequena pausa)

O GOVERNADOR

(embainhando a espada)

Não. É melhor às vezes ser prudente.
Outro quero que seja o teu castigo...
Viste, Jaguarari?...

JAGUARARI

(secamente)

Coisa nenhuma.

O GOVERNADOR

O capitão acaba de insultar-me!

MENDES

Acabo de lembrar-lhe os seus deveres.

O GOVERNADOR

Pra isto, tão-somente, tem direito
El-Rei e o general!...

MENDES

Nada conhecem.
El-Rei e o general, quando souberem
Que haveis licenciado os seus soldados
Em conjunturas tais, hão de punir-vos!
Os inimigos batem-nos às portas,
E nós estamos baldos de presídio!...

JAGUARARI

Tendes razão, mancebo.

O GOVERNADOR

É tudo um sonho.
Os inimigos andam mui distantes...

JAGUARARI

Mas podem num momento acometer-nos.
Tendes razão, mancebo.

O GOVERNADOR

Será crível
Que contra mim tenhais vos conjurado?...
Um donzel, assustado e temeroso...
Um velho, já caduco, sem cabeça!...
(*movimento de Jaguarari e de Mendes*)

MENDES

Tem-te, cobarde!... tem-te, miserável!...

JAGUARARI
(*com calma*)
Tem-te, mancebo. A falta de respeito
Ao teu superior é grande crime.
Modera-te, resigna-te comigo.
Sabe o governador o que pratica:
Sua cabeça vale mais que todas.

MENDES
E eu quisera ver quanto ela pesa,
Separando-a do corpo co'este ferro!

O GOVERNADOR
Um dia haveis chorar estes arrojos!...
Debalde pretendeis que a autoridade
Perca a força moral. Não me arreceio.
Estou superior às ameaças.
À vossa oposição, à vossa língua...
(*retira-se com ar soberbo*)

Cena III

JAGUARARI *e* MENDES

MENDES
Vedes, Jaguarari, como isto corre?
Tudo nos diz, que cedo, muito cedo,
Teremos de ceder aos holandeses.
Os bons guerreiros têm desaparecido;
Estes no campo, vítimas da morte;
Aqueles, nalgum cárcere sepultos,
Privados, como tu, de erguer o braço
Em prol da pátria!... Nada mais nos resta!

Jaguarari
E o que fazer, meu filho? – Assim te chamo,
Porque podias sê-lo – E que remédio
Temos nós pra tamanha desventura?...
Tu és inda inexperto e muito moço;
Não sabes o que vai, por entre os nossos,
De egoísmo e traição, de má vontade,
Como talvez não votem aos contrários!...
Queres desta verdade um vivo exemplo?...
Olha bem para mim!... Vê-me este corpo
Alquebrado e pendido para a terra,
Como a dormir o sono derradeiro!...
Vê-me estes olhos fundos e pisados,
Por onde correm lágrimas amargas!...
Vê-me estas cãs que cobrem-me a cabeça,
Que alvejam-me no rosto!... nem a idade,
Nem o remorso foi!... A aleivosia,
A injustiça dos homens, me acurvaram!

Mendes
Puderam mais que o fogo dos combates!...
Muita vez o leão inclina a juba,
Vendo crescer a sombra da folhagem!...

Jaguarari
Não fui leão; mas nunca errei a seta.
Desde os primeiros anos adestrado,
Jamais curvei o arco sem destino,
Jamais visei o alvo sem tocá-lo!...
Vistes Jaguarari tremer de medo?...
(*animando-se*)
Pisa o conquistador com pé soberbo
As plagas do Brasil. Domínio estranho

Querem trazer aos íncolas d'América.
Falei à tribo, e disse com império:
"Tupã deu força ao braço do tapuia
"Pra defender a terra do seu berço!"
E o tapuia depressa acompanhou-me,
Mais veloz do que a lebre pelos bosques.
(*com sentimento*)
Deixamos tudo; a sombra caroável
Da mangueira ao sopé do ribeirinho;
O módulo suave que soltava
O sabiá de cima das palmeiras;
Os cantos saudosíssimos que à noite
Ao som do maracá se desferiam;
O ai sentido, a queixa lamentosa
Que vem o Paraná trazer às praias;
A voz augusta e santa do Piaga
Que, em nome de Tupã, falava às tribos;
Tudo, tudo deixamos!... Pela pátria
Erguemos logo o rígido tacape,
Primeiro que a janúbia o ar ferisse!...
Porém do que nos serve o que fazemos?...
Eu fui para este cárcere atirado,
Como se houvesse sido um criminoso!
E então por quê? Porque soube vingar-me!
Porque varei, de um súbito arremesso,
Quem tentou poluir a minha honra!!...

MENDES
Quiseram que o indígena valente
Sofresse mudo a afronta?! Que vileza!!

JAGUARARI
Quiseram que o indígena perdesse
O que, perdido, faz perder a vida!!...

MENDES

Falai, Jaguarari.

JAGUARARI

É uma história,
Que só resume em si acerbos males,
E faz-me verter lágrimas de sangue!...
(*pequena pausa*)
Tinha uma filha, bela e tão formosa,
Como somente em sonhos aparece.
Dava por ela o ar que respirava,
O resto dos meus dias e – é crime? –
Dava por ela até a eternidade!...
Tu não sabes, mancebo, o que se passa
No coração de um pai, quando contempla
Num filho seu a sua vida inteira...
Sonhos da mocidade, alimentados
Pela chama vivace da esperança;
Amor de outrora, cândido e suave,
Como a flor, como o aroma das campinas;
Desejos e ventura, a felicidade,
A felicidade, enfim, tudo desperta;
Tudo nasce ao sorriso de uma filha!...
Nem para mim – soldado aventureiro,
Ora aspirando o fumo das refregas,
Ora bebendo as lágrimas da pátria,
Maior resignação, maior conforto,
Eu poderia ter. Minha Argentina! –
Dizia-lhe eu, se vinha dos combates,
Coberto de suor, banhado em sangue: –
Enxuga-me esta fronte, minha filha:
Pensa-me estas feridas! – No seu colo,

Assim dizendo, lânguido caía.
Então, depois de um breve e doce sono,
Eu recobrava as forças, e de novo
Partia para a guerra. Compreendes?...
Era feliz no meio da desgraça...
Tinha o que pode ter um pai no mundo...
O mais... não sei: assim é sempre a vida!...
Pois escutai-me agora. Amiudadas
Vezes, entrava em minha pobre casa
Um companheiro d'armas lusitano,
Que nunca deu motivo de suspeita...
Não lhe sabia as manhas que ocultava!
Um dia, em que espalhou-se que eu devera
Fazer longa jornada, o fementido
Procura-me, fingindo que ignorava
A tal partida. Então, à minha filha
Propõe a infância, a troco de riquezas!...
Ela sempre o repele, até que à força
Quer ele desonrá-la!... Nesse instante,
Não podendo eu partir naquele dia,
Eis que chego ao lugar onde eles lutam!...
Apenas me aproximo, escuto as vozes
Da minha pobre filha, que bradava
Por socorro!... Apressei-me... quase cego.
Custei a conhecer o vil relapso...
Ele tremeu ao ver-me!... Incontinênti
Eu despedi-lhe ao peito aguda seta!...
Titubeou... caiu!... Não me arrependo.
Quem é que se arrepende, se ergue o braço
Para vingar a afronta que lhe fazem?...
No dia imediato sem detença,
Corri à guerra, ao toque do rebate...

Fui então capturado, como indigno,
Como assassino, incurso em pena infame!...
Aos meus serviços devo esta clausura;
Porque, disseram, fora comutada
Pela prisão a morte. Oh! antes esta!...
Aqui mais de mil mortes hei sofrido!
Mais de mil mortes vale este segredo,
Onde não posso ver a minha filha,
Onde não sei se vive, ou se finou-se!...
Pior não é a lúgubre morada,
Em que vive Anhangá rangendo os dentes!!

MENDES

Haveis, Jaguarari, há muito tempo
Ganhado jus ao meu acatamento.
Herói no prélio, herói na desventura,
Eu vos respeito, indígena valente!...
Se me fosse possível libertar-vos,
Oh! pagaria presto esse tributo
À vossa honra, aos vossos sentimentos.

JAGUARARI

Obrigado, mancebo. Haveis comigo
Quanta bondade nunca houveram outros.

MENDES

Não chegaram talvez a conhecer-vos,
Como hoje eu vos conheço; não, decerto.
Quem, a não serdes vós, neste momento
Inda jazera aqui, entre estes muros?
Quem, habitando nesta fortaleza,
Que, bem sabeis, não tem nenhum presídio,
Deixaria jamais de abandoná-la,

Tão fracas sendo as portas e as muralhas?
Dos presos, que convosco aqui estiveram,
Qu'inda deveram estar, que é feito deles?
Ficastes vós. E o vosso carcereiro
Onde está? quem é? quem?...

JAGUARARI

Sou eu mesmo.
Os homens, como nós, não se regulam
Senão segundo as leis da consciência.
Quem me prende, mancebo, não é esta
Muralha, ou fortaleza; é, sim, a ordem
Que deu-me o general. Devo cumpri-la
Assim, neste lugar que me apontaram,
Embora triste, embora desgraçado,
Há de Jaguarari passar seus dias,
Até cair no pó da sepultura!...

MENDES

Deus não permitirá que assim suceda.
Quem sabe se estareis, em breve, livre?
Se em breve abraçareis a vossa filha?...

JAGUARARI

Já não me resta a mínima esperança!...

MENDES

Não há razão pra assim desesperardes.
Eu, entretanto, vou nestes contornos
Buscar alguma nova, que vos traga
Algum conforto.

(*sai*)

Cena IV

JAGUARARI *e depois* CALABAR

JAGUARARI
(*só*)
Vai, nobre mancebo;
Tão nobre como os teus antepassados,
Como foram os lusos de outras eras!...
Os de hoje... oh! já não vivem para a glória;
Perverte-os a cobiça, a sede de ouro...
(*pausa*)
Quem me dará notícias de Argentina!...
Pobre filha, tão bela e tão formosa,
Tão infeliz!... Quem sabe se inda existe?...
Oh! pesada existência a que hei levado!
Oh! misérrimo pai que tenho sido!...
(*cai com desânimo em cima do estrado, e deixa pender a cabeça. Calabar, galgando as ameias do forte, salta com cautela, e vai até a guarita*)

CALABAR
(*espreitando*)
Está sem sentinela... eu já previa.
Que silêncio!... Está tudo solitário.
Se não o encontro...
(*avistando Jaguarari*)
Um homem!... será ele?...
(*desce a escada devagar*)
É força aventurar-me... Prossigamos.

JAGUARARI
Sinto passos...

(*levanta-se*)

Quem é?

(*vendo Calabar*)

Tupã!... que vejo?...

Calabar!... Calabar!!!... Será possível?...

CALABAR

Jaguarari!...

JAGUARARI

(*com alegria*)

Depressa... nos meus braços...

(*abraçam-se*)

Vejo enfim um amigo de outro tempo;
Um fiel companheiro de batalhas,
Um leal e constante...

CALABAR

(*atalhando*)

Oh! não prossigas...

Eu nada sou, medindo-me contigo...
Mas, primeiro, dirás: onde esta gente,
Que deve defender a fortaleza?...

JAGUARARI

(*distraído*)

Quantos meses lá vão que não nos vemos!...
Dize-me, Calabar, oh! sim, depressa,
Tens visto minha filha?... Onde está ela?...

CALABAR

Não sei... não sei... parece...

JAGUARARI
(*ansioso*)
Acaba, acaba...

CALABAR
Parece que partiu...

JAGUARARI
(*aterrado*)
Partiu!... pra onde?...

CALABAR
Não sei dizer... ignoro...

JAGUARARI
(*com angústia*)
Oh! desventura!...
Já mo dizia o coração pressago!...
(*cai no estrado. Pausa*)

CALABAR
(*com intenção*)
Quantos males te hão feito os portugueses!...

JAGUARARI
(*com pesar*)
É verdade... é verdade!...

CALABAR
(*continuando*)
Em campo aberto
Foste com a tua tribo defendê-los,
Foste ajudá-los a ganhar vitórias;

Depois, estás por eles condenado
A respirar sepulto em vil masmorra!...

JAGUARARI

Dizes bem, Calabar!...

CALABAR

Por muitas vezes
Pendeu de ti a sorte do combate,
E sempre, com teu ânimo esforçado,
Seguraste o triunfo aos lusitanos;
Hoje estás expiando o teu delito,
Delito que traduz-se por coragem,
Por feitos de valor, de heroicidade!...
É muito ingrata a gente a quem serviste!

JAGUARARI

Muito, muito!...

CALABAR

Por eles esqueceste,
Por eles renegaste os são prazeres,
Que o indígena desfruta, à sombra amena
Dos nossos bosques, longe das insídias,
Da maldade dos homens; como homem,
Sacrificaste o pai, perdeste a filha!...
(Jaguarari põe as mãos na cabeça)
Depois deram-te o prêmio dos sicários.
O ergástulo perpétuo, o horror, a morte!!

JAGUARARI

(levanta-se com ímpeto)

É uma sina horrenda!!...

CALABAR

(*com firmeza*)

É uma infâmia!!...

(*pausa*)

JAGUARARI

(*placidamente*)

Prossegue, Calabar...

CALABAR

Quem nos escuta?

JAGUARARI

Quem?... O governador não pode ouvir-nos.

CALABAR

Ele onde está?...

JAGUARARI

Eu sei?... E que te importa?...

CALABAR

Não quero que me veja...

JAGUARARI

E que motivo?...

CALABAR

Sabê-lo-ás, depois. Ouve primeiro;
Preciso que me digas, como amigo,
Quanto val o presídio deste forte.

JAGUARARI

Val o governador, que vale nada,

Um jovem capitão, que vale muito,
E um preso, que sou eu.

CALABAR

Porém as portas
Estão todas trancadas, e por isto
Resolvi-me a subir pelas ameias.

JAGUARARI

Foste atrevido, e mais que temerário!...
Jamais houve quem tal empreendesse.
E que forte razão pôde impelir-te
A tão grande perigo?...

CALABAR

A de falar-te.

JAGUARARI

Então sabias que...

CALABAR

Que estavas preso.

JAGUARARI

E o porquê, não sabes?...

CALABAR

Sei de tudo.

JAGUARARI

Então... que vens fazer?...

CALABAR

Persuadir-te
A acompanhar-me.

JAGUARARI

Quê!... Trouxeste ordem
Do general?...

CALABAR

Dispenso-a.

JAGUARARI

Que disseste?...
Que quer isto dizer?... Eu não te entendo...

CALABAR

O general e a ordem nada valem
Diante da vontade inabalável
De Calabar!... Entendes?...

JAGUARARI

És um louco,
Ainda não perdeste essa ousadia,
Que tanta vez custou-te muito caro?...
Inda és revel aos teus superiores?...

CALABAR

Jamais os tive em ânimo e vontade;
Hoje nem mesmo os tenho em hierarquia
Sou livre como as ondas do oceano,
Como o sopro dos ventos no deserto!

JAGUARARI

(*ansioso*)

Calabar, Calabar, o que fizeste?...
O que és agora?...

CALABAR

Um trânsfuga!

JAGUARARI

Que escuto?!...
Que escuto, oh! gran'Tupã!
(*pausa*)
Tu desertaste?!...
Foste traidor aos teus, traidor à pátria?!...

CALABAR

(*amargamente*)
A pátria! a pátria!... é sempre vil escrava!
Vítima da cobiça e da rapina,
Nós pugnamos por ela, e os lusitanos
Suplantam-lhe a cerviz, como senhores.
Os meus somente são os brasileiros;
Sois vós, vós os indígenas da terra,
Senhores natos de um país imenso,
Reduzidos a servos de estrangeiros!...

JAGUARARI

Calabar! Calabar!...

CALABAR

Não me respondes?...
Que jus tem ao Brasil os holandeses?
Nenhum, dirás; nenhum, direi contigo;
Pois assim são também os lusitanos.
Aventureiros ambos, alentados
Só pela sede de ouro e de riquezas,
Ambos querem mandar pela conquista!
Holanda e Portugal são nesta guerra

Abutres esfaimados que se agarram
Por sugarem o sangue do gigante!...

JAGUARARI

Calabar! Calabar!...

CALABAR

Não me respondes?...
Quem é Jaguarari? Bravo guerreiro,
Que, não por si, combate por estranhos!

JAGUARARI

(*no mesmo tom*)
Quem és tu, Calabar?...

CALABAR

Um vil escravo
Que serve a quem melhor o recompensa!...

JAGUARARI

Tremo, tremo de ouvir-te!...
(*pausa*)
E o que tens feito?...
Que louros, Calabar, tens recolhido?...
Que glória? que renome?...

CALABAR

Isto é um sonho
Pra quem, como nós outros, tem vivido
Sujeitos ao poder do cativeiro.
Renome tem o que liberta a pátria,
O que lhe arranca o jugo de tiranos!
Que tenho eu feito? Tudo que é possível;

Tudo que faz um tigre desesperado,
Famélico, voraz, sanguissedento!...
Em frente dos ferozes holandeses,
Hei parecido o anjo do extermínio,
Ceifando vidas, espalhando mortes!...
(*com ênfase*)
Perante nós, de um pânico tomada,
Iguarassu resolve-se no saque;
Sofre profanações e crueldades;
E, quando já vazia de despojos,
Recebe o fogo que a reduz a cinzas!!...

JAGUARARI
(*com força*)
Foste tu, Calabar!!...

CALABAR
Rio Formoso
Guarda cinco navios carregados,
Que ao português os animais alteiam;
Chegamos nós, soltamos a metralha,
E vão a pique se afundar no pego!...

JAGUARARI
Foste tu, Calabar!!...
Incontinênti

CALABAR
Ganhamos os troféus nos Afogados;
E – mal Rimbach sucumbe na peleja! –
A ilha audaz que rende-se à conquista,
É Itamaracá! Nas Alagoas
Ateamos sem dó um incêndio horrível!...

Ainda há pouco, em frente à Paraíba,
Dez navios submergem-se no abismo,
Mil cadáveres bóiam sobre as ondas!...

JAGUARARI
(*com explosão*)
Foste tu, Calabar?!...

CALABAR
(*com ânsia*)
Não mo perguntes!...
Fui eu, Jaguarari, sim, fui eu mesmo!...
Foi este braço quase amortecido,
Foi este coração quase gelado!...
(*pausa. Mudando o tom*)
Estás disposto, ou não, a acompanhar-me?...

JAGUARARI
Não!... É melhor morrer. Prefiro a morte.
O arco dos indígenas se dobra,
A alma nunca!...

CALABAR
Enganas-te, guerreiro:
O indígena correu aos nossos braços,
Os Janduís, em tribo numerosa,
Combatem pela causa dos flamengos.

JAGUARARI
Os Janduís!?... Que dizes?...

CALABAR
A verdade.
E tu, eia, decide-te!... partamos...

JAGUARARI

Não!

CALABAR

Queres que a fortuna te abandone!...

JAGUARARI

Sim!

CALABAR

Oh! velho!... e a filha que procuras?...

JAGUARARI

(*aflito*)

A filha?! a filha?!...

CALABAR

Sim, a tua filha...
Parte comigo, que a verás em breve...

JAGUARARI

Tu dizes, Calabar?... Mas essa filha
Partiu, disseste...

CALABAR

Foi uma surpresa
Que aprouve-me fazer-te. Queres vê-la?...
(*segura Jaguarari pelo braço e sobe com ele a escada, que leva à muralha. Aponta para baixo*)
Ei-la ali!...

JAGUARARI

(*exclamando*)

Oh! Tupã!... Minha Argentina!...

ARGENTINA
(*de fora*)

Meu pai, meu pai!...

(*Jaguarari, descendo com pressa a escada, pára, subitamente no meio da cena, denotando lutar com sentimentos opostos. Pequena pausa*)

CALABAR
(*batendo-lhe no ombro*)

Sigamos...

JAGUARARI
(*com heróico esforço*)

Não.

CALABAR

Que dizes?...

JAGUARARI

Daqui pra defender a minha gente!...

CALABAR

Então, Jaguarari, vais ver agora
Como se rende mais a fortaleza
Do Rio Grande.

(*sobe a escada, e do alto das ameias dá um sinal para fora, tocando uma pequena corneta, que trazia pendente do cinto*)

JAGUARARI
(*compreendendo, com força*)

Calabar suspende!...
Pára, traidor!...

(*correndo a cena. Ouve-se um sussurro de vozes da parte exterior*)

Soldados, apressai-vos!...

(*o barulho aumenta progressivamente*)

Cena V

Os ditos e o GOVERNADOR

O GOVERNADOR

(*espantado*)

Que é isto?...

JAGUARARI

Os inimigos que acometem!...
Meu arco?... as minhas flechas?... esta espada,

(*tomando a espada do governador*)

Esta espada, senhor...

(*sai o governador. A Calabar*)

Traidor!... infame!...

(*querendo subir a escada*)

CALABAR

(*apontando uma pistola*)

Tem-te, Jaguarari!... Nem mais um passo!...

(*Ouve-se o tinir de espadas, além de grandes pancadas nas portas.*)

JAGUARARI

Vil!... covarde!...

(*entra o governador com outra espada*)

Senhor, estamos perdidos!...

O GOVERNADOR
Os nossos lá se batem... Socorramos...

(Encaminha-se à porta, que, entre o som de um tiro, cai estrondosamente. Um troço de holandeses invade a cena e desarma o governador. Jaguarari, erguendo a espada, vai ao encontro dos invasores e recua, vendo Argentina, que entra com eles. Os soldados espalham-se, saindo e entrando. Calabar tem descido para a cena.)

Cena VI

Os ditos, ARGENTINA *e a tropa*

ARGENTINA
(lançando-se nos braços de Jaguarari)
Meu pai!... meu pai!...

JAGUARARI
(deixando cair a espada)
Que vejo?... Minha filha?!...
Minha Argentina aqui?! Minha Argentina...
(cerrando-a nos braços, e beijando-a)

CALABAR
(aos soldados)
Cessai de pesquisar... Sois vencedores!...
(mostrando o governador)
Levai-o preso...

JAGUARARI
Não... irá comigo.

(*com virulência*)
Mas, antes, Calabar, nos bateremos!...
(*querendo investir Calabar, os soldados seguram-no com arremesso, e Argentina interpõe-se*)

ARGENTINA
Meu pai, meu pai, salvou-me do carrasco!...

JAGUARARI
(*com dor*)
Ah!...
(*Uns soldados levam o governador preso. Ficam outros.*)

CALABAR
(*aos soldados*)
Postai-vos agora nos lugares
Da guarnição. É nossa a fortaleza.
Ide alguns enterrar esse cadáver...

JAGUARARI
De quem?...

CALABAR
Do capitão.

JAGUARARI
(*com pena*)
De Pedro Mendes?!...
Morreu!... morreu!...
(*com raiva*)
Vós sois uns assassinos!
(*movimento dos soldados*)

CALABAR
(*aos soldados*)
Parti, parti...
(*os soldados saem*)
Nós somos assassinos?...
Sabes, Jaguarari, o que disseste?...
Os assassinos dão-te a liberdade.
Eia, podes seguir...
A liberdade?!...

JAGUARARI
A liberdade!...
(*resolvendo-se*)
Sim: quero vingar-me!...
Vamos, filha.

CALABAR
(*detendo-a*)
Jamais...

JAGUARARI
O que disseste?

CALABAR
Com ela, se for nossa a tua tribo!
(*movimento de Jaguarari*)
Será, Jaguarari, pequeno o preço
Por que quero comprar os teus serviços?

JAGUARARI
(*nobremente*)
Pequeno, mui pequeno. Não há preço
Que compre a minha honra. Neste caso,

Eu renuncio o dom da liberdade...
Aqui, ó filha, ficarei contigo.

ARGENTINA

Pai do meu coração, pai da minh'alma,
Depois de tanto tempo separados,
Eu não posso estranhar esta linguagem,
Esta resolução que haveis tomado.
Quereis ficar comigo?... Eu bem preciso
Do vosso amparo... Sou tão desgraçada!...

JAGUARARI
(*pungentemente*)

Desgraçada... Argentina, minha filha!...
Eu bem previa!... Só, abandonada,
Comeste o amargo pão da caridade,
Sofreste muita vez a da fome!...

ARGENTINA
(*idem*)

Tudo, tudo sofri na vossa ausência,
Na vossa ausência, ó pai, que eu crera eterna!...
Porém deixemos... Sabereis de tudo...
Agora só se trata de partirdes...

JAGUARARI

Partir!... partir!... deixar-te?! oh! nunca, nunca!

ARGENTINA

O que dizeis, meu pai?... Não vos conheço...
Eu estou acostumada aos infortúnios,
Sei sofrer, como vós. Quando a desgraça
Sepultou-vos aqui, nesta masmorra,

E fez-vos suportar acerbos males,
Eu também suportei males sem conta,
Dores cruéis que o peito dilaceram...
Parti, parti, meu pai!... Aqui, ao menos,
Eu vos trarei constante na memória;
Ora, vendo o lugar em que dormíeis,
Ora, julgando ouvir a vossa fala...
Parti, parti, meu pai!... Tende coragem!
Não me deixaste vós pela clausura?
Deixai-me agora pelo amor da pátria!

CALABAR
(*repreendendo-a*)

Senhora!...

ARGENTINA

Que quereis?...

CALABAR

Vosso silêncio...

ARGENTINA

O meu silêncio cala os vossos feitos,
E eu quero celebrá-los, pai querido,
Fui pelos holandeses condenada,
E Calabar livrou-me do suplício!...
Quiseram impúdicos desonrar-me,
E Calabar livrou-me da desonra!...
A Calabar, respeito!... aos holandeses...

JAGUARARI
(*atalhando*)

Guerra! guerra de morte!...

CALABAR

Morte horrível
Haveis de achar no campo lusitano!...

ARGENTINA

Nunca, nunca!...

CALABAR

A vantagem nos pertence...
Os lusos têm de todos se extinguido!...

ARGENTINA

Jamais! jamais!...

CALABAR

Ao toque do rebate
Assustam-se, apavoram-se, sucumbem,
Como ao sinal horrífico da morte!...

ARGENTINA

Parti, parti, meu pai!...

CALABAR

Partis pra sempre!...
Trocai-vos o adeus da eternidade!...
(*Argentina estremece*)

JAGUARARI

Filha, filha, esta idéia é dos infernos!...
Ver-te, depois de dias tão penosos,
Ver-te, e no mesmo instante abandonar-te!...
Partir!... partir!... quem sabe?... para sempre!...
Nunca! nunca!...

(dolorosamente)
Estou velho, estou cansado...
Em ti consiste a minha felicidade...
Serei feliz, contanto que te abrace!...
Se muita vez maldisse esta morada,
É que longe de mim tu existias!...
Porém... hoje não posso... não, não quero.
Não quero mais deixar-te! Aqui, sozinhos,
Embora presos, nós seremos livres!
Livres também de ingratos e traidores!...

ARGENTINA
(com animação)
Livres!... livres!... dizeis. E a pátria?! escrava!...
A pátria que vos chama e vos implora?
Que vos amostra o peito assinalado
Por feridas mortais?, que vos aponta
Para os seus pulsos roxos das algemas?...
Que, enfim, vos ameaça horrivelmente
Com a sua maldição?... Eu estremeço!...
Não tendes fé, meu pai? Tende coragem!
Correi, correi depressa ao vosso posto!
Falai, como sabeis, à vossa tribo!
Depois... vinde com ela libertar-me!...
Eu espero, meu pai... Eu vos espero!...

JAGUARARI
(com entusiasmo)
Filha, filha, Tupã veio inspirar-te!...
Calabar, Calabar, eu te agradeço,
Eu te agradeço o dom da liberdade!
Corro, corro a abraçar os portugueses...

CALABAR

(*com sinistra intenção*)

Senhora, haveis burlado os meus projetos?!
É a fatalidade!!...

JAGUARARI

Eis minha filha...

(*apertando com confiança as mãos de Calabar*)

Serás seu pai, durante a minha ausência.
Eu confio de ti...

(*abraçando Argentina*)

Adeus, ó filha!...
Adeus, minha Argentina!...

ARGENTINA

(*com um extremo esforço*)

Pai querido!...
Adeus!... adeus!...

(*Jaguarari parte aceleradamente. Argentina, acompanhando-o até à porta, volta pálida e desanimada a cair no estrado. Calabar fecha imediatamente a porta.*)

CALABAR

Partiu!... partiu!... deixou-a!...

(*com prazer satânico*)

Estava escrito!... É minha... finalmente!...

(*apontando e adiantando-se para Argentina*)

FIM DO ATO TERCEIRO

ATO QUARTO

(*Imediações do acampamento lusitano. No fundo, outeiros e arvoredo. À direita, uma grande cruz antiga, assentada sobre uma escadaria. À esquerda, ruínas, que se prolongam até ao último plano. É noite. No decurso do ato a lua tem gradualmente subido.*)

Cena I

O 1º. *e o* 2º. SOLDADOS
(*sentados ao pé das ruínas, seguram, cada um uma garrafa de vinho*)

1º. SOLDADO
(*sacando a rolha*)
Se assim não for, estamos mal servidos.

2º. SOLDADO
(*idem*)
Faltam copos... Enfim, lá vai à tua...

1º. Soldado

Vivamos todos!...

(*bebem*)

Hum!... Sabe à ambrosia!...

(*pequena pausa*)

Sermpre te conheci amando o vinho...

2º. Soldado

Em falta de mulheres, que remédio?...

1º. Soldado

Tudo é amor, não achas?...

2º. Soldado

Mais ou menos.

Ama-se até o cano da espingarda!...

1º. Soldado

Isto é comigo... Entendo-te, velhaco...
Recordas-te?...

2º. Soldado

Que dia!...

1º. Soldado

Oh! é verdade.

Foi o dia fatal em que o danado
Do Calabar deixou-nos por flamengos!...

2º. Soldado

Que gosto depravado! – por flamengos!...

(*bebe*)

1º Soldado

Antes este, que dizes?...

(*bebe*)

2º Soldado

Certamente.

(*pequena pausa*)

1º Soldado

E quanto mal tem feito à nossa causa
Esse traidor!...

2º Soldado

Deixá-lo... Há de pagar-nos.

(*bebe*)

1º Soldado

Não a ti.

(*bebe*)

2º Soldado

Nem a ti...

1º Soldado

Depois veremos...
Zombou de nós!...

2º Soldado

Mentiu-nos, prometendo
Seguir-nos, e depois!...

1º Soldado

Fez-se de vela;
Foi procurar fortuna co'os diabos!...

2º. Soldado

Ouvi dizer que foi, porque devia
À justiça...

1º. Soldado

Talvez... é bem possível.
Aquela cara sempre pareceu-me
Carranca de velhaco; aqueles olhos
Eram olhos de onça; aquela boca
A modo que queria devorar-nos!...

2º. Soldado

Vade-retro, Satã!...

(*bebe*)

1º. Soldado

Bebe com tento,
Olha que...

(*bebe*)

2º. Soldado

Dizes bem... Já te percebo:
Depois torna-se o sono mui pesado...

1º. Soldado

E lá se vai a pátria pelos ares!...
(*levantam-se de chofre*)
Olé!... com mil diabos!...

2º. Soldado

Não há nada...
Alto! firme!...

1º SOLDADO

À direita! à esquerda! marcha!...
Estamos prontos; não há quem nos agüente.

2º SOLDADO

Desta vez vão-se todos os flamengos!...

1º SOLDADO

Ah! se os pego de jeito!...

2º SOLDADO

Não te assustes.
Hão de morrer aqui; palavra d'honra!

1º SOLDADO

Vá lá... Façamos mais esta saúde...

2º SOLDADO

Pronto...

1º SOLDADO

Pronto?... À saúde...

2º SOLDADO

Acaba, vamos...

1º SOLDADO

(*vendo a lua*)
Daquele astro gentil, que vem nascendo!...
(*bebem*)

Cena II

Os ditos, Faro *e depois* Matias de Albuquerque

Faro
(entrando pela direita)
A ponto vim. O general, que é dele?...

Albuquerque
(entrando pela esquerda)
Aqui me tens.
(aos soldados)
E vós, ide às barracas.
(saem os soldados)
Que novas trazes? Viste os inimigos?...
Fala, fala com siso e com cautela.

Faro
Cautela e siso tive em evitá-los.
Eu, conhecendo há muito Porto-Calvo,
Aproximei-me logo, sem receio,
Coberto e protegido pela noite.
Então a um velho amigo dirigi-me,
Sebastião do Souto apareceu-me,
E, como eu desejava, por miúdo,
Contou-me o pé de guerra em que o inimigo
Até agora está. Fácil empresa
É derrotá-los todos, se soubermos
Aproveitar o ardil que Souto lembra.
Acham-se os holandeses neste instante
Em posição aos nossos favorável.
Acresce que, bem longe de preverem
A nossa emigração, dormem no ócio,

Dominados da crápula e do vício.
Além do mais, alguns hão desertado,
Rarefazendo assim suas fileiras.

ALBUQUERQUE

Antes de prosseguires, ouve um pouco.
Esta causa não foi, nem é de siso,
Para supormos fácil a vitória;
Esta só circunstância nada vale
Para julgarmos fracos os flamengos
Se para nós alguns têm desertado,
Os nossos para lá têm feito o mesmo.
Por isto muito e muito hemos perdido...
Por isto, após incríveis sofrimentos,
Minguada a guarnição, minguada a força,
Lá desertam os vis napolitanos,
Para vermos, cobertos de vergonha,
Render-se Nazareth. Não te recordas?
Por isto, quando em hora malfadada,
Passou-se Calabar pra os holandeses,
A estrela, que por nós sempre brilhara,
Passou também a ser escura estrela!
Assim, a deserção, de que falaste,
Nada adianta ao caso em que nos vemos.
Se nisto é que esse ardil se fundamenta,
Bem vês que não podemos abraçá-lo.

FARO

Haveis razão em tudo que dissestes;
Mas é que não se funda tão-somente
O ardil, de que usaremos, nesse fato.
O principal, senhor, é que os flamengos
Não nos supõem aqui neste momento:

Estão desprevenidos, descuidados,
E em tal situação, que facilmente
Nós poderemos ir-lhes ao encontro.
Grande que seja o exército contrário,
Grande número temos de guerreiros,
Que de bom grado aqui nos acompanham:
Grandes somos também no ânimo ousado;
E, quando se proclama o amor da pátria,
Maiores que o holandês, que o mundo inteiro!

ALBUQUERQUE
Era outro o tempo, Faro, em que valia
Esse grande penhor de grandes feitos.
O amor da pátria é hoje uma mentira!
Legenda augusta dos primeiros tempos,
Quando o braço seguia a ação dos lábios,
É hoje uma palavra que se solta
Sem traduzir os sentimentos d'alma.

FARO
E quem, senhor, os nossos companheiros
Há por tão longo tempo sustentado?...
Credes que sejam só os interesses
Pequenos e mesquinhos?... É verdade
Que temos visto erguer-se muitas vezes
A perfídia, a traição, o ódio, a inveja:
Mas, quando tais deslustres aparecem,
Outras tantas façanhas ressuscitam.
Inda está bem impresso na memória
O que, perante nós, há pouco tempo,
Cingiu Estêvão Vaz de alto renome.
Quando Batavo altivo trabalhava
Por arrancar-nos fora desses pontos,

Que, a Nazareth contíguos, lhe vedavam
Sua aproximação, co'a espada em punho
Esse nobre mancebo, em prélio ardido,
Só parou ante a morte pela morte,
Caiu morrendo, não morreu caindo!...

ALBUQUERQUE
(continuando)

E quando sabe o golpe que a ferira,
Mal enxugando o pranto dos seus olhos,
Vem Maria de Souza, e aos outros filhos
Mais moços inda, diz heroicamente:
É morto vosso irmão no ardor da guerra;
O fim que teve deu-lhe honroso nome;
Quero que sorte igual vos acompanhe...
A pátria é a vossa mãe neste momento...
Marchai pra guerra, filhos!...

FARO

E de pronto
Partiram-se a cumprir a voz materna!...

ALBUQUERQUE

Foi deveras um feito que nos honra!...

FARO

E não acreditais no amor da pátria?...

ALBUQUERQUE

É que raros assim eu tenho visto,
Bem raros há que tenham tal quilate.
Tu és um deles, sim; mas onde os outros?...
João Fernandes Vieira, eu bem conheço

Que faz uma exceção no que respeita
A só cuidar de si, deixando a pátria.
No forte de São Jorge, o moço ilustre
Principiou mostrando que nascera
Para cumprir no mundo egrégios feitos.
Henrique Dias lembra-me igualmente,
Que pode opor a força do seu braço
A quanta força houver dos holandeses.
Esse crioulo audaz e destemido
Herdou de Deus um ânimo tamanho.
Qual, nunca em mor quantia, o branco teve.
Segue-se Camarão, seguem-se outros...
São outras exceções... Porém o caso
Não é tão fácil como se figura!
O ardil precisa de homens que o pratiquem;
Estes é que eu não sei onde encontrá-los,
Que abonem, co'a experiência dos seus anos,
Co'as notícias que tenham destes sítios,
Co'a vida marcial, um bom sucesso.

FARO

Podemos muito bem contar com Souto;
Patriota fiel, sincero amigo,
Eu creio, general, nos seus esforços.

ALBUQUERQUE

A tua fé garante o resultado?...

FARO

Este pertence a Deus. Em todo caso,
Cumpre que sem delonga decidamos.
Pra tomarmos de súbito os flamengos,
Não temos de marchar nem meia légua.

Aqui, como sabeis, bem pouco dista
Das fortificações de Porto-Calvo.

ALBUQUERQUE

É de mister quem saiba conduzir-nos,
Sem que possa o inimigo suspeitar-nos.

FARO

Eu posso me incumbir desta tarefa...

ALBUQUERQUE

E quem há de guardar estas famílias
De emigrados fiéis que me acompanham?...
Por toda parte surgem holandeses,
E como bem conheces, nesta altura
Podem também surgir e trucidá-las.
É difícil tomar um dos partidos...
Difícil, quase, sim, quase impossível!...

Cena III

Os ditos e JAGUARARI

JAGUARARI
(*armado*)

Matias de Albuquerque, eu vos saúdo!...

ALBUQUERQUE *e* FARO

Jaguarari!!...

JAGUARARI
(*com calma*)

Lembrai-vos do meu nome?...

ALBUQUERQUE
Tu deveras estar agora preso...

JAGUARARI
Devera, e não estou!

ALBUQUERQUE
Quem libertou-te?

JAGUARARI
Quem, ao tomar de um golpe a fortaleza,
Falou-me: vai lograr a liberdade!
Calabar.

ALBUQUERQUE *e* FARO
Calabar!!...
Neste momento,

JAGUARARI
(*com ênfase*)
Sopra o fogo, ergue o ferro, espalha a morte!...
Ao som das maldições que lhe dirigem,
Vai fineando o estandarte dos flamengos
Por sobre as possessões dos lusitanos!...
(*pequena pausa de espanto*)

ALBUQUERQUE
Que infausto núncio és tu!... que novas trazes!...
Jaguarari, não basta o que sofremos?...

JAGUARARI
Não sei. Por ora, escuta-me, Albuquerque.
Cada dia, mais cheias e mais densas
Vão-se tornando as hostes holandesas.

Além dos Janduís, mais aliados,
Indígenas têm ido oferecer-se.
Eis que, por fim, do meio dos Palmares
Os temerosos negros se levantam!
Ante eles o Zumbi, soltando um brado,
Impele-os contra nós de foice erguida!...
Pensemos em ganhar o que perdeu-se...
Onde pára o inimigo?...

ALBUQUERQUE

A poucos passos
Daqui. Vieste a ponto, que partimos.
Agora tudo está remediado;
A providência quis favorecer-nos.
A ti, Faro, cometo a árdua empresa
De defender as vidas e a fazenda
De todas estas míseras famílias.
E tu, Jaguarari, que bem conheces
Todos estes lugares que nos cercam,
Deves co'a tua tribo acompanhar-me,
Que vou tomar de assalto os inimigos!...

FARO

Pronto sempre a cumprir as vossas ordens,
Eu ficarei, senhor.

JAGUARARI

E nós, partamos!...
Tupã nos guia: vamos sem demora.
Por trás deste arvoredo há um caminho,
Por onde iremos ter a Porto-Calvo,
Sem que ninguém suspeite a nossa marcha.
Partamos, Albuquerque...

Albuquerque
Sim, partamos!...

Cena IV

Faro *e depois os dois* Soldados

Faro
(*só. Pausa*)
Foram-se destemidos à peleja,
Foram-se a procurar louros de glória!...
E eu fiquei votado ao esquecimento,
Que para o esquecimento fui nascido!...
(*pausa*)
Não sei que estranho e triste sentimento
Veio assenhorear-se da minh'alma,
Ao ver Jaguarari!... Lembrei-me dela!...
Dela, que, tanta vez, tantas palavras
De amor me fez ouvir!... Pobre Argentina!...
Mal eu sabia que inda fosse viva...
Oh! bárbaro que fui! por minha causa
Há de ter padecido muito e muito!
Perdão, perdão, meu Deus!... Velai por ela!...
(*entram os soldados*)

1º Soldado
Que é isto capitão?... Que história é esta?...
Lá vai o general co'a sua gente,
Mandando que ficássemos convosco?!...

Faro
A sua gente?... Dize: a nossa gente.

Somos todos irmãos... que importa o resto?...
Quando uns vão, outros ficam.

2º. Soldado

Não entendo,
Por estas e por outras é...

1º. Soldado

Silêncio!
Agora falo eu, que sou mais velho.
Capitão!... capitão!...

Faro

Ficais comigo;
Pesa-vos isto?...

1º. Soldado

Não... mas é... Dizei-me:
O que fazemos nós, aqui ficando?...

Faro

Guardamos, defendemos as famílias
Que nos acompanharam...

1º. Soldado

Dais licença?...
Isto está parecendo uma patranha...
Capitão, capitão, eu desconfio...
Não creio em militar que deixa a guerra
Para defender famílias.

2º. Soldado

É verdade.
Famílias temos nós, e lá ficaram;

Se é mister defender, defendo a minha.
Vou-me embora, está dito: vou-me embora.

FARO

Nenhum de vós, amigos, vai direito
No que me diz. A guerra é como um drama,
Cujos papéis dividem-se por todos.
Desempenhemos bem os que nos derem;
Menor não é a glória que nos cabe.

1º. SOLDADO

Capitão, capitão!... Estou calado.

2º. SOLDADO

Agora eu... Lá vai o meu discurso.
Capitão, capitão, há muito tempo
Que nós andamos todos à matroca,
Sem jamais conseguirmos coisa alguma:
Este atribui à força do inimigo
As derrotas que temos suportado;
Aquele exclama, cheio de fofice:
"Quem nos tem contrastado em nossos planos,
É Calabar!..." Histórias – não é isto.

1º. SOLDADO

Assim, rapaz; não cortes essa língua.

2º. SOLDADO

Ouvi-me, capitão. Antes de tudo,
Estamos assim por falta de dinheiro.
A tropa, se procura mantimentos,
Ninguém lhos dá. Decrescem nossas forças,
Porque nos reduzimos à penúria!...

FARO

Que dizes?...

1º SOLDADO

Capitão, deixai que fale.
Este rapaz promete; é de esperanças.

2º SOLDADO

Prometo?... O que eu prometo é, por minh'alma!
A renegar o jugo de Castela!...

FARO

E ousas?...

1º SOLDADO

Capitão, ousamos todos!
Quem é que não se dói, e não se queixa
Desse domínio vil de usurpadores?!...

FARO

Tomai tento, soldados... Se vos ouvem!...
(*como em segredo*)
Falai, falai mais baixo...

2º SOLDADO

Não nos ouvem.

1º SOLDADO

E não diremos nós o que sentimos?

FARO

(*idem*)
Um dia... há de chegar... de independência!...
Tende fé, portugueses!...

1º Soldado

São palavras...

O pendão das Espanhas não se abate!...
Abateram-se as quinas lusitanas!...
Felipe só quer ouro!...

Faro

Sede cautos...

1º Soldado

Que morramos, ou não, pouco lhe importa...

2º Soldado

Depois crescem os ódios, as intrigas;
Vêm desgostos, e vêm as injustiças...

1º Soldado

Por fim de contas, vem o italiano;
E nós nada valemos, nada somos,
Porque se mete em tudo o estrangeiro!...

Faro

E nada mais... Já basta de tramela...
Soldados, eu também devo falar-vos!...

1º Soldado

É justo, capitão.

Faro

Pois escutai-me.

Vamos correr em torno estes lugares,
Que à nossa guarda foram confiados.

1º Soldado

Alto! frente!... Estou pronto.

Faro

Acompanhai-me.

(*vão-se*)

Cena V

Calabar *e* Argentina

(*Calabar, disfarçado e conduzindo Argentina pela mão, espreita cuidadosamente o sítio. Argentina, pálida, com os cabelos soltos, mostra-se abstrata, e como dominada por uma idéia fixa.*)

Calabar

O sítio está deserto deste lado...
(*apontando para a esquerda*)
Aqui, onde prolongam-se as ruínas,
É que talvez se tenham acoitado...
(*aproxima-se à cruz e faz Argentina sentar-se nos degraus*)
Com estes trajos devo parecer-lhes
Algum perdido e pobre forasteiro.
Esta mulher, crerão ser minha esposa...
O mais, que val?... Meu fim neste momento
É ver se é verdadeiro o tal boato
De haver chegado gente de outras partes.
Quem quer que seja, quero conhecê-la...
(*Pausa. Dá com os olhos em Argentina. A lua, que tem se encoberto com os arvoredos, projeta sobre ela uma parte da claridade por um resquício da folhagem.*)

Como está bela assim!... O astro da noite
Veio beijar-lhe as faces!...
(*apaixonadamente*)
Argentina!
(*pausa*)
Quase me punge o coração de vê-la!...
(*pausa*)

ARGENTINA

(*leva a mão à testa*)
É fogo... é fogo!...
(*levando-a ao coração*)
É gelo...

CALABAR

Miserável!
Miserável que sou!... Nem um sorriso,
Nem uma voz dos lábios, nem um gesto,
Que seja para mim!... Oh! desgraçado!...
Ou muda, ou condenando-me aos infernos!

ARGENTINA

(*enxergando a lua*)
Já vem rompendo o dia... o sol desponta...
Ei-lo que vem bater-me sobre o rosto...
Parece que me abrasa...
(*pequena pausa*)
Sinto frio...

CALABAR

Cruenta sina, a minha!... Estrela infausta,
Que me trouxeste um horóscopo nefando,
Maldita sejas tu!!...

ARGENTINA

(*com satisfação*)

Suave brisa
Sinto brincar-me aqui entre os cabelos...
O hálito de Deus!... tem um aroma,
Como a rosa dos prados!... Que doçura!

(*parecendo despertar*)

Não tenho nada... Estou... eu estou boa...

(*levanta-se*)

CALABAR

Torna a si... Vai falar, vai maldizer-me!!...

ARGENTINA

(*olhando em torno*)

Um campo... um arvoredo... umas ruínas...
Aqui... é uma cruz!... Que felicidade!...
O lenho do senhor que me aparece
Na solidão!... Meu Deus, sede bendito!...
Estou só, estou feliz, estou tranqüila...

(*dando com Calabar, espanta-se e recua*)

Que vejo?... Horror!...

(*pausa. Como procurando reconhecê-lo*)

És tu?... és tu?... Cobarde,
Vil, infame, traidor!... monstro dos monstros!...
Perjuro!... renegado!... algoz da pátria!...

CALABAR

Argentina, Argentina, por piedade...

(*mudando de tom*)

Mulher, sou teu senhor!... és minha escrava!...
Contém-te!...

ARGENTINA

(animando-se)

Tu traíste os teus patrícios,
Foste vender-te ao ouro do estrangeiro!...
Tu levantaste as armas contra o peito
Dos teus irmãos!... Indigno, tu cravaste
No coração da pátria agudo ferro!...
Tu atulhaste os campos de mil mortos!...
Tu fizeste do chão um mar de sangue!!...

CALABAR

Emudece, mulher!... Poupa-me as iras!...

ARGENTINA

(idem, a mais)

Tu cuspiste nas faces de um amigo
O fel da ingratidão!... De um pobre velho,
Que fiara de ti, que te entregara
Sua extremosa filha, tu zombaste,
Vingaste-te, cruel, como se vinga
O espírito satânico das trevas!...
Tu desonraste o pai como um cobarde,
Desonrando-lhe a filha!... Miserável!...
Maldição sobre ti... Abra-se o inferno
Para tragar-te em vida o corpo e a alma!...
(com um supremo esforço)
Meu Deus!... minha razão!... eu morro, eu morro!...
(cai desanimada sobre os degraus)

CALABAR

Caiu... perdeu de novo os seus sentidos...
Está prostrada... Bem: aproveitemos
O ensejo, para ver se me é possível!...
(depois de espreitar a cena, desaparece pelas ruínas. Longa pausa)

Cena VI

ARGENTINA *e depois* FARO

ARGENTINA

(só, tentando erguer-se)

Oh! que dor!... que martírio!...

(sentando-se)

E não se acaba

Esta vida cruel!...

(levanta-se)

Ah!, se eu pudesse...

Se eu não tivesse medo... a morte! a morte!...

(ajoelha-se nos degraus da cruz)

Perdão, perdão, meu Deus!... Eu não sabia,
Não sei ainda o que sai dos lábios!...
Não sei o que me aperta os seios d'alma,
Que cega os olhos, e transtorna a mente!...
Perdão!... perdão... meu Deus!...

(pausa. Parece orar em silêncio. Faro vem descendo um outeiro)

Tende piedade

De meu querido pai!... Senhor, piedade...
De minha terna mãe, ó Virgem Santa,
Que ao vosso lado vive eternamente,
Ouvi os rogos!... dai-me a vossa bênção!...
Por ele, talvez já não exista...

(parece continuar a sua oração em segredo)

FARO

(parando no meio da cena)

Um vulto!... uma mulher nestes lugares!...
Está rogando a Deus pela sua alma!...
Vejamos.

(*aproxima-se e, vendo Argentina, estremece. Esta recua assustada e trêmula*)
Céus!... quem és?... tu... Argentina?!
(*pausa de prazer e de ansiedade*)

ARGENTINA
(*falando a custo*)
Faro!... Faro!... Estou louca... é impossível!...
(*apertando a cabeça*)
Eu vi-o cair morto... É sua sombra!

FARO
Argentina, Argentina, é a verdade...
Desfalecido apenas, fui de pronto
Levado a uma choça, onde os cuidados
De duas almas sãs e benfazejas
Seguraram-me a vida e a saúde.
É teu esposo, sim... ele te abraça...
O teu amor defende-me da morte!...

ARGENTINA
Esta voz... esta voz?... eu a conheço...
Não és fantasma ou sombra?!... E eu te enxergo?!
Respiras, vives, falas?!... E eu te escuto?!...
Dize, dize, outra vez...

FARO
(*com efusão*)
Minha Argentina!...

ARGENTINA
(*reconhecendo-o*)
Faro! Faro!
(*precipita-se nos seus braços*)

Faro
(estreitando-a contra o peito)
Argentina! minha esposa!...
(pausa)

Argentina
(como despertando)
Porém... onde estou eu?... onde?...

Faro
Em meus braços,
Pra nunca mais, Amor, nos separarmos!

Argentina
Faro, Faro, és tu mesmo?... desgraçado!...
(soltando-se dos seus braços)
Vai-te, deixa-me, foge, não me digas,
Oh! não me digas nada!

Faro
Não te entendo...
Que queres tu?... que pensas?... que receias?...

Argentina
(com vagar)
Perdoa, se eu disser o que não deva...
Tenho sofrido tanto... tantos golpes!...
Por vezes a razão me desampara...
Que foi que perguntaste?... Espera... espera...
(procurando lembrar-se. Pequena pausa)

Faro
(à parte)
Alienada... Oh! Deus! que sorte horrível!...

ARGENTINA

(com voz sumida)

Receio... que nos vejam; que te digam:
Foge, foge daqui pra muito longe!...
Foge dessa mulher, que sobre a fronte
Traz impresso o ferrete da ignomínia!...

FARO

(com mágoa)

Que dizes, Argentina?... Que loucura!...

ARGENTINA

(continuando)

Penso... penso que o amor, que me votaste,
É hoje uma lembrança do passado,
Que há de tornar-se negra no futuro!...

FARO

(com sentimento)

Meu Deus!... meu Deus!...

ARGENTINA

Que quero? perguntaste:
Quero que para sempre me abandones...
Que para sempre deixes Argentina...
Que o nosso amor arranques da tua alma...
Que da memória risques o meu nome!...

FARO

(apaixonadamente)

Basta... basta... Porém... é impossível!...
Que quer dizer, Amor, abandonar-te
Quando, como uma estrela, me apareces,

Depois de negra e horrível tempestade?
Que quer dizer – deixar-te para sempre,
Deixar minha Argentina nesta vida?!...
Que o nosso amor arranque da minh'alma?!
E que o teu nome risque da memória?!
Não posso, não... jamais... é impossível!...
Amor nascido em horas de infortúnio,
E em horas de infortúnio alimentado;
Quando apenas por nós soprava a brisa,
Ou modulava o pássaro dos bosques;
Amor, que há superado mil revezes,
Que há transposto os perigos da existência,
Sorvendo da saudade o fel amargo
Té esgotar o cálice da desgraça;
Não é amor que acabe num momento,
Nem que sucumba ao som de uma palavra!...
Nome, que eu repetia por desoras,
Entregue à solidão, vagando incerto
Por meio das campinas, onde o pranto
Vinha alagar-me o rosto, ao ver da lua
A claridade pálida na terra,
Ao ver os astros fúlgidos da noite
Fingindo a luz vivace dos teus olhos:
Nome que os meus ouvidos escutavam
Na viração da tarde, ou no murmúrio
Do límpido regato, ou no vagido
Das buliçosas ondas do oceano;
Nome que eu imprimi no fundo d'alma,
Como no fundo d'alma foi impresso
O nosso amor por Deus, oh!... não é nome,
Que eu possa mais riscá-lo da memória
Senão na fria pedra do sepulcro!...
Dize, Argentina, dize que não queres,

Que não desejas mais que eu te abandone;
Dize, dize uma vez...

ARGENTINA
(*pungentemente*)
É impossível!...

FARO
Nunca, nunca escutei-te esta palavra
Quando do meu amor eu te falava...
Que devo agora eu crer deste impossível?...
(*mudando de tom*)
Será que, na verdade, o vil ferrete
Da ignomínia alguém haja estampado
Na tua fronte?!...
(*como fulminado*)
Oh! Deus!... idéia horrível!...
Tu, Argentina, tu?!
(*pequena pausa*)
Onde estiveste?...
Pra onde foste quando me deixaste?...
Responde, fala... Quero, quero ouvir-te.

ARGENTINA
(*delirando*)
Não sabes?... O conselho se prepara...
Os juízes... lá votam-me ao suplício!...
Depois um grande vulto, horrendo e fero,
Apareceu-me!... sabes?... era ele!
Depois disse: Partamos, estás salva...
Partimos... e depois abriu-se a porta
Da fortaleza... Ali, meu Deus, que vejo?!
Um velho... que cerrou-me nos seus braços!

Chamava-se meu pai!... foi solto e livre...
Então as portas todas se trancaram...
Eu não saí, fiquei... diante dele!...
Depois uma vertigem... quase morro!...
Então...

(*tremendo*)

Abre-se o inferno, sai o monstro!...
Dirige-se pra mim!...

(*com dolorosa exclamação*)

Estou perdida!...

FARO

Que escuto, grande Deus... Mas ele, ele,
Ele, dize, quem era?...

ARGENTINA

Não conheces?...
Era o gênio satânico que um dia
A mãe de Deus erguera dos abismos!...
Dobre, pérfido e cru... Sim, era ele!...

FARO

Algum fero holandês?... Algum sicário?...

ARGENTINA

Vendeu a pátria como o renegado!
Vendeu o braço como o mercenário!
Vendeu a honra como o assassino!...

FARO

Tremo... tremo de ouvir-te!... Acaba, acaba...

ARGENTINA

De irmão tornou-se bárbaro inimigo!...

De pai que fora fez-se meu carrasco!
Tomou-me a mão do abismo da miséria
Para atirar-me ao abismo da desonra!...

FARO
(*com explosão*)

Infame!...

AMBOS

Calabar!!!...
(*Calabar, aparece*)

ARGENTINA
(*vendo-o*)
Meu Deus!...
(*corre a abraçar-se com a cruz*)

FARO

É ele!!!

Cena VII

Os ditos e CALABAR
(*dirigindo-se este a* ARGENTINA, FARO *adianta-se e interpõe-se. Pausa de muda e acerba contemplação*)

FARO
(*acentuando*)

Calabar!!... Calabar!!...

CALABAR
(*à parte*)
Oh! importuno!...

FARO

Encontrei-te, por fim!... Eis-me agora
Frente a frente!... Que dizes deste encontro?...

CALABAR

Que seja breve. Tenho nesta hora
Deveres a cumprir.

FARO

Tu, renegado?!
Tu falas de deveres?! tu, relapso!?
Tu tens outro dever além do crime?!...

CALABAR

Que dizes, insensato?... Não receias?...
Não tremes ante mim?...

FARO

(*com amarga ironia*)

Oh!... é verdade...
É preciso curvar-me às vossas ordens..,
Prostrar-me aos vossos pés como um vassalo...
Tremer ao vosso olhar como um cativo!...
Nem é de se estranhar. O vício ufano
Põe muita vez o pé sobre a virtude!...
Falai, senhor, falai... que humildemente
Irei executar vossos mandatos.
Como escravo que sou, basta que eu veja
Que se confrange o vosso sobrecenho,
Para medir a sorte que me espera!...
Perdão... perdão... serei obediente.
Quereis que eu me retire do combate
A que me liga um santo juramento?...

Quereis que eu me apresente aos inimigos,
E lhes proporcione aqueles meios
Que podem conduzi-los à vitória?...
Quereis que eu venda a pátria a peso de ouro,
Sem me ferir a mácula de infame?...
Falai, falai... Serei obediente.

CALABAR

Em outra ocasião é bem possível!
Que eu possa ouvir-vos... Hoje tenho pressa...
(*querendo dirigir-se a Argentina*)
É preciso levá-la...

FARO

(*com força*)
Nunca!... nunca!...

CALABAR

Ainda, temerário?...

FARO

Sempre! sempre!...
Não compreendes tu que não se perde
A fortuna de ver-te e de encontrar-te?
Não sabes que por ela, sim, por ela,
Por mim também, por tudo quanto existe,
Por tudo quanto diz – amor e pátria –
Eu não posso deixar-te sem vingar-me?...
(*com intenção*)
Não sabes que uma espada, que me deram,
Ainda não banhou-se em sangue amigo,
Nem um só palmo conquistou de terra?
Não sabes que é mister desembainhá-la

Para tingir-se agora no teu sangue?...
Esqueceste-te já, oh! não te lembras,
Que, apertando-te as mãos da despedida,
Eu falei-te uma vez co'estas palavras;
Guerra, guerra de morte?!...

CALABAR

Aos holandeses!
Então disseste.

FARO

Sim; e nesta hora
Cumpro o que disse: guerra aos holandeses!
Tu, mercenário vil, que és seu soldado,
Por eles me darás o sangue, a vida!...

CALABAR

(*com calma e intenção*)
Pensa, pensa melhor no que me dizes...
Eu nunca procurei beber teu sangue...
Engano-me... Talvez... Quero dizer-te:
Eu não procuro mais beber teu sangue...
Eu não procuro mais cortar-te a vida!...

FARO

Entendo, Calabar... eu bem te entendo!
O tigre, quando dilacera a presa,
Quase deixa um instante de ser fera.
(*mudando de tom*)
E tu, além de tigre, és traiçoeiro!
És um cobarde, sim, és um cobarde!...
Eu sei que essas conquistas que tens feito,
Ou que por ti hão feito os holandeses,

São obras da traição, da falsidade,
De ardis que a tua mente te sugere,
Fiado em conheceres nossos planos
Quando para os flamengos desertaste,
Fiado em conheceres os lugares,
A posição e os lados vulneráveis
Do exército dos lusos. Que conquistas!
Eu sei que essas vitórias decantadas,
Que os teus procuram sempre com cuidado
Preconizar e erguer na voz da fama,
Não passam de triunfos vergonhosos,
De feitos sem valor, sem honra e lustre,
Só filhos da perfídia. Que vitórias!...

CALABAR

Por isso queres tu perfidamente
Embaraçar-me os passos impedindo
Que eu siga o meu caminho?... Louco intento!
Vamos, senhora...

FARO

Tenho decidido.
Fazer o que já disse. Que direito
Podes ter sobre ela?...

CALABAR

Igual direito
Ao que, se me aprouver, neste momento,
Posso ter sobre ti.

FARO

O de conquista?!...
Aceito, Calabar. Porém, primeiro,

Terás esse direito pela força.
Não foi assim que te apossaste dela?...
Não foi assim, verdugo da inocência,
Que tu lhe conquistaste o que no mundo
Pode ter a mulher de mais sagrado,
A honra?!...

CALABAR

A honra?... Cala-te...
(*a Argentina, com ar repreensivo*)
Senhora?!

ARGENTINA

(*distraída e com candura*)
Estou rezando... aqui... aos pés do lenho
Do Salvador...

FARO

(*com sentimento*)
Perdida! desvairada!...
Não vês, infame?!
(*em tom suplicante*)
Dá-lhe, se puderes,
Dá-lhe a honra e a razão, que lhe roubaste!...
Por essa cruz que serve-lhe de amparo,
Com que ela se abraça, por tua alma,
Por tua mãe, por seu repouso eterno,
Dá-lhe...
(*apontando para Argentina*)
Dá-lhe o porvir, a felicidade,
A felicidade minha, de nós ambos...
(*pequena pausa*)
Sonho, sonho de amor que me fugiste,

Realidade atroz que me apareces!!
(*mudando de tom*)
Irrevogavelmente – a morte, a morte!...
(*tira duas pistolas do cinto*)

CALABAR

Debalde... Eu não preciso do teu sangue.

FARO

(*rancorosamente*)

Eu preciso do teu!!...

CALABAR

(*à parte*)

Fatalidade!
E a minha gente espera-me ansiosa...
E crescem os perigos, e não sabem...

FARO

Dispõe-te, Calabar!
(*oferecendo-lhe as pistolas*)
A minha espada.
Não acharia a tua...

CALABAR

Não a trouxe...
E, como vês, uma arma de covarde...

FARO

Servirá de matar outro covarde!...

CALABAR

Insistes, imprudente?...

FARO

É o destino...

CALABAR

O teu?...

FARO

O nosso!...

CALABAR

O meu não está completo...
Se é necessário, digo-te: nest'hora
Eu já devera estar co'os meus soldados,
Que estão ameaçados de um assalto!...

FARO

(*com segurança*)
Nesta hora hão de todos ter caído
Sob o nosso poder!
(*ouvem-se tiros. Movimento de Argentina*)

CALABAR

(*espantado*)
Que estrondo é este?!

FARO

São homens que se batem... Esta hora
Foi marcada por Deus para os conflitos!!
(*os tiros aumentam*)

CALABAR

(*desorientado*)
Será?... será?... traição?!...

FARO

Uma por outras!...
Sê tu leal: o exemplo te compete...
(*oferece-lhe de novo as pistolas*)

CALABAR

Jamais!... jamais!...
(*espalha-se um grande clarão pelo fundo da cena*)
Compete-me salvá-los!...
(*querendo partir*)

FARO

(*apontando-lhe uma pistola*)
Nem um passo!...
(*Calabar estaca, rangendo os dentes. Ouve-se uma grande descarga.*)

ARGENTINA

(*do alto da escadaria*)
Estourou a tempestade!...
Relâmpagos! trovões! a terra treme!!...

CALABAR

(*arrebata a pistola*)
Dá-ma! dá-ma!...

ARGENTINA

(*correndo para os dois*)
Por Deus, por Deus, suspende!...

FARO

Retira-te, Argentina!... É impossível!...
(*os dois postam-se na devida distância*)

ARGENTINA
(*correndo a cena*)
Socorrei!... socorrei!... Vinde... depressa!

VOZES
(*de dentro*)
Morra o flamengo! Viva o lusitano!
(*Calabar dispara; Faro cai, chegando também a disparar a pistola*)

Cena VIII

(*Os ditos,* JAGUARARI *à frente da sua tribo, soldados lusitanos e povo.* CALABAR *é aprisionado pela tribo. A cena fica toda iluminada. A lua tem subido acima do arvoredo.* ARGENTINA, *chegando-se a* FARO *morto, dá uma grande gargalhada e sobe ao alto da escada da cruz.*)

JAGUARARI
(*correndo*)
Glória!... glória!...
(*a Calabar preso*)
Caíste, finalmente!
(*vendo Faro morto*)
Morto!... morto!... por quem?...
(*aponta para Calabar*)
E minha filha?...
(*Calabar aponta para Argentina*)
Argentina!... Argentina!...
(*Argentina dá uma gargalhada*)
Minha filha?!...

Que escuto, grande Deus!... Ela está louca!!...
(indo, com os braços abertos, a subir os degraus)

ARGENTINA
(detendo-o, com mistério)
Silêncio!... Ajoelhai-vos!...
(Jaguarari ajoelha-se maquinalmente. Argentina com uma das mãos sobre a cabeça do pai, aponta com a outra para a cruz)

TODOS
À fogueira!!...
(Calabar, fazendo um último esforço para soltar-se, recua horrorizado)

FIM DO ATO QUARTO

ATO QUINTO

(*Cárcere. No fundo um portão, e, superiormente, três aberturas ovais engradadas de ferro. Em meio da cena um pilar, e ao pé um tamborete baixo. Calabar algemado aparece deitado sobre umas palhas.*)

Cena I

CALABAR, *só. Dão dez horas*

CALABAR
(*soerguendo-se*)
Ainda não!... Só falta-me uma hora!...
E como corre o tempo!... subitâneo,
Como a luz do relâmpago!... Veloce,
Mesmo quando é contado como eu conto,
Minuto por minuto!... E o que é a vida?...
Minuto na extensão da eternidade...
Relâmpago fugaz, que brilha e morre
Entre os roucos rugidos da tormenta!...
(*pequena pausa*)

Só resta-me uma hora!... Tanto tempo
De paz e de ventura sobre a terra
Não teve Calabar!... Nascido apenas,
Fui atirado ao seio da indigência
Para provar-lhe o fel gota por gota!...
Meus prazeres da infância foram sonhos...
Vi-os quando, alta noite, reclinado
Nos troncos da floresta, a minha mente
Fantasiava um berço sobre a relva
De minha pobre mãe acompanhado...
Eu me sorria às vezes ao seu pranto,
Que em bagas sobre as faces me caía;
Ela dava-me um ósculo piedoso,
E, talvez já prevendo o meu futuro,
Gemia e soluçava!... A juventude
Não me apontou mais leda!... Ao começá-la,
Veio logo da morte a foice horrenda
Sobre essa infeliz mãe!... Entrei de luto
Aonde os outros entram adornados
De galas!... no jardim da mocidade
Sentei-me triste à sombra de ciprestes,
Vendo os outros colher jasmins e rosas!...
Criei-me desta sorte... entre amarguras!
Mirando o rosto esquálido da fome,
Vendo o dedo cruel que me apontava
A cor que eu tinha, como recordando
A cor do meu destino... Que sentença!...
(*ergue-se*)
Não há lugar no mundo pra mulato
Além do que lhe aponta o cativeiro?!...
Era grande a injustiça... revoltei-me!
Quis também ser partícipe dos gozos
No opíparo banquete da existência...

Cabeça e braço foram instrumentos,
Que em toda a luta sempre me serviram;
Cabeça e braço deram-me a vitória!...
Caí, por fim... Porém o que é que importa?
Eu deveria cair, agora ou logo,
Ou hoje ou amanhã, ou cedo ou tarde...
É do homem cair ante o destino;
Cumpriu-se o meu...

(*mudando subitamente de tom*)

Cumpriu-se?... quem o disse?...

(*dando dois passos*)

Quem disse que eu devera retirar-me
Das cenas deste mundo?

(*ouve-se o rufo de tambores*)

UMA VOZ

(*de dentro*)

– Eis a sentença
Imposta a Calabar ante o conselho:
"Matias d'Albuquerque, por direito
Que lhe confere El Rei, há resolvido;
Hoje, quando soarem onze horas,
Seja o réu conduzido ao cadafalso,
Por traidor e revel; sua cabeça
Será pelo carrasco decepada
Perante a multidão; incontinênti
Há de ser o seu corpo esquartejado,
E após na praça dentro da fogueira
A cinzas reduzido." Está assinada. –

CALABAR

(*mordendo os ferros*)

Subir ao cadafalso!... Miseráveis!...

Que eu não possa quebrar estas algemas!...
Que eu não levante o braço um só momento!...
Que eu não encontre um ferro neste cárcer!...
Iria esmigalhá-los nessa praça,
As turbas e o carrasco! De um só golpe,
Derrubaria a máquina de morte,
Que para mim houveram levantado!!...

(*pausa*)

Matias d'Albuquerque e os seus sequazes
Aplaudem com prazer o meu suplício,
Como espetáculo digno de ser visto!!...
Lá vem a multidão apressurada,
Confusa e curiosa, a procurar-me!...
O sacrifício é belo, é majestoso!...
Correm todos a ver como o cutelo
Sobre a vítima cai; como decepa
Uma cabeça humana; como rola
Pelos tintos degraus do cadafalso!...
Então alguns sorriem de contentes;
Outros, mais compassivos, se retiram
Pra contarem aos filhos uma história,
Que acaba num exemplo sanguinoso!...

(*exclamando*)

Homens, que me enxotastes atrevidos
Da lauta mesa, em que vos assentáveis;
Mulheres, que zombastes do mulato,
Porque ousou mostrar-vos a sua alma
Em êxtase de amor; sede malditos!!...

(*pausa*)

Estou cansado já de tanta lida...
Morrer, sim, é melhor. Que val o mundo?...
Quem não provou nenhum dos seus prazeres
Não pode ter saudades dos seus males...

Ela... também... parece-me que é morta...
(*com amargura*)
Morta!... morta Argentina!... Desgraçado!
Que idéia, Calabar, que idéia horrível
Vem perseguir-te à beira do sepulcro?!...
(*com sentimento*)
Noutro tempo eu a vi, bela e formosa,
Cheia de vida, rica de esperanças!...
Quem disse que morreu?! Não é possível.
Perderem sua luz tão lindos olhos...
Perderem sua cor tão rubros lábios...
Parar, emudecer, e ficar fria,
E não soltar um riso, uma palavra,
E deitar-se depois num chão de vermes!...
E pra sempre dormir!... Oh! impossível!...
Argentina não morre, não... A terra
Não pode consumir tanta beleza!
Ela vive!... ela vive, eu bem o sinto...
Vive para chorar a minha morte!...
Vive para ajuntar as minhas cinzas!...
(*como caindo em si*)
Misérrimo de mim!... É tudo um sonho...
Talvez, soando a hora do suplício,
A sua voz se ajunte às outras vozes
Em concerto infernal, para bradar-me:
Maldição! Maldição!...
(*cai no tamborete*)

Cena II

CALABAR *e* JAGUARARI
(*este, entrando, pára em distância, e depois dirige-se a Calabar para tirar-lhe as algemas*)

CALABAR
(*levantando-se*)
Soou a hora?...

JAGUARARI
Ainda não.

CALABAR
Que queres?... O que fazes?...

JAGUARARI
(*solta-o*)
Ignoras, Calabar, que me incumbiram
De ser teu carcereiro?... Fui eu mesmo
Que impetrei tal favor, e consegui-o.
Pra isto dirigi-me incontinênti
Ao general, dizendo: A minha tribo
Foi, senhor, quem prendeu o criminoso;
Agora a mim compete vigiá-lo,
Guardá-lo até à morte!...

CALABAR
Eu compreendo!
Ninguém mais do que tu deve querê-la;
Não quiseste fiar a minha guarda
Senão de ti! Percebo: és justiceiro...

JAGUARARI
Sou grato, Calabar...

CALABAR
(*amargamente*)
Vens exprobrar-me
Quantos crimes eu tenho cometido?!...

JAGUARARI

Venho tirar-te os ferros e livrar-te!...

CALABAR

O quê?... Jaguarari?!...

JAGUARARI

Graça por graça.
Não foste tu, que um dia, conquistando
A fortaleza, em que eu estava preso,
Disseste-me: Estás livre? – é o que eu faço:
Co'a liberdade pago a liberdade.

CALABAR

(*abraçando-o com força*)

Jaguarari!...

JAGUARARI

Não tens que agradecer-me...
Nem suponhas que eu faço deste modo
Porque desejo ver-te novamente
Alistado nas filas lusitanas.
É que os guerreiros matam-se na guerra;
A morte do patíbulo é pra os sicários!...

CALABAR

(*apertando-lhe as mãos*)

Indígena!... soubeste doutrinar-me!...
Agora ouve também. O que disseste,
Quando eu ofereci-te a liberdade?
Pediste-me uma ordem que não tinha...
Eu também quero ver a que me trazes.

Jaguarari

Que dizes, Calabar?... que me respondes?...

Calabar

Aquilo que também me respondeste.
Não é melhor que diga todo aquele
Que tal souber – o índio e o mulato
Não ficaram devendo coisa alguma?!
(*como em segredo*)
Sabes tu quem eu sou? Sabes, guerreiro,
A quem vieste dar a liberdade?

Jaguarari

Não és tu Calabar?...

Calabar

Oh! não, prossigas...
Quanto horror, quanto mal diz esse nome
Eu já pareço ler no teu semblante!...
E és tu que vens livrar-me do suplício?...
És tu, pai de Argentina?...

Jaguarari
(*dolorosamente*)

Que proferes?...
Minha filha, oh! não fales, não, não fales!...
Mesquinha e infortunada, neste instante
Ou ri ou chora, ou canta ou se lamenta!...
Privada da razão, poucos momentos
Abre os olhos à luz para falar-me...
Então me diz: meu pai, meu pai, valei-me!...
Está meu coração vertendo sangue!...

Um fogo horrível queima-me a cabeça!
Tenho febre de morte!... – E desfalece.
(*limpando as lágrimas*)
Outras vezes, pergunta: Onde está ele?...
Fugiu? fugiu? morreu?... E de repente
Desata uma estrondosa gargalhada,
Que vem me retumbar no fundo d'alma!...

CALABAR
(*comovido*)
Depois?...

JAGUARARI
Nada me diz... nada lhe entendo...
(*como despertando*)
Porém... já me esquecia... minha filha
Ficou em meu lugar na fortaleza...
Até que eu a deixasse, nada tinha...
Tu, se lá não ficaste, pelo menos
Deves saber de tudo que passou-se...
Se pôde ser o golpe inesperado
De outra vez separar-se dos meus braços!...
Depressa, Calabar, dize-me, conta...

CALABAR
Ela veio comigo, e só comigo.
Que eu de outrem não queria confiá-la.

JAGUARARI
Então, o que causou-lhe essa loucura?
Calabar, Calabar, dize o que sabes...
Por favor, meu amigo...

CALABAR

(*à parte*)

Seu amigo!...
Oh! torturas horríveis, que me apertam
Os seios d'alma, à voz do meu delito!...

(*alto, com resolução*)

Vais ver, Jaguarari, como há perdido
Tua filha a razão. Não te apavores.
Antes porém eu devo referir-te
O que dispôs-lhe o mal, ou deu-lhe origem.
Esperarei assim que chegue a hora
Da minha execução!... E só por isto
É que eu tenho esperado; e só por isto
É que eu, com estas mãos, não hei poupado
Às turbas o espetáculo da morte!...
Não. Subirei tranqüilo o cadafalso...
Tranqüilo?... inda não sei; ela é que sabe...
Escuta-me. Na noite, em que a perfídia,
Ou a crueza bárbara dos lusos
Votou-te ao cárcer, quase desesperada
Foi Argentina até às nossas tendas
Em procura do pai, que lhe disseram
Haver morrido. Então nos meus joelhos
Eu a vi prosternada; e, como ainda
Ignorássemos todos teu destino,
Levei-a à minha casa, onde por meses
Ela viveu isenta de perigos.
Dei-lhe pão e vestidos; dei-lhe tudo
Qual tu, Jaguarari, houveras dado...

(*pausa*)

JAGUARARI

Prossegue, Calabar... Acaba, acaba...

CALABAR
(*com emoção*)
Somente mais que tu dei-lhe um afeto,
Que o coração de um pai não tem pra dá-lo:
Amei-a!...

JAGUARARI
(*atônito*)
Calabar!!

CALABAR
Não disse tudo.
Argentina inspirou-me um sentimento
Igual à adoração; sim, adorei-a!
Imagem tão formosa, nos altares
É só que eu tinha visto!... Dei-lhe um culto
Igual ao que se vota à Divindade!...

JAGUARARI
(*com aflição*)
Não sei que pense... Calabar, prossegue...

CALABAR
Eu sei, Jaguarari, que te parece
Loucura o amor que digo haver sentido;
Porém desta loucura quem se isenta?
Quem vive sem amar?... Nem o mulato!...

JAGUARARI
E minha filha, dize, e minha filha?...

CALABAR
Havia dado o coração a outro!

Jaguarari

Depois?... depois?...

Calabar

Por ele abandonou-me!

Jaguarari

Que escuto? Oh! céus, eu tremo!

Calabar

Abandonou-me!
E eu jamais lhe disse uma palavra
Do meu amor, senão na hora extrema
Em que vim a saber dos seus projetos!...

Jaguarari

Depois?...

Calabar

Fui procurar os holandeses!...
Foi nesse dia, sim, foi nesse dia
Que Calabar, o trânsfuga, passou-se
A defender a causa dos flamengos!...
Ele era português; tens entendido?...

Jaguarari

Será possível?... tu?... Oh! desgraçado!...
Entendo, Calabar... e te lamento!
Ele era português; e os portugueses
Fui eu a sustentar co'a minha tribo!...
Do português tomei um nome novo;
Simão Soares – chamam-me!... De resto,
A sã religião dos velhos índios,

Dos meus avós, troquei por suas crenças!...
Restava-me uma filha!... E esse infame...

CALABAR

Não logrou completar os seus desejos.
Quando fugia ao lado de Argentina,
Foi assaltado em meio do caminho
Por um flamengo...

JAGUARARI

Então?...

CALABAR

Foi capturada
Tua filha, e levada ante a presença
Do general Van-Scopp; aí à morte
Foi ela condenada...

JAGUARARI

Minha filha!...

CALABAR

Ficou salva por mim; comprei-lhe a vida
A peso de dinheiro!... resgatei-a.

JAGUARARI

Calabar, meu amigo, eu te agradeço.
(*com pena e singeleza*)
E foi por isto que ela amesquinhou-se,
Que perdeu a razão?... Oh! dize, dize...

CALABAR

Por isto não... Um caso estranho, horrível!!...

JAGUARARI

Meu Deus!... meu Deus!...

CALABAR

A mente já lhe errava,
Quando viu a seus pés o amante morto!...

JAGUARARI

Morto!... morto por quem?...

CALABAR

Foi justamente
O que disseste ao vê-lo... Por mim mesmo.
Era Faro...

JAGUARARI

Que dizes?... Era Faro?...
Porém... minha Argentina?... Por piedade;
Minha filha infeliz?... Acaba, acaba...

CALABAR

Na hora em que deixaste a fortaleza
Travou-lhe dos sentidos um delíquio;
Então, aproveitando-se do ensejo,
Um homem que ali estava, desonrou-a!...

JAGUARARI

(fulminado)

Desonrada!... perdida!...
(mudando de tom)
Não, não creio...
(querendo rir-se)
É cruel zombaria... não deveras
Zombar assim de um pai...

(*pequena pausa. Leva uma das mãos à cabeça, e a outra ao peito*)

Oh! infamada!!...

(*com explosão*)

Mas lá... ninguém estava... bem me lembro...
Apenas, sim... apenas era um homem...
Esse homem... eras tu!...

CALABAR

(*com angústia*)

Sim, fui eu mesmo!...

JAGUARARI

(*indo a investir sobre Calabar*)

Infame!... vais morrer!...

(*neste instante ouve-se a voz, que repete a sentença. Aparece um padre, Jaguarari, vendo-o, pára e escuta. Finda a sentença, Calabar cai no tamborete*)

JAGUARARI

Aí tens o confessor... Eu me retiro...
Alcança a absolvição para a tua alma...

(*sai*)

Cena III

CALABAR *e o* PADRE

(*Pausa*)

O PADRE

(*aproximando-se*)

Eis-me aqui, Calabar... Eu nunca falto.
Nem deves recear minha presença,

Quando é força que deixes para sempre
A presença dos homens. Eia! escuta.
Vai findar para ti a vida humana...
Essas prisões da carne, essas cadeias
Do barro, vão solver-se e dissipar-se,
Bem como o fumo n'amplidão do espaço.
Então, além do corpo, que o cutelo
Faz tombar sobre o chão, resiste à morte
O espírito sutil, que aos ares sobe
Para aninhar-se aos pés da Divindade
Tens meditado nisto?... Oh! sim, medita.
Há, meu filho, no lapso da existência
Dois princípios opostos que se batem,
O bem e o mal: segundo os nossos atos
São moldados por este ou por aquele,
Há também nessa vida de além-túmulo
As penas e o perdão pras nossas almas.
Sofre as penas – o réprobo, o danoso,
O inimigo atroz da humanidade,
O ímpio finalmente, que rejeita
A lei de Deus, tornando-se preceito:
Logra o perdão, porém, o desditoso.
Que, havendo feito a Deus graves ofensas,
Conhece-as, arrepende-se, prostrado
Diante do Senhor na hora extrema.
Aqui me tens, meu filho.

CALABAR
(*erguendo-se*)
Padre, padre,
O que me queres tu? Donde vieste?...
Quem te pediu palavras e conselhos?...
Quem te mandou falar-me neste cárcer?

O Padre

(*em tom solene*)

Quem, ao marcar, no livro do destino,
A hora da viagem derradeira,
Mandou que o nosso espírito lavasse
O lodo impuro e vil dos seus pecados!...
Deus, elevado além do firmamento,
Tendo a seus pés as nuvens e as estrelas,
Sustendo em sua mão todo o universo,
É caridoso pai, que não se esquece
De visitar seus filhos sobre a terra,
Não crês, não te recordas do que digo?...
O Rei dos reis, descendo do seu sólio,
Que, imaginado apenas, nos deslumbra,
Veio outrora nascer sobre um presepe,
Para legar aos homens um exemplo
De humildade e de amor; para ditar-nos
A lei da graça à voz da caridade,
E redimir assim o mundo inteiro!
Que pensas, Calabar?... A lei de Cristo
Toma o homem nos braços desde o berço
Até acompanhá-lo à sepultura!
Quem quer que seja, o rei ou o vassalo,
O rico ou o pobre, o sábio ou o ignorante,
Todos, todos procuram sua bênção
Pra vida e para a morte! Eu tu perguntas
Quem mandou-me a falar-te neste cárcer?...
É só no paço augusto dos monarcas
Que a voz de Deus se casa co'os suspiros
Do moribundo? não: da mesma sorte
Vai o próprio Senhor à humilde choça,
Ao leito miserável do indigente,
Do escravo, do infeliz, purificá-lo,

Para abrir-lhe os umbrais da vida eterna,
E dar-lhe eternamente a felicidade!
Então, porém, é força que o pecado
Procure a confissão... Na hora extrema
Arrepender-se val' muitas virtudes!
Depois...

CALABAR

Depois, a morte!...
(*pequena pausa*)
Padre, padre!...
Queres tentar-me, ou queres absolver-me?!...

O PADRE
(*animando-se*)

Tentar-te, filho?! Quê!... assim tu falas
Ao ministro de Deus?
(*com calma*)
Não desesperes...
Em nome do Senhor, deves dizer-me
Quais são teus crimes, quais os teus pecados.

CALABAR

Meus crimes e pecados?... Não nos tenho...
(*retraindo-se*)
Oh! que disse? esqueci-me... Sim, meus crimes
São muitos e mui grandes... São terríveis!...
Perjuro, sedutor, ingrato, ímpio,
Mercenário, revel, monstro dos monstros...

O PADRE
(*atalhando*)

Confessa-os, Calabar...

Calabar
(*continuando*)
Gênio as trevas!...
Assim ela chamou-me!... Oh! Padre, padre,
Eu preciso de ti, sim, eu preciso
De quem lhe vá dizer: pobre Argentina,
O teu cruel verdugo está sem mancha!...
Confessou-se ante Deus, Deus perdoou-lhe!...
Voltou de novo à pátria e aos seus amigos;
Voltou de novo ao seio da virtude
Co'a sã religião de Jesus Cristo!...
Perdoa-lhe também, vítima inócua
Do seu brutal amor!... Dá-lhe um sorriso
De vênia e de piedade... Ele to pede!
Ele é digno de ti... vai abraçá-lo!
Vai dar-lhe co'os teus olhos a esperança,
Co'os teus lábios a vida!!!...
(*mudando subitamente de tom*)
A vida!... a vida!...
A vida para mim!... Oh! desgraçado!...
(*pequena pausa*)
Padre, padre, retira-te!...

O Padre
Não posso;
Não devo, Calabar: vim confessar-te...

Calabar
Tu não sabes ainda os meus delitos?
Pretendes que os repita? O mundo inteiro
Aponta para mim, dizendo: vede,
Eis ali, Calabar!... Que mais tu queres?...

O Padre

Quero ouvir de ti mesmo os teus pecados;
Que tu próprio me digas: absolvei-me!
É esta a lei de Deus: ela consiste
Em plantar a humildade em nossas almas
Co'a franca exposição dos nossos erros!...
Receias que os divulgue?... Oh! impossível.
No tribunal da extrema penitência
O segredo é maior que o do sepulcro!
O sacerdote guarda-o inviolável,
Oculto aos outros homens, mesmo quando
Reservem-lhe o suplício, ou dêem-lhe a morte.
Atende, Calabar, às minhas vozes:
Quando falo-te assim, quero somente
A salvação eterna da tua alma,
A penitência lava as culpas todas;
A absolvição conduz à felicidade!

Calabar

A felicidade?! Padre, que disseste?...
A felicidade?! Quê!... Será possível?...

O Padre

Palavra do Senhor, verdade santa!

Calabar

(*com aprazimento*)

Vê-la ainda uma vez!... Sentir um raio
Da luz dos olhos seus!... Colher um riso
Desses lábios gentis!... Cingi-la ao peito
Em êxtase de amor!... Provar-lhe um beijo
Em ânsias de paixão!...

O PADRE
(*atalhando*)
Oh! insensato!...
Que pensamento avesso à felicidade
Ofusca-te a razão?!... Feliz na terra
Não há quem possa ser: debalde o pensas.
(*pequena pausa*)

CALABAR
Debalde!... dizes tu. Oh! Padre, padre,
E como me falaste em felicidade?
Não sabes que pra mim só ela existe
Onde existe Argentina?...
(*mudando de tom*)
Oh! fado acerbo!...
Devo sempre morrer?! Sentença horrível!...
E que valera então que me absolvesses?
Quando Deus me perdoa, os homens fazem
Que eu suba ao cadafalso?! Quando as vozes
Do sacerdote querem absolver-me,
As vozes do juiz vêm condenar-me?!
Quando perante os céus me regenero,
Na terra hei de sofrer a infâmia e a morte?!...
(*com força*)
Padre, padre, retira-te!...

O PADRE
Meu filho,
Erra o teu pensamento...

CALABAR
(*atalhando*)
Padre, padre,

Retira-te, por Deus!... Vai ver na praça
O cutelo, a fogueira, o cadafalso!!...

O Padre

Ajudai-me, Senhor!... Filho...

Calabar

(*idem*)

Debalde.
Se não me deixas, padre, estou perdido
De todo e para sempre!...

O Padre

(*com esperança*)

Ainda vive!...
Calabar, Calabar, a consciência!...
(*olha para o céu e retira-se*)

Cena IV

Calabar *e depois* Argentina

Calabar

(*pausa*)

A consciência!...
(*mão no peito*)
Fala-me bem alto...
A felicidade, a vida!... Que são elas?...
Palavras de ouro, sonhos encantados,
Tudo vai, como eu vou, tornar-se em cinzas!...
A morte não me pesa, não; há muito
Eu a buscava em campos de batalhas
Por meio de perigos!... Só me pesa

Não vê-la inda uma vez! não encará-la
Com estes olhos já umedecidos
Do gelo do sepulcro! não beijá-la
Com estes lábios férvidos e ardentes
Ao clarão da fogueira!... oh! sina horrenda!...

(perturbando-se)

Morrer sem seu perdão!... Morrer maldito,
Maldito e abominado!... Não, não quero.
Quero diante dela ajoelhar-me!...
Banhar seus pés co'as águas do meu pranto!...
Pedir-lhe o meu perdão... por Jesus Cristo!...
Quero dizer-lhe adeus, o adeus eterno!!...

(entra Argentina)

Ela?... Ela!... Argentina!...

ARGENTINA

(em desvario)

Não no vejo!...
Fugiu?... fugiu?... não sei... e que me importa?...
Eu já livrei-me dele... estou tranqüila...
Estou junto de meu pai... e que me importa?...

(dando com Calabar)

Um homem!

(fitando a vista, e estremecendo)

Um cadáver!...

CALABAR

(no mesmo tom)

Um cadáver!...

ARGENTINA

(aproximando-se)

Esta voz!... esta voz!...

CALABAR

Não me conhece!...
Argentina!... Argentina!...

ARGENTINA

Quem me chama?...

CALABAR

Calabar, Calabar...
(*Argentina recua*)
O condenado!...
(*Argentina dá uma gargalhada*)
O riso, o riso ao pé do cadafalso!...
A gargalhada sobre a sepultura!...
Oh! sentença cruel mais do que todas!...
(*apertando-lhe as mãos*)
Argentina, olha bem para o meu rosto!
Encara-me, conhece-me...

ARGENTINA

(*aereamente*)
Conheço...

CALABAR

Calabar!...

ARGENTINA

(*apertando a fronte*)
Calabar!!!...

CALABAR

Fatal momento!
(*pausa*)

ARGENTINA

(*examinando a cena*)

Num cárcere... por fim!... Será possível?...
Preso... em ferros... punido... condenado...
Calabar!... Oh! meu Deus, quanto sois justo!

(*com aprazimento*)

Chegou enfim o dia... O vil carrasco
Passa agora a ser vítima!... O cutelo
Vai cair-lhe também sobre a cabeça!...
Chegou enfim o dia da justiça!...
Maldição! maldição!...

CALABAR

(*com angústia*)

Por Deus! suspende...
Não me faças sofrer desde esta vida
Os tratos que na outra já me esperam!...
Argentina!... Argentina!... eu bem sabia
Que no momento atroz do meu suplício
Tu devias assim aparecer-me!...
Volvendo-te a razão na hora infausta
Da minha execução, eu bem conheço
A Providência, bem conheço o dedo
De Deus!... Era mister que tu me visses
Inda uma vez no mundo, pra bradar-me:
Maldição! Maldição!...

(*curvando-se*)

Porém, piedade!...
Piedade, senhora!...

(*deixa pender a cabeça*)

ARGENTINA

Que disseste?...
Piedade para ti?... pra os teus delitos?...

Inda ousas suplicá-la?... Tu, refece,
Infame sedutor, monstro execrável,
Assassino da pátria, algoz da honra,
Invocas a piedade?... Oh! nunca, nunca!

CALABAR

(*pungentemente*)

Nunca! nunca!...

ARGENTINA

(*com candura*)

Meus dias se passavam
Na placidez amena da inocência;
Meus sonhos de mulher, puros e castos,
Pintavam-me o painel da f'licidade,
O coração batia-me no peito
Só movido por doces esperanças;
Raiava-me o porvir belo e risonho
Julgando ver meu pai e a pátria livres;

(*com azedume*)

O que fizeste tu?... Não te recordas?...

CALABAR

(*com ânsia*)

Toldei c'o bafo impuro dos meus feitos
O brilho desse quadro, que esboçaste!
Empanei-te o porvir, tingi-lhe as cores
Da negra cor de um crime abominável!
O coração, cortei-to em mil pedaços,
Cortando em flor as tuas esperanças!...
Teus sonhos de mulher, puros e castos,
Mudei num longo e férreo pesadelo,
Qual nunca foi o sono do jazigo!...
Teus dias de inocência, enegreci-os,

Tornei-os para sempre em noite escura,
Em trevas sepulcrais!... Porém, piedade!...
Piedade, Argentina!...

ARGENTINA

Nunca, nunca!...

CALABAR

Nunca!... nunca!... repetes?... Argentina!...
E não foi Calabar quem amparou-te
Quando houveste teu pai por falecido?
Quando só neste mundo, sem recursos,
Cercada dos perigos da beleza,
Vagavas sem destino entre os soldados,
Sujeita à sua atroz ferocidade?
E não foi Calabar quem, compassivo,
Prometeu defender-te a todo transe?...
Não foi por ti, enfim, que ele, insensato!
Manchou sua memória e sua fama,
Passando para as hostes holandesas?...
(*movimento de Argentina*)
Duvidas, Argentina?... Oh! tu não sabes
O que é sentir amor como eu sentia!...
Tu não sabes, mulher, a quanto obriga
A paixão que corrói as fibras d'alma!...
Tu não sabes, enfim, quanto o ciúme
Rala, dói, espezinha e dilacera!...
(*pungentemente*)
Por esse amor fatal, que senhorou-nos,
Por essa dor dos zelos insofrível,
Por tudo quanto eu tenho padecido,
Argentina, Argentina, uma palavra,
Uma palavra só!...

(*neste instante repete-se pela 3.ª vez a sentença*)
Ouves, ouves?... A cinzas reduzido!
O patíbulo e a fogueira!... a ignomínia!...
A morte!... a morte!... Ouviste? que mais queres?
Dentro em pouco verás minha cabeça
Envolta em pó aos pontapés das turbas!
Das mãos do algoz erguendo-se, o cutelo
Verás tinto em meu sangue! Não contente,
Hás de ver-me, no chão – esquartejado!...
Depois... rompem as chamas da fogueira!
Então, vendo voarem minhas cinzas,
Ainda bradarás, como bradaste:
Maldição?! maldição?!...
(*ouve-se o toque fúnebre de sinos*)
Ouves? A hora!!...
Chegou a hora, e tu não me perdoas!...
É castigo dos céus!...
(*desorientado*)
Oh! Padre, padre,
Rejeitei teu perdão!... estou punido!...
Quantas penas, meu Deus!!...
(*começa-se a enxergar um clarão pelas grades do fundo*)
Vês, Argentina?...
É o clarão ardente da fogueira!!...

Cena V

Os ditos, JAGUARARI *e o* PADRE
(*Estes dois entram por lados opostos e param ao mesmo tempo no alto da cena.* CALABAR, *trêmulo, soluçando, vai a ajoelhar-se aos pés de* ARGENTINA.)

Calabar

Argentina!... Argentina!... Uma palavra!...
Perdão!... por tua mãe!... por Jesus Cristo!...

Argentina
(*com agonia*)

Pôde ele perdoar-te?!...

O Padre
(*adiantando-se*)

Sim!

Jaguarari
(*idem, a Argentina*)

Perdoa...

Argentina
(*caindo nos braços de Jaguarari*)

Meu pai!... meu pai!...

Jaguarari

Também já perdoei-lhe

Argentina
(*arquejando*)

Perdôo-te, infeliz!...

Calabar
(*erguendo-se*)

Oh! Padre, padre!...
Agora... Deus!...

O Padre
(*solenemente*)

Absolvo-te em seu nome!...

Cena VI

(Abre-se a porta do fundo: a cena fica iluminada com o clarão que daí se transmite. Dois OFICIAIS *da execução, o* CARRASCO, *de cutelo ao ombro, em pé na porta, e os ditos. Começam a soar 11 horas.* CALABAR, *girando em torno da cena, estaca diante de* ARGENTINA.)

CALABAR

(com saudade)

Argentina!... Argentina!... Adeus, ó mundo!...

(com entusiasmo)

Pátria! Pátria! conquista a liberdade!...

(levantando os olhos, e com expressão contrita)

Deus! Oh! Deus!... recebei-me em vossos braços!

(Os oficiais seguram-no. Argentina atira-se nos braços de Jaguarari. Cai o pano.)

FIM DO ATO QUINTO E DO DRAMA

Bernardo Guimarães

A VOZ DO PAJÉ

Drama em 5 atos

Levado à cena em Ouro Preto no ano de 1860

PERSONAGENS DO DRAMA

COELHO DE SOUZA, *Capitão-mor da Paraíba*
ELVIRA, *sua filha*
MARIA, *criada grave de Elvira*
HENRIQUE, *índio civilizado (Jurupema)*
DIOGO DE MENDONÇA, *cavalheiro português, noivo de Elvira*
JULIÃO, *mameluco, criado de Diogo de Mendonça*
PIRAJIBA, *velho selvagem*
FREI AMBRÓSIO
PAJÉ
CAVALHEIROS PORTUGUESES, SOLDADOS E SELVAGENS

A ação passa-se no fim do século XVI, em uma colônia ou feitoria portuguesa na capitania de Pernambuco. Dura dois meses. Refere-se às primeiras tentativas que se fizeram para colonizar a Paraíba, então dependente daquela Capitania e possuída pelos índios Potiguares.

ATO PRIMEIRO

O emprazamento

(Um pátio ou jardim contíguo à casa do Capitão-mor Coelho de Souza, com algumas árvores, e cadeiras a sua sombra, devendo respirar em tudo a rudeza de uma colônia recentemente fundada.

No fundo, florestas e uma montanha ao longe. PERSONAGENS – *Coelho de Souza, Elvira, Maria, Henrique, Diogo de Mendonça, Julião, Pajé.)*

Cena I

ELVIRA *assentada em atitude melancólica,*
e MARIA *em pé, junto dela*

MARIA

Tenho estranhado bastante, senhora D. Elvira, esse ar de tristeza, que há tempo tendes tomado.

Éreis tão alegre, e tão travessa, não fazíeis senão rir e brincar; e agora todos os dias vindes aqui sentar-vos tão triste... tão triste que me dás cuidados.

Elvira

Cuidados de quê, minha boa Maria? Nem sempre somos crianças; já me vai chegando o tempo de pensar em coisas mais sérias.

Maria

(*sorrindo*)

Ora, grandes coisas tendes em que pensar!... Deixai que os outros pensem por vós, e tratai de brincar, rir e cantar como dantes.

Elvira

Não te dê isso cuidado, os pensamentos a que me abandono são bem suaves e nada têm de desagradáveis para mim. Olha, Maria, todas as vezes que aqui venho à tarde passear, que olho para aquelas florestas, aquelas montanhas dalém, aqueles horizontes, parece-me que me sorri e que me acena ao longe uma felicidade estranha e inaudita que meu coração pressente, e adivinha, porém em vão se esforça por chegar a ela. Então parece-me que só um ente neste mundo pode lá me conduzir, e esse... ai de mim!... Maria, se eu pudesse contar-te tudo o que sinto... abrir-te o íntimo de meu coração...

Maria

E por que não o podereis fazê-lo? Esse coração ainda está tão puro, como a florzinha que começa pela manhã. Aberta ela, o que se poderá ver? o orvalho da manhã no seio de uma flor, que é o mesmo que a pérola da inocência no coração de uma donzela.

ELVIRA

Mas não sabes, Maria, que um raio de sol pode insinuar-se no cálix da flor e secar-lhe essa gota de orvalho, esse tesouro da inocência que só brilha na aurora da vida?

MARIA

Sim; mas creio que a sombra destes ermos é bastante para resguardar esse tenro coração dos rigores do sol, de que falais, se é que bem compreendo a vossa linguagem.

ELVIRA

Como te enganas, Maria! cuidas que esta solidão em que vivemos acalma os impulsos de um coração que nasceu para amar? ah! não; nada mais faz do que concentrá-los, e por isso torná-los ainda mais violentos, mais enérgicos.

MARIA

(*em tom de gracejo*)

Muito me admira a vossa linguagem de hoje, senhora! nunca vos ouvi *filosofar* assim: muito tendes aprendido em vossas leituras.

ELVIRA

Não são os livros, Maria, é o coração que me tem ensinado estas coisas. Que se há de fazer nestes ermos do novo mundo senão pensar e sentir? Quanto ao pensamento, esse absorve-se em si mesmo, de si mesmo se alimenta; mas o sentimento necessita de expandir-se, de refletir-se em alguma coisa.

MARIA

(*ainda em ar de gracejo*)

Cada vez me causais mais admiração: se estivéssemos em alguma corte, que não aqui nestes sertões, eu diria que esses vossos arrazoados são mais do vosso coração do que da vossa cabeça.

ELVIRA

E não te enganarias... ah!... se eu pudesse dizer-te...

MARIA

O quê? tendes algum mistério a revelar? Se o tendes dizei-mo; nada deveis ocultar-me.

ELVIRA

(*com ingenuidade*)

Tenho medo que ralhes comigo.

MARIA

E por quê? oh! espero que não haverá motivo para isso.

ELVIRA

(*com hesitação*)

E se eu dissesse que... amo.

MARIA

Diria que estáveis zombando. Amar? a quem? quem poderíeis amar neste ermo, onde não vedes senão os soldados de vosso pai, e os índios?

ELVIRA

Pois não será possível amar-se um índio?

MARIA

Que estais dizendo, minha menina? Nem por gracejo quero ouvir de vossa boca semelhantes palavras.

ELVIRA

E entretanto não é um gracejo, Maria; é a pura verdade; eu amo um selvagem, eu amo Henrique.

MARIA

Senhora, por quem sois, não gracejeis assim...

ELVIRA

Não gracejo, eu to repito; é a realidade, Maria, não vás por isso ficar mal comigo. Eu tinha necessidade de revelar este meu amor a alguém: e a quem havia de fazer senão a ti?

MARIA

(*com severidade*)

Senhora, vós amais esse índio?!... por quem sois, não mo digais outra vez.

ELVIRA

(*com resolução*)

Sim, Maria; já que uma vez fugiu-me dos lábios essa palavra fatal, dir-te-ei mil vezes: eu amo Henrique, esse nobre e valente índio, que me salvou a vida, esse índio tão civilizado como nós, e capaz de fazer inveja aos mais ilustres e valentes cavalheiros portugueses.

MARIA

Oh! senhora, será tudo o que quiserdes, mas nunca deixará de ser um selvagem, um escravo!

Elvira

Porque a sorte, ou antes a injustiça dos homens assim o quis; mas entre os seus seria um príncipe. Ah! bem sei quanto este amor é infeliz! bem sei que será por ti reprovado, estigmatizado pelo mundo, e até amaldiçoado por meu pai. Mas que hei de fazer? não me é possível resistir-lhe. Eu sempre amei Henrique, que foi o companheiro de minha infância, que o céu parece ter posto nos desolados caminhos de minha vida para substituir-me a falta de um irmão que a natureza negou-me; eu o amo, e quase que o venero, como um gênio protetor de minha infância, como um anjo tutelar. Esse sentimento, que por ele nutro, consagrado pelo tempo e pelo hábito, criou raízes profundas, e impera despoticamente em meu coração; e desde o dia em que tão heroicamente salvou meus dias ameaçados, a imagem de Henrique gravou-se aqui com traços indeléveis; acredita-me, Maria! nada no mundo poderá jamais apagá-la do meu coração; hei de morrer com ela!

Maria

Senhora, o que acabais de dizer muito me aflige. Pois não vos lembrais que vosso pai já vos tem destinado um marido digno de vós, e que a todos os momentos é ele aqui esperado?

Elvira

Ah! que terrível lembrança me vens despertar! praza ao céu nunca meus olhos vejam esse esposo, que não conheço e que já detesto. Maria, não me fales mais nisso: deixa-me esquecê-lo; só a idéia desse casamento me assassina.

MARIA

Não importa; sois muito menina, é preciso submeter-se à vontade de vosso pai, que só vos deseja o bem: o tempo dissipará esses caprichos de vosso coração, que julgais ser amor, e não são senão desvios de uma imaginação de criança. Os conselhos da prudência, a ternura de vosso esposo, a vossa própria virtude e dignidade, e o tempo vos farão em breve esquecer desse índio, e triunfar facilmente desse afeto indigno de vossa pessoa e de vossa hierarquia.

ELVIRA

Ei-lo que chega, Maria.

MARIA

Quem? Henrique? ah! pois retiremo-nos; deveis evitar a sua presença, o mais que for possível.

ELVIRA

Não, Maria; desejo falar-lhe por alguns momentos. Ele é tão bom, tão submisso, tão delicado!... Além disso, lembra-te que, se ainda respiro o ar da vida, a ele o devo.

Cena II

Os mesmos e HENRIQUE

ELVIRA

(*em tom de benévolo gracejo*)

Bem-vindo seja o valente caçador Henrique, o terror das selvas, o indomável acossador dos tigres e das panteras! foram largas hoje as tuas excursões pela floresta, Henrique; e já que chegaste aqui a tão boa hora vem sentar-te aqui perto de nós, e contar as tuas façanhas de hoje.

HENRIQUE

São tão insignificantes, minha bela ama, que não vale a pena vo-las contar: perdoai-me se, em vez de vos trazer a pele de alguma suçuarana, ou vos lançar aos pés alguma cabeça medonha de tigre, que mesmo separada do corpo vos costuma inspirar tanto medo, eu hoje não vos trago senão estas singelas flores. Estas flores são brancas, quando se abrem ao raiar da madrugada; mas, quando o sol transmonta, tomam a cor que têm as rosas de vosso jardim. É assim também que a alva filha do estrangeiro se tinge da cor do manacá, quando o fogo do amor vem aquecer-lhe o coração. Eu vo-las ofereço; dignar-vos-eis aceitá-las de minhas mãos?

ELVIRA

Oh! meu Henrique, como não aceitar dessas mãos tão nobres, dessas mãos a que devo a vida, o gracioso mimo, que tão ingenuamente me ofertas? Tu és digno de tudo, e quanto me pesa não poder pagar-te dignamente a grande dívida em que estou para contigo!

HENRIQUE

Nem faleis mais nisso; cumpri o meu dever. Quem por vós não faria outro tanto? – Vossa amizade e confiança, vossas adoráveis palavras são de sobejo para minha recompensa.

Elvira

(*contemplando as flores*)

São na verdade bem lindas estas flores: onde foi que as apanhaste, Henrique?

Henrique

Estas flores, minha bela ama, foram bafejadas pelo gênio dos sonhos felizes; já cansado de vagar pelas matas, mais preocupado com os meus próprios pensamentos do que com os cuidados da caça, deitei-me sobre um capim verde e macio, que crescia à beira de um córrego, à sombra de uma arvorezinha que estava toda enfeitada dessas lindas flores: adormeci, comecei a sonhar. Que sonhos felizes! sonhei convosco; sonhei que me dizíeis coisas tão doces que mal compreendia... e que... oh! perdoai-me; não fui eu, foi Jurupari, o anjo dos sonhos ditosos, que pousou sobre minha cabeça. Despertei e julguei em minha gratidão que essas flores me tinham inspirado esse doce sonhar; prometi-lhes que em recompensa haviam de vir pousar em vosso seio, e enfeitar os vossos cabelos: colhi-as e apressei-me em vo-las trazer. Desculpai esta ousadia de um pobre selvagem. Eu não posso nem sei explicar por outra forma o meu afeto e minha gratidão.

Elvira

Eu to agradeço, meu bom Henrique. Pudessem estas belas flores de teus sonhos nunca mais se murchar.

Maria

(*com severidade*)

Senhora, não deveríeis nunca tocar nessas flores; bem sabeis que nelas anda oculta uma víbora. Largai essas flores, senhora, deitai-as fora!

ELVIRA

E por quê, Maria? é um mimo tão singelo, e tão inocente!...

MARIA

Sê-lo-ia; mas, pelo que me acabais de revelar... bem mal avisado andou esse columin em vo-las oferecer, e vós perdoai-me que vo-lo diga, fostes bem imprudente em aceitá-las. E tu, Henrique, és demasiadamente simples: toma cuidado; olha que essas ousadias não ficam bem a um escravo.

HENRIQUE

(*com indignação*)

Escravo!... (*apontando para Elvira*) somente dela!

ELVIRA

Tranqüiliza-te, Henrique; eu conservarei as tuas flores. (*para Maria*) – Por que ralhas assim com este bom columim, em vez de sorrires a sua ingenuidade? Bem sabes que não é a primeira vez que me faz oferta do fruto de suas caçadas; hoje, em vez de trazer-me uma fera ou ave, trouxe-me estas flores; tanto melhor, Maria; é um mimo mais inocente e mais puro, porque não custa sangue.

MARIA

(*com enfado*)

Fazei o que quiserdes, senhora. Contava com mais docilidade de vossa parte; vejo com pesar que minhas palavras não merecem atenção: queira Deus em breve não vos tenhais de arrepender. Vamo-nos, senhora, já demais nos temos aqui demorado.

Elvira

Vamo-nos. (*voltando para Henrique enquanto Maria vai saindo*) – Tranqüiliza-te, Henrique, estas flores queridas que tu me deste, eu juro trazê-las sempre sobre o coração. (*aperta ao seio as flores*)

Henrique

(*indo lançar-se aos pés de Elvira*)

Oh!... quanto sou feliz!...

Maria

(*voltando inopinadamente, o que interrompe o movimento de Henrique*)

Não saiamos por ora, que para aqui se encaminha o senhor Capitão-mor. Acompanha-o um belo cavalheiro, o qual, segundo creio, senhora D. Elvira, não pode deixar de ser o vosso noivo, que por fim sempre chegou e muito a propósito!

Henrique

(*à parte*)

Seu noivo!... Elvira tem um noivo!

Elvira

(*à parte com ansiedade*)

Que fatalidade! como hei de afrontar a presença desse homem?! Meu Deus! meu Deus! que transe cruel!

Cena III

Os mesmos, Coelho de Souza, Diogo de Mendonça *e* Julião

COELHO DE SOUZA

(*entrando*)

Minha filha, cuido fazer-te uma agradável surpresa apresentando-te aqui mesmo aquele a quem resolvi confiar o teu destino; espero que o recebas como o teu futuro esposo. (*para Diogo de Mendonça*) Senhor cavalheiro, eis aqui a minha querida e única filha, cuja sorte desejo confiar ao vosso amor: ela é a um tempo a consolação e a ufania de meus velhos dias, a pérola que se enlaça em minhas cãs. Bem quisera nunca largar de mim essa jóia preciosa, nunca desatar esse único e suave laço que ainda me prende à terra, mas eu sou já um tronco desfolhado e sem sombra que o tufão não tarda a prostrar no chão da morte; e ela precisa de um braço jovem e vigoroso, que a sustente e ampare pelas sendas da vida. E em que mãos mais nobres e leais poderia eu entregar a sorte de minha filha?

DIOGO DE MENDONÇA

(*à parte*)

Oh!... quanto é formosa! muito me diziam da sua beleza, mas ainda não diziam tudo. (*alto para Coelho de Souza*) Muito me honrais, senhor Capitão-mor, concedendo-me a mão de vossa adorável filha, e eu me reputarei o mais feliz dos homens, se ela em seu coração dignar-se aprovar a vossa escolha. (*para Elvira*) E vós, senhora, contai com o profundo respeito e dedicado amor de quem se julga o mais ditoso dos mortais em obter a mão do mais belo dos anjos. Acreditai-me, senhora, ainda que seja esta a primeira vez que tenho o prazer e a glória de ver-vos; ver-vos um só instante é quanto basta para amar-vos eternamente.

ELVIRA

(*com embaraço*)

Muito agradeço vossas corteses expressões; pois ficai certo... que achareis em mim também uma fiel serva, que sempre atenta... e submissa... às ordens do meu pai... saberei corresponder-vos...

COELHO DE SOUZA

(*como acudindo ao embaraço de Elvira, com benévolo sorriso*)

Minha Elvira, a muita emoção te perturba; um e outro tereis mais azadas ocasiões de explicar-vos. (*para Diogo de Mendonça*) Senhor Diogo de Mendonça, sois um leal e valente cavalheiro; Elvira é formosa, terna e boa, sois dignos um do outro; confiado em vossa boa estrela e na bondade Divina, espero que sereis um par afortunado.

HENRIQUE

(*à parte, com furor concentrado*)

Nunca!

COELHO DE SOUZA

Permiti agora que vos apresente também este jovem indiano, que aqui vedes. Não penseis que seja ele da laia dos outros selvagens; nem é um escravo, é sim um nobre e dedicado amigo: esse columim que aí vedes salvou a vida de Elvira, e quiçá também a minha, em risco de sacrificar a sua. Podeis avaliar que estima e amizade nos merece ele.

DIOGO DE MENDONÇA

Oh! muito folgo de o saber; e desde já mais que muito me interesso por esse leal e valente indiano.

Tenho suma curiosidade de saber dos pormenores de tão importante aventura.

COELHO DE SOUZA

De bom grado vo-lo contarei.

Este belo e vigoroso selvagem, quando veio para meu poder, era ainda um columim de 4 a 5 anos. Tinha sido apreendido em lutas que tiveram os primeiros povoadores das margens do Potengi com os índios Potiguares, que tão terríveis e indomáveis se têm mostrado naquelas paragens, nestas margens do Paraíba e por toda extensão desta Capitania.

Mandaram-mo de mimo; mimo precioso por certo, e pelo qual eternamente lhes serei agradecido. Batizado com o nome de Henrique, e educado por mim com todo esmero, mostrou-se sempre dócil, tratável e submisso, e, por sua inteligência, vivacidade e boas qualidades, tornou-se credor da estima e distinção de todos. De selvagem só tem a cor, a força e a incrível agilidade.

HENRIQUE

(*à parte*)

...e a sede de vingança!

COELHO DE SOUZA

Quis Deus que um dia, achando-se já grande e forte, tivesse ele ocasião de pagar-me com cem dobros os cuidados, que eu prodigalizara com sua infância. Um dia (haverá cerca de dois anos) eu e Elvira passeávamos pelos campos vizinhos, e Henrique nos seguia, como era de costume, armado de uma faca de mato e de seu arco, que nunca abandonou, apesar de desconhecer em tudo o mais os costumes selváticos. Elvira travessava alegre e descuidada, e corria aqui e acolá, colhendo flores, como uma borboleta que esvoaçava em torno de mim. Henrique frechava os passarinhos, ou, subindo no tope das mais altas árvores, ia apanhar frutas, ou ninhos de aves, que, alegre, vinha oferecer à Elvira. De súbito um tremendo rumor se faz sentir em um mato, junto ao qual passávamos; parecia que um furioso furacão por ele rugia derribando troncos e despedaçando as árvores. Um touro bravio dele rompe bramando horrivelmente, e, veloz como a flecha do índio, se atirava à Elvira, irritado talvez pela cor vermelha de sua longa mantilha. Todos a um tempo soltamos um grito de horror; uma seta partiu do arco de Henrique e, cravando-se nas costas do animal, redobrou-lhe o furor; já não distava senão alguns passos de Elvira; eis entre ela e o bruto surge rápido um vulto; no mesmo instante cai para um lado o touro, e para outro, Henrique; tinha-se-lhe posto diante, e deixara-lhe a faca cravada sobre a nuca, mas, violentamente abalroado pelo bruto, caíra sem sentidos.

Socorremos prontamente o nosso dedicado salvador, o qual, graças ao céu e aos nossos cuidados, prontamente recobrou os sentidos e de todo se restabeleceu. (*estendendo a mão a Henrique*) Vem cá, meu valente e fiel Henrique, chega-te a mim, deixa-me apertar ainda uma vez essa mão generosa e leal; enquanto eu vivo for, hei de comemorar sempre com gratidão e prazer este feliz acontecimento, e oferecer-te sempre à admiração e ao respeito dos homens.

HENRIQUE

Sois demasiado generoso, senhor Capitão-mor! (*à parte*) Com uma das mãos me afaga, com outra me despedaça o coração!

DIOGO DE MENDONÇA

(*estendendo a mão a Henrique*)

Nobre e valente indiano, desde já quero que sejas também meu amigo. Quem mais do que eu deve te ser grato? do que eu, a quem conservaste a jóia peregrina que vai entrançar-se na cadeia de meus dias, o anjo destinado pelo céu a juncar-me de flores os caminhos da vida? A ti, somente a ti devemos, ela a vida, e eu a felicidade. Quero, pois, que nunca mais te afastes do nosso lado; continuarás, eu espero, a acompanhar sempre aquela que vai ser a companheira de meus dias, sempre o mesmo, sempre fiel à tua afeição...

HENRIQUE

(*carregando nas palavras com tom sarcástico*)

Oh! sempre! sempre! senhor cavalheiro!

DIOGO DE MENDONÇA

Seguir-nos-ás por toda a parte em que a fortuna contrária ou favorável nos conduza; não é assim, Henrique?

HENRIQUE

(*no mesmo tom*)

Sim, senhor Diogo de Mendonça, por toda a parte, eu o juro; seguir-vos-ei, como a sombra segue o corpo.

Diogo de Mendonça

E continuarás a ser sempre a guarda fiel e dedicada de Elvira.

Henrique

Sempre por ela darei todo o meu sangue. (*com crescente exaltação*) Senhor cavalheiro! ai daquele que tentar roubá-la à minha afeição!... ai dele!

Elvira

(*assustada*)

Henrique!

Diogo de Mendonça

Basta, denodado indiano; modera esses assomos de tua nobre dedicação. Ninguém ousará no-la roubar; seremos juntos dela sempre felizes; e será nosso único cuidado torná-la também a mais ditosa possível, tu com tua submissão e lealdade, e eu com o meu terno e extremoso amor!

Coelho de Souza

A noite já vem se aproximando; é tempo de nos retirar: vós, sobretudo, senhor Diogo de Mendonça, deveis tratar de procurar algum repouso, pois naturalmente deveis estar fatigado da grande jornada que acabais de fazer.

Diogo de Mendonça

(*inclinando-se*)

Como quiserdes; estou à vossa disposição.

(Diogo dá o braço a Elvira, e afastaram-se todos, menos Henrique e Julião que fica como que retirado para um canto, espreitando curiosamente Henrique, sem ser visto por ele.)

Cena IV

HENRIQUE *e* JULIÃO

HENRIQUE
(julgando-se só)

Oh! se vos hei de seguir, senhor Diogo de Mendonça! ainda o duvidais? seguir-vos-ei, sim, como a onça segue a presa através das florestas; seguir-vos-ei por toda a parte com os olhos da vingança acesos sobre vossos passos. – E quem és tu, que assim ousaste roubar-me a formosa filha do estrangeiro, a alva pomba, que era o encanto do meu bosque, o enlevo de minha solidão? Quem?... Ah! e que me importa? quem quer que sejas, roubador infame, hás de ma restituir, nem que te custe a vida. Acautela-te, Diogo de Mendonça! olha que nessa senda em que te precipitas, ébrio de amor e de orgulho, em vez de flores não encontres senão sangue e lágrimas! Olha tu, brilhante e afortunado cavalheiro, olha que essa terra, que esperas encontrar juncada de flores pelas mãos dessa a quem chamas teu anjo, não se abra de súbito debaixo de teus pés para devorar-te. *(pausa)* O infame não vê em mim mais que um pajem fiel e submisso!... Insensato, que não sabe distinguir a terna submissão do amante da vil humildade do escravo!... Ignora acaso que circula em minhas veias o sangue do filho da América? que fui amamentado à sombra das florestas com o leite da liberdade? Se o ignora, em breve o saberá. Serei para ti pior que o selvagem; serei tigre, e noite e dia vagarei rugindo em torno de tua habitação, e não descansarei enquanto não sufocar-te em meus braços, e não cravar-te as garras no coração, e não entornar-te o sangue azul até a última gota!... (*pausa*) Mas... não é ela que lá vai encostada ao seu braço?... inclinada ao peito dele?... Não é ele que ouve o seu respirar? que se embriaga com o som de sua voz, com o perfume de seu hálito, com o toque de sua mão?... E eu aqui preso, eu interdito, eu colado à terra, como se fora fulminado por um raio!... (*desembainhando a faca e atirando-se furioso para o lado, por onde saíram*) Oh! não! não será assim! espera-me, malvado!...

JULIÃO
(*tomando-lhe o caminho*)

Que pretendes fazer, amigo?...

HENRIQUE

Quem és?... Foge do meio do caminho.

JULIÃO

Prudência, camarada! Sou teu amigo, não te quero fazer mal. Pelo que estou vendo e ouvindo, caíste na loucura de amar a senhora D. Elvira, minha nobre e ilustre ama?

HENRIQUE

E que te importa, maldito?...

JULIÃO

Ignoras, acaso, que é ela a esposa do muito nobre e gentil cavalheiro Diogo de Mendonça, e que é impossível que abaixe seus lindos olhos até nós, pobres e miseráveis selvagens que somos?

HENRIQUE

E tu, miserável escravo, ignoras acaso que Elvira me ama, e que desgraçado será aquele que tentar roubar-me o seu coração?

JULIÃO

Amar-te? ela? (*à parte*) esta não é má! até aqui nestes sertões meu amo vem achar quem lhe tomasse a dianteira no coração da moça! Apre! que pressa de amar, e fiem-se lá nelas! (*alto*) Pois seja como dizes; entretanto, meu amigo, isso não é razão para desprezares os meus conselhos; tenho muita experiência da vida, e tenho de mais uma vantagem; em minhas veias gira sangue de duas qualidades; tenho o tino e a astúcia do selvagem, e a reflexão do homem de além-mar; tenho dois olhos na cara; este olho é Tapuia; este outro é Emboaba; por isso vejo as coisas muito bem por ambos os seus lados. Dou-te, pois, um conselho; não te ponhas com essas bravatas a manifestar a tua paixão, que te pões a perder infalivelmente; em todo o caso o melhor é desistir da empresa. Se teimas em querer tomar o passo a meu amo, o menos que te pode acontecer é seres dependurado, e pagar com a vida o teu atrevimento.

HENRIQUE

(*com cólera*)

Cala-te, miserável! vai servir teu digno amo a quem, tanto como a ti, desprezo.

JULIÃO

Meu amigo, sua alma, sua palma; faze o que entenderes; depois não te arrependas. (*à parte*) Como está insolente! está me parecendo que aqui haverá enforcamento antes de haver casamento. Entretanto, vamo-nos embora, que não me acho muito a meu gosto aqui sozinho com este selvagem. (*sai*)

Cena V

HENRIQUE
(*só*)

HENRIQUE
(*com ar pensativo*)

Não; ela não pode amá-lo; não é crível que num momento possa banir da memória tantas e tão doces lembranças, gravadas no coração desd'a infância. E essas flores que ela apertou ao seio? não foi um protesto? E esse olhar que me lançou ao sair, e que me disse tanta coisa! não foi um juramento? Não, Elvira, tu não te casarás com ele, eu continuarei a ser o teu único escravo; tu não consentirás que outrem que não seja o teu Henrique vá colher para ti a flor do manacá, traspassar no bosque a arara e o tucano ou apanhar o ninho do guará no tope do arvoredo. E ai dele, se ousar roubar o meu tesouro, a branca araponga de meu bosque! Oh! não ousará... Elvira me ama, pois bem! pela terra e pelo céu eu juro, Elvira será minha!

Cena VI

HENRIQUE *e o* PAJÉ

PAJÉ

(*entrando; com voz pausada e solene*)

Não vês que entre ti e ela há um rio de sangue derramado, e um rio de sangue a derramar?

HENRIQUE

(*com sobressalto*)

Quem me fala? ah! és tu, Pajé? que me anuncias com tuas tremendas palavras? Que pretendes de mim?

PAJÉ

Muito! Prepara teu coração para um grande sacrifício.

HENRIQUE

Que dizes, Pajé? A mim um grande sacrifício! Não te compreendo; explica-te, Pajé!

PAJÉ

Não aqui.

HENRIQUE

Onde, pois?

PAJÉ

Vês aquela montanha negra, que lá se ergue nos confins do horizonte?

HENRIQUE

Sim, vejo.

PAJÉ

Lá no pé dessa montanha há uma caverna escura e profunda, onde recolho os ossos de nossos irmãos, que a cobiça e a crueldade dos brancos têm imolado; lá eu solitário guardo os manitós proscritos de nossas tabas devastadas; lá vivo a conversar com os espíritos da justiça e da vingança.

HENRIQUE

Que pretendes, pois?

PAJÉ

Por ordem de Tupã, hoje à meia-noite, lá deves te achar.

HENRIQUE

Lá me acharei.

PAJÉ

Juras?

HENRIQUE

Juro.

PAJÉ

Lá te aguardo.

FIM DO ATO PRIMEIRO

ATO SEGUNDO

O juramento de sangue

(O interior de uma caverna, cheia de utensílios e armas pendentes das paredes, ou encostadas pelos cantos: no meio arde um fogo alimentado por alguns tições, que espalham pela caverna lúgubre e frouxa claridade. De um lado a entrada da caverna, de outro a entrada de um compartimento ou sinuosidade da mesma. – PERSONAGENS – Henrique, Pajé, Pirajiba, Selvagens.)

Cena I

HENRIQUE
(só)

HENRIQUE
(penetrando na caverna, e lançando olhar atônito em redor)

É aqui; é este o sítio sinistro, para o qual me emprazou o velho pajé. Aqui, a tais desoras, neste medonho recinto que parece o asilo das sombras dos mortos, que pretenderão comigo? comigo que me hei tornado quase estranho a meus irmãos da floresta, que já desaprendi os rudes sons da inúbia e do maracá, e que não entendo mais a linguagem sagrada dos pajés? Não sei, mas é certo que meu coração estremece de insólito pavor, e de tudo isto só colhe sinistros presságios! Parece que aqui vagueiam os manitós da vingança, com voz lúgubre, murmurando horríveis conjuros! – Ah! São bem desgraçados esses meus irmãos das florestas! São bem cruéis esses estrangeiros, que assim os expelem de suas tabas, que os acossam e perseguem de mata em mata, como as feras do deserto!... e são eles culpados por defenderem a terra de seus pais contra a crueldade dos invasores?... Mas que hão de fazer esses infelizes, se o Deus dos brancos é mais poderoso que o nosso, se Tupã mesmo parece favorecê-los emprestando-lhes o seu raio?... Eles têm de perecer, que o destino é inexorável! (*pausa*) E como posso eu gozar tranqüilamente, e sem vexames, destes favores, que me concedem os opressores de minha raça?... Quem seria capaz de um tal prodígio? Quem senão Elvira, que para mim converteu em grinalda de flores os grilhões do cativeiro?!... Mas vejamos o que querem de mim. Pajé, pajé, onde estás?...

Cena II

HENRIQUE *e* PAJÉ

PAJÉ
(*saindo da sinuosidade da caverna*)

Eis-me aqui! ainda bem que foste pontual. Agora prepara teu coração para escutar as tremendas revelações que te vão ser feitas. Os manitós sagrados te soprem n'alma o espírito da força e da coragem, pois não é a minha voz, é a voz terrível dos ministros de Tupã que ora por meus lábios vais escutar.

HENRIQUE

Fala, pajé, que para tudo estou preparado.

PAJÉ

Escuta, pois. Ontem, a esta mesma hora, e neste mesmo lugar, empregando o rito sagrado, eu conjurava os espíritos da noite para que me revelassem os destinos dos Potiguares, e me dissessem se ainda resta alguma esperança aos míseros filhos da floresta: então o manitó da vingança me apareceu entre nuvens de sangue, e me falou com a voz da tempestade: – Sus, ô pajé! faze soar teu sagrado maracá entre os abatidos guerreiros de Tupã, sopra entre eles o espírito da coragem, que ainda não está de todo extinta a esperança dos Potiguares. O dia da liberdade e da vingança ainda pode despontar. Só quando se extinguir a raça do velho e valente Pirajiba, então, somente então, se acabará a nação dos Potiguares: assim o quer Tupã. Pirajiba não tarda a reunir-se a seus ilustres avôs na região dos espíritos, e ai de vós se morre sem descendência!... Pirajiba tinha um filho. – E existirá ele? perguntei-lhe eu. – Procura-o! – responde-me. Assim falou o manitó da vingança, e desapareceu no meio de um grande sussurro. – Procura-o, me disseram. Mas como? onde achá-lo? como reconhecê-lo? Pedi aos manitós da sabedoria que aconselhassem o que cumpria fazer, e eles me responderam: – Vai à taba do chefe dos brancos, procura o columim, que lá vive e dorme descuidado nos braços da moleza e da indiferença. Ele te revelará tudo. – Obedecendo à voz dos manitós, corri pressuroso a procurar-te: tu o sabes, eu vou, quando me apraz, à taba do estrangeiro, onde me toleram e me respeitam em razão de minha grande idade; mas nem por isso deixo de odiá-los do fundo d'alma. Lá falei contigo, e para este lugar emprazei-te, já sabes para que fim: para tratarmos da liberdade e da vingança!

HENRIQUE

Mas dize-me, pajé, em que te posso ser útil em tão arriscada empresa, eu, mísero columim sem valor, sem experiência, que desde a infância abrigo minha obscura existência à sombra da taba do estrangeiro?

PAJÉ

Mas a voz do céu te aponta como o único que pode revelar-nos onde porventura existe o filho de nosso chefe moribundo. Se não o sabes, facilmente o poderás descobrir; é esta a vontade dos destinos, contra a qual não te poderás rebelar, sem atraíres sobre a tua cabeça o raio da vingança divina. Ouve-me; tu gozas entre os brancos de toda a liberdade, és entre eles querido e afagado – afagos abomináveis, que deverias repelir como insultos!... mas esse teu valimento entre eles era um desígnio do céu, talvez formado adrede para nossa salvação. Quem melhor do que tu pode servir-nos nesta sagrada causa? quem senão tu pode restituir aos míseros Potiguares a esperança da liberdade?

HENRIQUE

Pajé, acaso esperas de mim uma traição?

PAJÉ

(*abanando a cabeça com ar de descontentamento*)

Pobre indiano! Como o hábito do cativeiro aviltou-te o coração e apagou-te os brios! Atende-me: o filho de Pirajiba se acha de certo gemendo na taba da escravidão, em poder de nossos algozes; é preciso descobrir o asilo em que o escondem; cumpre a todo transe deparar com o filho do velho e valente cacique: e quem melhor do que tu poderá fazê-lo? Em tua mão está a sorte dos Potiguares; os manitós assim o declaram. A ti, ó mui ditoso columim, a ti estava reservada pelo destino a bela glória de salvar tua tribo inteira das garras da ignomínia e da escravidão!

HENRIQUE

Velho pajé, decerto os maus espíritos que vagam de noite na floresta te lançaram nuvens no pensamento, e por isso não vês quanto é impossível o que de mim exiges. É bem verdade que as minhas ações são livres em casa do chefe dos brancos, e que o favor de que gozo me põe em uma situação favorável para descobrir o vosso jovem chefe. Mas como hei de procurar quem nunca vi? como achar quem não conheço?

PAJÉ

Bem te compreendo, desditoso columim, que trocaste o arco e o tacape do filho das selvas pela enxada do cativo, que deixaste de bom grado o cocar da liberdade pelas roupas da escravidão; bem te compreendo! A filha do estrangeiro fascinou-te com seu olhar maldito, adormeceu-te com o veneno de seus lábios, e tu vendeste a taba e os manitós, a terra que te alimenta, a floresta que te abriga, a doce liberdade, o prazer da vingança, tudo, tudo vendeste a troco de um sorriso, de um olhar dessa mulher!

HENRIQUE

De quem falas, pajé? falas de Elvira? oh! não profiras esse nome, se quiseres que te escute; ele me enturva o pensamento, e me faz ferver o coração. Ainda ecoam em meus ouvidos as últimas palavras que me disse; que palavras, pajé!... fosse eu rei, que de bom grado dera a minha coroa só para ouvir dos lábios dela essas palavras que deram vida a este coração, gangrenado de raiva e de desespero. Pajé, quando me falaste, meu coração nadava em fel; nesse momento, um cavalheiro, que vinha não sei donde, um demônio talvez, vomitado do inferno para me atormentar, acabava de roubar-me Elvira no momento em que, com sua voz adorável, embalava-me no seio da mais doce felicidade: e seu pai, seu próprio pai, a entregava em minha presença ao maldito forasteiro!!! E com que direito dispunha ele assim dessa vida, que era a minha, desse coração que me pertencia?! Fiquei fulminado, e como que não acreditava no que meus olhos viam, no que ouviam meus ouvidos. Apenas saíste, pajé, corri a procurá-la; queria ouvir minha sentença de seus próprios lábios, beber por eles a última gota de desespero e cair morto a seus pés. Ela viu minha angústia e, antes que eu lhe falasse, disse-me estas palavras, que para sempre ficarão gravadas no fundo de minha alma: – Nada temas, Henrique! eu nunca serei esposa desse homem: nunca trairei o nosso amor; eu o juro por estas flores queridas que ainda há pouco me deste.

PAJÉ

E porventura aqui foste chamado pela voz do céu para contar-nos os teus miseráveis amores, ou para erguer conosco o brado de vingança?... Ah! mísero escravo, será possível que estejas tão contente com teus ferros que não ouças os ais de teus irmãos que gemem a teu lado?... Por estas selvas tu os verás dispersos, tristes e foragidos, vomitando maldições contra os tiranos, e procurando mal seguro asilo nas cavernas, e na escuridão das brenhas; por esses vales, que já ouviram nossas alegres cantigas, e o festivo ruído das danças sagradas, hoje só ecoam gritos de maldição e gemidos de desespero. O velho Pirajiba, o terror dos brancos, o rei das selvas, sem tribo, sem mulher, sem filhos, se arrastava a custo através das florestas, e mal acha onde abrigar sua velhice contra a fúria dos algozes. (*pausa, ouve-se um sussurro como de um pegão rugindo pelas selvas*) Tu não ouves este vento lúgubre ululando nos arvoredos?... este bramido rouco das torrentes?... estes surdos gemidos que nos vêm entre as lufadas do furacão?... São as queixas de nossos companheiros mortos; são os seus manes que estão pedindo vingança! – Ó Tupã, por que permites que tais monstros pisem na terra dos que te adoram? por que não fazes chover sobre eles os teus raios, e desabar estas montanhas sobre suas cabeças malditas?! Eia columim, é tempo de correr às armas, receba os teus adormecidos brios, empunha o arco e o tacape dos combates, e vai anunciar a teus irmãos de infortúnio que não tardará a raiar o dia da vingança. Quê! recusarás ainda a obedecer à voz do céu, que te clama – vingança e liberdade!...

HENRIQUE
(*com voz triste e solene*)

Não me interrogues, Pajé, que não saberei responder-te.

PAJÉ

Covarde!

HENRIQUE

Covarde! nunca, Pajé; nunca meu coração soube o que é medo, e ai daquele cujo tacape se cruzar com o meu; ai do guerreiro que minha flecha escolher por alvo no campo de combate! sou sim um filho do infortúnio, que não pertenço a nação alguma, que não conheço sobre a terra nem pai, nem irmão, nem família. Ide vós outros, reuni-vos, correi às armas, procurai o vosso chefe, cumpri as ordens do céu, correi ao campo da carnagem, conquistai a liberdade ou morrei por ela. Quanto a mim, o destino me tolhe os braços, e não permite que me associe à vossa generosa empresa; uma religião em que me educaram dês da infância, que os filhos da floresta desgraçadamente desconhecem, religião de paz e de amor, que não de sangue e vingança, ensina-me a não apunhalar o seio que me abriga, a não ferir o coração que por mim palpita.

PAJÉ

Oh! manitós, por que não abris o seio da terra para tragar o maldito que vos insulta, o vil renegado, cujos lábios só destilam a peçonha da covardia e do opróbrio?! Ouve a maldição, com que Tupã por meus lábios te fulmina: maldito serás tu, e desprezado entre os vivos, e maldita será por todas as gerações a memória do vil que foi a vergonha e a afronta da raça dos Potiguares!

HENRIQUE

(*com exaltação*)

Embora!... todas as maldições juntas do céu e da terra não me fariam verter o sangue de meus benfeitores, nem levantar mão sacrílega contra aquela que é a minha vida, a minha liberdade, meu único tesouro; contra aquela que...

PAJÉ

Basta, sacrílego! não profanes mais este sagrado recinto com teu falar insensato. Vai, apressa-te em beijar a mão do algoz que te azorraga! Um dia talvez os ferros te doerão, e em vão suspirarás por essa liberdade que ora desprezas! Será tarde; em vez dela só encontrarás a ignomínia e a morte vil do escravo!...

Vai-te; o raio da ira celeste te fulmine a cabeça maldita! (*pausa. Ruge o vento e ronca um trovão ao longe; imediatamente uns gemidos confusos se fazem ouvir fora da caverna*) Espera!... que sons lúgubres são estes? ouço gemidos na floresta!... não ouves? são os manitós do bosque, que gemem de horror e de vergonha sobre a desonra e opróbrio dos Potiguares! foge; são eles que te amaldiçoam!

(Entra Pirajiba, velho índio fraco e moribundo, amparado de ambos os lados por dois índios e seguido por outros muitos.)

Cena III

Os mesmos, PIRAJIBA *e* SELVAGENS

PAJÉ

(com assombro)

Quem é que a tais desoras procura a caverna solitária do pajé!... ah! és tu, Pirajiba? és tu, o rei das selvas, o terror dos estrangeiros?... Oh! quão abatido e alquebrado hoje te vejo! quão diverso daquele valente e robusto Pirajiba de outrora!

PIRAJIBA

(com voz sumida e lúgubre)

Pajé, minha existência toca a seus últimos momentos; mas antes de morrer, arrastando-me a custo pelas matas, quis falar contigo, que entendes a linguagem dos céus, que conversas com os espíritos das nuvens. Dize-nos, pajé, que sorte aguarda os filhos da floresta? porventura as iras de Anhanguá não estão ainda satisfeitas? podem meus manes descer consolados à habitação das sombras, ou os gemidos dos meus virão turbar ainda a paz do meu jazigo?...

PAJÉ

Chefe dos bravos, ó forte, ó invencível Pirajiba, consola-te que, segundo a voz dos sagrados manitós, ainda não é morta a esperança dos Potiguares: o sangue do estrangeiro, correndo sobre o teu sepulcro, aplacará teus manes irritados. Mas o espírito da vingança, que me falou entre nuvens, traçou os acontecimentos do futuro por entre as névoas da incerteza. Nosso destino está ligado à tua geração, como o cipó se liga e se agarra aos galhos do tronco-rei da floresta. Em tua descendência está toda a nossa esperança: assim o declara Tupã pela voz de seus manitós. Se morres sem filhos, ai de nós! a tua será também a nossa hora derradeira. Mas eis-te aqui, velho e infeliz cacique, fraco e alquebrado pelos anos, sem tribo e sem família, e prestes a exalar o derradeiro alento; eis, aqui me apareces como fantasma de condenação para os míseros proscritos!... Mas que digo?... porventura não ouvi eu a voz de Tupã, troando entre o fragor da tempestade, bradando-me: Sus, ó pajé! ergue-te, que é chegado o dia da vingança!?... respeitemos essa voz celeste e esperemos com fé o cumprimento de suas promessas.

PIRAJIBA

Sim, pajé; os manitós da sabedoria decerto te inspiraram. – Escuta-me: um dia (era isto bem longe destes lugares), um dia amei Jeana, formosa filha do caçador Jurutinga. Jeana deu-me um filho e uma filha, ambos lindos, como duas palmeiras novas, que balançam no penacho ao primeiro sopro da brisa da manhã. Eles eram a ufania e as delícias do meu coração. Mas em breve foi forçoso pleitear aos estrangeiros, com as armas na mão, a posse da terra de nossos pais; em vão minha seta voou como o raio de Tupã ao coração do inimigo; em vão meu tacape caiu pesado como o tronco da peroba em cima de suas coortes; meu braço cansou de matar sem proveito porque eram muitos: caí em poder deles; eu, Jeana e meus filhos fomos para a taba da escravidão. Sofri! sofri o que em muitos sóis não poderia contar a língua do homem. Um dia minha filha, em meio de seus brincos, feriu por acaso de leve o filho do chefe dos brancos: infeliz criança! bem caro teve de pagar esse descuido da meninice! Oh! que ainda me ferve em raiva o coração ao lembrar tanta atrocidade!... ei-la que vai ser cruelmente açoitada!... Eu me achava longe, ocupado nos vis trabalhos da escravidão; mas Jeana, que tudo via, Jeana arroja-se furiosa como onça sobre os miseráveis algozes; alguns de nossos irmãos, que lá se achavam, tomam parte na luta, em favor da infeliz mãe; um terrível motim se arma; a terra se ensopou de sangue! Jeana e muitos dos nossos horrivelmente massacrados, ficaram estendidos na terra! Oh! Jeana! oh companheira de minha alma, único amor de minha vida! sobre teu sangue ainda fumegante eu jurei vingar-te; embalde! té hoje teus manes vagam na região das sombras, esperando o dia da vingança! Oh! Tupã, onde está tua justiça?...

PAJÉ

Não desespere da justiça de Tupã! a vingança que tarda é mais segura, e mais terrível.

PIRAJIBA

Sim, que este tremendo juramento será transmitido de filho a filho até a minha última geração: e ai do que ousar quebrá-lo! ai do que poupar o sangue do estrangeiro, do homem ou da mulher, do velho ou da criança!... morra como um vil, seu nome seja maldito, e seu corpo sirva de banquete aos cães!

(*pausa*) Minha filha não sobreviveu muito tempo à sua infeliz mãe... não pôde resistir por mais tempo aos tormentos e rigores do cativeiro. Depois de tamanha desgraça, se me tornou mais que insuportável o ar da escravidão: tentei a todo transe quebrar os meus ferros; consegui-o, mas ai de mim, que comigo também não pude salvar meu filho, por mais esforços que fizesse! Em vão vaguei noites e dias inteiros em torno da taba dos opressores, vendo se podia salvá-lo de suas garras; em vão, reunindo alguns bravos que encontrei nas florestas, dei sobre eles como o jaguar furioso, derramando o susto e a morte; tudo foi em vão! até que soube por fim que o tinham mandado para longes terras, mas nunca soube para onde; nunca até hoje, bem que tenha gasto o resto de minha vida em inúteis esforços para descobri-lo! – Mas ele existe, a voz de Tupã o declara; procura-o, pajé; o céu to ordena; e quando aparecer, entrega-lhe essas armas (*aponta para um selvagem que conduz as suas armas*), são a herança que lhe deixo; um legado de sangue e de vingança.

PAJÉ

(*para o índio, que conduz as armas*)

Guerreiro de Tupã, deposita aí essas armas gloriosas, essa herança, sagrado penhor de nossa liberdade! (*o índio pendura as armas na parede da caverna*) Possam elas prostrar ainda tantos inimigos no campo da batalha quantas folhas caem na floresta ao roçar do furacão!... Mas dize-nos, ó valente chefe dos Potiguares, como havemos de achar teu filho? como reconhecer o nosso salvador, se nunca o vimos, se ele mesmo talvez não se conheça a si próprio?...

PIRAJIBA

Se existe, deve estar belo e grande como o jequitibá, ágil e robusto como o jaguar. Conhecê-lo-ás por um sinal que tem sobre o coração; eu mesmo o gravei na sua pele ainda tenra com a ponta de uma flecha embebida na tinta do urucum; duas flechas cruzadas sobre um tacape! Nós o chamamos Jurupema.

HENRIQUE

(*com espanto*)

Que ouço! oh! meu Deus! duas flechas cruzadas sobre um tacape!... Serei acaso o filho de Pirajiba?!

PAJÉ

(*com surpresa*)

Que acabas de dizer! tens acaso em ti o sinal de que ele fala?...

HENRIQUE

Como? Oh! não! não é possível!

PAJÉ

Vejamos. (*acende ao fogo um archote de resina e chegando-se para Henrique observa-lhe o peito*) É ele! (*recua, atônito, deixa cair o archote, e ajoelha-se*) Graças, graças, Tupã, é salva a tribo dos Potiguares!

PIRAJIBA

(*avançando para Henrique com passos trêmulos e vacilantes, e com os braços estendidos*)

Jurupema! és tu? meu filho? Graças a ti, Tupã, que reservaste esta gota de suave mel para o vaso da minha morte!... Pajé, dai-me essas armas: quero eu mesmo com estas próprias mãos entregá-las. (*dá-lhe as armas*) Toma, meu filho: recebe das mãos de teu pai esta herança tremenda. Eu morro; mas meu espírito passa para ti com este legado que te deixo. Vinga a tua nação humilhada e perseguida, vinga o sangue de tua mãe e de tua irmã.

HENRIQUE

Meu pai! (*à parte*) em que terrível situação vim conhecer que tenho um pai! (*alto*) Meu pai, perdoa-me, que irão fazer essas ilustres armas em minhas fracas mãos? eu sou um desgraçado, que não saberei senão deslustrar a sua glória. Ó meu pai, ó pajé, ó guerreiros que me ouvis, perdoai-me; um fatal destino me prende os braços; eu não posso, eu não devo aceitar esse glorioso legado: eu sou o menos próprio de vós todos para conduzir-vos ao combate e à vingança! Ó manitós da vingança, para mim inexoráveis, se é possível, fazei passar a outrem essas armas fatais, que minhas fracas mãos não são dignas de empunhar! (*ronca um trovão, os ventos rugem pela floresta*)

PAJÉ

Que ouço, ó manitós! não é a voz dos gênios, que amaldiçoam a cobardia do filho de Pirajiba? Desgraçado! tu ousas rejeitar as armas paternas? tu renuncias a essa gloriosa herança? Treme, mal-aventurado columim, tu não ouves o céu indignado troar-te maldições na voz de Tupaçununga?

PIRAJIBA

Felizes, mil vezes felizes aqueles que morreram entre as garras do inimigo, entoando pocemas de maldição! felizes mesmo os que expiravam às mãos do estrangeiro entre os horrores e torturas do cativeiro!... Mas eu, desgraçado pai, vivi largos anos para morrer entre as garras do desespero, e é meu próprio filho quem me enterra no coração a última seta da dor! Filho ingrato, que só me apareces no termo da vida para amargurar meus últimos momentos, vai-te, foge! assim meus olhos nunca mais te houvessem visto!

HENRIQUE

Ó meu pai, ó terrível Pirajiba, escuta teu filho...

PIRAJIBA

Não; tu não és meu filho!

HENRIQUE
(*com angústia*)

Meu pai!

PIRAJIBA

Não sou teu pai. (*para um dos selvagens*) Vem tu, fiel e valente Sucuriba: vem, eu te adoto por filho; recebe as minhas armas.

Que importa o sangue? vê como corre degenerado o sangue de Pirajiba nas veias deste vil! Filho é o que o coração escolhe, e não o que gera a cega natureza. Tu és o filho de minha alma, eu te lego estas armas; tu guiarás os guerreiros ao combate, tu vingarás os Potiguares. A vontade do céu será cumprida.

PAJÉ

Ah! mísero cacique, a dor te cega! em vão procuras iludir a lei do destino: a vontade de Tupã é clara. Não podem essas armas cair em mãos estranhas, por briosas e valentes que sejam. Teu filho as recusa, ai de ti! ai dele! ai dos Potiguares! (*os trovões e a tempestade rugem com mais furor*)

HENRIQUE

(*cheio de emoção e de terror, à parte*)

Oh! meu Deus! meu Deus!! que horror!... cruel fatalidade, eu me entrego em tuas mãos. (*para Pirajiba*) Meu pai!...

PIRAJIBA

(*com voz extinta, quebrada*)

Se queres que te dê ainda o nome de filho, que aqui da beira do sepulcro não te volva... um olhar de maldição, jura... pelo sangue de tua mãe... jura vingança e morte contra os bárbaros algozes... sem poupar nem um só... nem o guerreiro do campo do combate... nem a criança adormecida no berço... nem o velho curvado pelos anos, nem a donzela mimosa...

HENRIQUE

Ah!... meu pai!... que horror!

PIRAJIBA

Tu te horrorizas, covarde!? horrorizavam-se eles quando estrangularam tua infeliz mãe?... horrorizaram-se quando fizeram... expirar entre tormentos tua pobre irmã?... ah! a névoa da morte... já se derrama ante meus olhos... Jurupema, Jurupema!!... onde estás? (*Henrique se aproxima*) tem compaixão de teu pai que morre,... de teus irmãos que sofrem... eu morro com a desesperação na alma... porque não sou eu só,... que caio na sepultura,... é minha tribo inteira,... que tu, fraco e indigno filho,... te obstinas em condenar à ignomínia,... ao cativeiro!... Eu morro, e não deixo... por legado sobre a terra senão o opróbrio,... e a escravidão para minha tribo... e a maldição para meu filho!...

HENRIQUE
(*caindo aos pés de Pirajiba*)

Meu pai! meu pai! eis-me a teus pés. Fala, ordena: que exiges de mim!

PIRAJIBA

Jura.

HENRIQUE

Eu juro!

PIRAJIBA

Pelo sangue de tua mãe!...

HENRIQUE

Pelo sangue de minha mãe! Pirajiba – (*dando à voz agonizante a força do desespero*) Ódio eterno... vingança... morte... morte... aos Emboabas! (*cai nos braços dos índios, que o rodeiam*)

TODOS

Morte! morte aos Emboabas!

HENRIQUE

Está morto! (*com angústia*) oh! desgraçado! desgraçado de mim!

FIM DO ATO SEGUNDO

ATO TERCEIRO

O perjúrio

(*O mesmo sítio do ato primeiro.* PERSONAGENS – *Coelho de Souza, Diogo de Mendonça, Henrique, Elvira, Pajé, Julião, cavalheiros e soldados portugueses. Durante as duas primeiras cenas grupos de soldados passam por intervalos irregulares pelo fundo, para indicar a agitação e preparativos em que se acha a colônia.*)

Cena I

CAVALHEIROS PORTUGUESES *e* JULIÃO

1º CAVALHEIRO

Sem dúvida grande novidade temos por aqui, que o senhor Capitão-mor nos manda convocar com tanta presteza. Só para assistir às bodas de sua filha não era preciso tanta azáfama: apre! foi-me preciso deitar a galope umas seis ou sete léguas, que tanto dista do forte do Cabedelo a estas paragens! Para bodas nunca faria eu isso, nem que eu fosse o noivo.

2º Cavalheiro

Quais bodas, homem! as bodas que vamos ter é uma formidável refrega com o gentio; esses perros parece que juraram de não deixar as nossas espadas criarem ferrugem, mas a fé de bom português, que me não hei de sair mal na caçada; todos, em que eu puder passar a mão, hei de trazê-los vivos ao senhor Capitão-mor, aos mais velhacos, o mais seguro é enforcá-los, e engordar com sua carne os peixes do Paraíba; aos mais, fazê-los trocar o arco e a flecha pela enxada e machado; e trabalho e rigor com eles.

1º Cavalheiro

E é talvez esse rigor, esse extermínio, e perseguição, a que os condenamos, que os tornam cada vez mais indomáveis, mais desconfiados, e ferozes, e que provocam suas contínuas e fatais revoltas: não é assim que utilizaremos o seu trabalho: seria talvez mais conforme aos nossos interesses chamá-los a nós por meios pacíficos, ir-los pouco a pouco aliciando para o grêmio da sociedade e da religião; quantos, e quão importantes serviços não deveríamos assim esperar dessas tribos errantes que, entretanto, só servem para nos perturbar, e opor insuperáveis tropeços às nossas tentativas de colonização nestas paragens!

2º Cavalheiro

Não espereis nunca esses serviços; eles são indóceis, preguiçosos, e indolentes por natureza: para eles não pode haver meio-termo; ou hão de viver no mato, como as feras, ou, se quisermos tê-los em casa, havemos de trazê-los rigorosamente amarrados ao cepo do cativeiro.

1º. CAVALHEIRO

Não admira que assim penseis: estamos muito avezados ao rigor do despotismo: também o governo da metrópole não se faz sentir sobre nós nestas paragens senão por seus vexames, extorsões e violências, e rara vez pelos recursos e auxílios, de que tanto precisamos; e desgraçadamente é bem certo que o escravo, quando se torna senhor, é o pior dos algozes.

2º. CAVALHEIRO

Que dizeis, senhor?

1º. CAVALHEIRO

Nada: não vos quero ofender; é uma carapuça que nos serve a todos. Somos demasiadamente cruéis em nosso modo de tratar os naturais deste país; quem sabe que povo generoso e forte surgiria dessa raça proscrita e perseguida, se em vez de algemas lhes estendêssemos mão amiga e protetora, se em vez de guerra e extermínio lhe oferecêssemos aliança e amizade?... Infelizes!... têm de perecer! a aurora da liberdade tem de raiar talvez um dia sobre estes países; mas tarde para eles! já nem seus ossos encontrará!

JULIÃO

(*intervindo na conversação*)

É verdade, meu nobre senhor; tem toda a razão; mas agora não é ocasião; e coitado daquele que lá for estender-lhes a mão! ficará no mesmo instante crivado de flechas, e mais eriçado que um ouriço-caxeiro. Cuidado com eles, meus senhores! é preciso estar de alcatéia; eu sei o que são bugres; coitado daquele que lhes cair nas mãos.

3º CAVALHEIRO

Que fazem eles então, mameluco?

JULIÃO

O que fazem?... pegam no pobre prisioneiro, prendem-no a uma árvore pela cintura com grossas cordas, como o mártir São Sebastião; atam-lhe bem os pés e mãos, e quando estão de pachorra, e que não querem despachá-lo com um bom golpe de tacape na cabeça, depois de lhe darem muita bofetada, muita bordoada, depois de lhe atirarem pela cara muita lama, muito borralho fervendo, acendem-lhe fogueiras em roda, e bem pertinho, e ali o vão assando vivozinho, de maneira que o coitado quando solta o último suspiro está assadinho e pronto para ir para o papo...

4º CAVALHEIRO

Oh! pois nós cá não lhe daremos as honras de sepultá-los em nossos estômagos: aqueles que nos caírem nas mãos que se contentem em ir para o papo dos cães, ou dos urubus.

3º CAVALHEIRO

Então, nada mais, mameluco? se é só isso que tens a contar-nos, estás ainda muito atrasado.

JULIÃO

Atrasado! pois saibam que, com ter chegado aqui ainda anteontem com meu nobre amo, já estou mais adiantado que vosmecês todos; e saibam mais, que, se não fosse eu, morreriam todos sem saber como, às mãos dos gentios, e tão depressa que nem a alma se lhes aproveitava. Vi coisas esta noite! coisas de arrepiar os cabelos ao mais valente!

4º CAVALHEIRO

Ah! foste tu que farejaste e descobriste a conspiração do índio? Não duvido; estes marabás são velhacos e finos como as cobras. Que viste então? conta-nos isso. (*todos os cavalheiros se ajuntam em redor de Julião para escutá-lo*)

JULIÃO

Ontem, querendo eu reconhecer o terreno desta feitoria, pois sou abelhudo e curioso como o demônio, saí a caçar e a pescar por estes arredores. Quando passava lá pelas beiradas daquela serra, ouvi uma gritaria estranha e lúgubre, que vinha da floresta; querendo saber o que era, encaminho-me para lá, não sem algum receio. Já ia anoitecendo quando entrei na mata apesar do medo, que de instante a instante ia crescendo com as trevas. Apenas tinha penetrado alguns passos, quando avistei através dos troncos e dos ramos o clarão de muitas fogueiras; por cautela, veloz e lesto como um sagüi, trepei nas árvores, saltando de ramo em ramo; fui me aproximando, até que cheguei a ponto de ver tudo. Vi uma multidão de índios em roda das fogueiras, cada qual com cara mais feia e mais sinistra; parecia uma legião de lobisomens e feiticeiros. No meio deles estava, no chão, um camucim, e nele estendido o cadáver de um velho guerreiro, grande como um jequitibá derribado no meio da floresta e junto a ele um índio moço, em pé, de braços cruzados, em uma postura triste e acabrunhada. De vez em quando os índios dançavam em roda do caião, dando vivas lamentosos e sacudindo archotes acesos que traziam nas mãos. Depois o moço, ajoelhando-se, curvou-se sobre o cadáver, pôs as mãos sobre ele, levantou-as ao céu, fez não sei mais que pantomimas, e falou aos índios coisas que eu não pude ouvir. Uma horrível gritaria acolheu suas palavras, e não se ouviu mais pelas florestas senão o grito de morram os Emboabas! viva o filho de Pirajiba!...

1º. PORTUGUÊS

Pirajiba! ah! é esse índio terrível, cujo nome foi o terror de toda esta Capitania?!...

JULIÃO

Decerto era ele o morto, e o índio moço, que se achava junto ao camucim, era seu filho. Adivinha lá agora quem me pareceu ser ele?

1º. PORTUGUÊS

Quem era? conta-nos.

JULIÃO

Era Henrique; não o conheceis? esse servo mimoso do senhor Capitão-mor e que entretanto...

1º. CAVALHEIRO

Henrique!... será possível?!

Julião

Vê-lo-eis em breve.

Cena II

Os mesmos, Coelho de Souza
e Diogo de mendonça

Coelho de Souza
(*entrando com Diogo de Mendonça e cumprimentando os cavalheiros*)

Ilustres e leais cavalheiros, a nossa comum segurança e salvação reclamam hoje os vossos serviços e nunca desmentida dedicação. Manifestos sinais de levantamento dos índios se declaram em torno de nós; suas pegadas se multiplicam pelos caminhos, as cabildas se acardumam e atravessam as florestas em vários sentidos. Poderiam esses movimentos ser tomados como simples emigração dessas tribos errantes, se por um favor da Providência não tivéssemos descoberto os seus planos; sua audacia tem chegado a ponto de virem conspirar contra nós mesmo na vizinhança de nossos engenhos, quase ao alcance de nossos tiros. Cumpre prevenir seus movimentos, dar sobre eles de improviso antes que se reforcem, e descarregar sobre os revoltosos um terrível castigo, que de uma vez para sempre lhes sirva de escarmento. Os anos e os incômodos bem a meu pensar me tolhem de partilhar convosco os mesmos perigos e glórias; mas o senhor Diogo de Mendonça, que aqui vedes, esforçado e ilustre cavalheiro em quem deposito a maior confiança, melhor que eu vos saberá guiar na áspera lide, em que vos ides empenhar. Lembrai-vos que combateis contra hordas ferozes em prol da causa de Deus e da civilização; lembrai-vos do nosso velho e bom Portugal, para cujo engrandecimento pelejais e que de longe contempla os vossos serviços, e de El-rei, que saberá generosamente galardoá-los.

1º Cavalheiro

Podereis ficar descansado, senhor Capitão-mor, e deixar a nós outros o cuidado de castigar essas hordas que nos inquietam. Há muito estamos avezados a combater essa espécie de inimigos que só sabe assassinar e não pelejar; já muito lhe conhecemos a tática e as manhas: a emboscada e a surpresa são seu único recurso; mas desta vez, que somos nós que os vamos colher desapercebidos, não poderão fazer face às nossas descargas, ainda que sejam numerosos como as areias do mar.

Diogo de Mendonça

Assim o creio também, e, confiado em vossa experiência e bravura, conto que daremos a esta empresa feliz e glorioso acabamento. Mas cumpre-nos desfechar o primeiro golpe com firmeza e segurança, e portanto, meus valentes camaradas, não percamos tempo, ide tratar de pôr os vossos guerreiros em pé de investir imediatamente contra o inimigo, e dar hoje mesmo sobre a guarida oculta, onde, julgando-se muito seguros, se acham concertando seus planos de roubo e de matança. Ide-vos e ficai prontos e apercebidos, que em breve estarei convosco. (*saem os cavalheiros*)

JULIÃO
(*à parte*)

Quem sabe quantos destes que aqui vão bem frescos não estarão amanhã no papo do gentio!

Cena III

Os mesmos, menos os CAVALHEIROS

COELHO DE SOUZA
(*sentando-se*)

Rude e escabrosa é, senhor Diogo de Mendonça, a vida do homem que vem se estabelecer nestas longínquas e incultas paragens! Atravessar o Atlântico, expondo-se a desastrosos naufrágios, para aportar nestas praias inóspitas, penetrar por sertões ínvios e desconhecidos, exposto a cada instante a ser assaltado por uma fera, uma serpente, ou por um bando de bárbaros, arrostar rudes e contínuas fadigas já para debelar essas hordas, já lutando contra a agreste e bronca natureza de um solo virgem, para nele lançar a primeira semente de uma civilização, cujos frutos, só tarde mui tarde, virão a colher os nossos descendentes – é preciso muita coragem, muita dedicação! Apenas tendes acabado de subjugar uma dessas cabildas, e vós vos julgais de posse tranqüila do território, eis nova insurreição vos bate à porta e vos vem bradar: – Alerta!

Em vão tenho neles feito os mais terríveis e exemplares castigos; nada os desalenta: será talvez mister matar até o último dessa raça maldita, para respirarmos tranqüilos. Cabe essa tarefa a outrem, que não a mim, que ao peso mais dos trabalhos que dos anos já me sinto alquebrado e abatido.

DIOGO DE MENDONÇA

Não nos pode inspirar sérios receios esse ajuntamento de índios que com algumas descargas se dispersará; e o resultado será termos mais alguns escravos, de que tanto precisamos para empregar nos trabalhos de nossos estabelecimentos. Assim não fosse essa sublevação acompanhada de tristes circunstâncias, que eu bem quisera ocultar-vos, pois temo que bastante vos aflijam.

COELHO DE SOUZA

(*com impaciência*)

Dizei-me tudo; corre-vos o dever de tudo declarar-me, embora com isso me devais afligir.

DIOGO DE MENDONÇA

Tendes visto de anteontem para cá o vosso muito prezado e leal servidor, ou antes o vosso incomparável amigo Henrique?

COELHO DE SOUZA

Não; e nem me é isso estranho, é seu costume vagar pelas matas, para o que tem plena liberdade, e bem que seja bastantemente civilizado, ainda se afeiçoa algum tanto nos hábitos de sua raça.

DIOGO DE MENDONÇA

E nunca concebestes receios de que ele se ligue com os seus irmãos da floresta para nos atraiçoar?

Coelho de Souza

Nunca? oh! nem pensar nisso! não posso compreender a que alvo se atiram semelhantes perguntas.

Diogo de Mendonça

Perdoai-me, queria com ela encaminhar o vosso espírito para vos não fazer de chofre revelações que, sei, irão ferir-vos dolorosamente o coração. Sabei pois, que esse fiel Henrique, esse inestimável amigo, é um traidor.

Coelho de Souza
(*com espanto*)

Henrique um traidor!... que me dizeis, senhor Diogo de Mendonça?!...

Diogo de Mendonça

A verdade, senhor Capitão-mor! Ele é o autor, e ele é o chefe da conjuração dos selvagens.

Coelho de Souza

Vós o dizeis, tanto basta para acreditá-lo. Mas porventura não pode haver engano de vossa parte? Que provas tendes do que dizeis?

Diogo de Mendonça

A prova... em breve os acontecimentos vo-la darão a mais completa possível. Mas ah! ainda não vos disse tudo; sabei mais que esse insolente selvagem tem a audácia de amar vossa filha...

Coelho de Souza
(*com surpresa e indignação*)

Quê! Henrique amar Elvira?! Henrique!! Henrique mesmo?

DIOGO DE MENDONÇA

Sim, Henrique mesmo, e para franquear a barreira invencível que o separa dela trata agora de sublevar os selvagens, e vem talvez pedir-vo-la com as armas na mão.

COELHO DE SOUZA

(*com angústia*)

Justo Deus! é possível que naquele coração tão jovem caiba tamanha deslealdade? E eu que incauto acolhi e afaguei em meu seio a víbora para me ela morder tão cruelmente o coração!... (*com raiva*) Morra de mil mortes o vil traidor, que ousou profanar com seus olhos o tesouro querido de minha alma: risquem-se para sempre da memória os seus serviços, que ficarão para sempre apagados sob essa hedionda nódoa que os cobre!

DIOGO DE MENDONÇA

Foi para profaná-la com seu amor maldito, que esse miserável conservou os dias de Elvira! e em troco da vida, que lhe salvou, pede-lhe o coração, a honra!...

Ainda bem que aqui chego a tempo para salvá-la da infâmia... para sustê-la com meu braço em sua desamparada queda!

COELHO DE SOUZA

(*com agitação*)

Senhor Diogo de Mendonça, demos caça quanto antes a essas hordas malditas, a guerra, a perseguição, o ferro e o fogo sigam-lhes no encalce; não lhes deis quartel, nem poupeis a nenhum; o melhor deles é isso, que estais vendo. Não contente de derramar o incêndio, o roubo, e a matança, insinuam-se, astutos como a serpente, no recinto de nossos lares, para trazer ao seio de nossas famílias o veneno da desonra... Adeus, senhor Diogo de Mendonça! vossas revelações me acabrunharam; sinto-me muito agitado; hei mister de repouso.

DIOGO DE MENDONÇA

Permiti que vos acompanhe...

COELHO DE SOUZA

Não; não é preciso;... cumpre-vos antes de tudo punir o malvado. (*sai*)

Cena IV

DIOGO DE MENDONÇA *e* JULIÃO, *que se conserva em respeitosa distância*

DIOGO DE MENDONÇA

Pobre pai! ainda não sabe senão metade do seu infortúnio e já tanto se aflige! Que diria se soubesse que Elvira com seu vergonhoso procedimento lhe macula o nome, e lhe desonra as cãs?... se soubesse que sua tresloucada filha prostitui seus sorrisos a esse mísero selvagem? Não quis dizer-lhe tudo; não ousei descarregar sobre seu coração de uma só vez todas essas torturas: poupemos o coração de um infeliz pai, se bem que em breve força lhe será saber de tudo. (*pausa*) E quem sabe será possível que a bela e nobre filha de Coelho de Souza a tal ponto olvide o seu nascimento, e menospreze sua honra?...

Por mais que me digam, meu coração se recusa a acreditá-lo!... Vem cá, meu fiel Julião, dize-me, é bem verdade que ela o ama? quem sabe que desta vez traiu-te a tua demasiada penetração?...

JULIÃO

Já não é a primeira vez, e creio não será a última que meu nobre amo me faz essa pergunta. Já disse a meu amo que foi o próprio Henrique que mo asseverou! ele não é nenhum tolo, e sabe muito bem o que diz, e de fato as minhas observações me fazem crer que, com efeito, ele não mentiu – Agora só responderei a meu amo que espere; que o tempo o mostrará.

DIOGO DE MENDONÇA

(*com furor*)

Fizestes bem em desaparecer da minha presença insolente columim!... mas não esperes escapar à minha vingança! não; tua cabeça deve cair, como presente nupcial, aos pés dessa mulher insensata! Se ela o ama, melhor ainda!... dobrado será o prazer de uma dobrada vingança!... E foi para tão cruelmente escarnecerem de mim que aqui me chamaram?... Esse velho estava acaso cego, que não lia em seus olhos sua torpe e miserável paixão?... Oh! caro lhe custará o escárnio que me cospem na fronte. Hei de desposá-la, ainda que não seja senão para fazer-lhe sentir todo o peso de minha vingança e no dia das núpcias dar-lhe-ei em espetáculo o cadáver do seu lindo selvagem, justiçado defronte das janelas do nosso aposento nupcial!...

Julião

Bem falado, meu nobre amo! Assim nada mais fará do que pagar-lhes na mesma moeda. Também a melhor festa que pode haver, para esses meus amaldiçoados parentes, é esfolar, moquear o pobre prisioneiro que lhes cai nas unhas. De minha parte muito hei de apreciar vê-lo aí dependurado com um palmo de língua de fora, que não gosto nada de tal perro, com ares de namorado... (*olhando fora*) Oh! aí vem ela, não sei por que tanto gosta esta senhora D. Elvira deste lugarzinho?!... parece-me que esta frescura lhe faz bem ao coração...

Diogo de Mendonça

É Elvira?... cumpre-me disfarçar-lhe a minha agitação e o meu justo ressentimento; para que lançar-lhe em rosto sua indigna paixão...? será provocar uma declaração, que pode estorvar o bom êxito de meus desígnios. Não é crível que por si mesma ouse declarar seu vergonhoso amor;... nenhum pretexto terá para recusar a minha aliança, e não terá remédio senão curvar-se ao destino... será minha e só quando de direito me pertencer, então sim, pedir-lhe-ei contas estreitas!... (*entra Elvira triste e pensativa, e sem dar pela presença de Diogo de Mendonça senta-se em uma cadeira*)

Cena V

Os mesmos e Elvira

Diogo de Mendonça

Senhora...

ELVIRA

(sobressaltada)

Ah! estáveis aqui?...

DIOGO DE MENDONÇA

(com riso irônico)

Sim, bela Elvira, cuidáveis que era algum selvagem?... Desculpai-me se, sem querer, vos assustei... Que tendes, que vos vejo tão abatida e consternada? Permiti que vo-lo pergunte, ainda que bem sei que não sou próprio para vos consolar.

ELVIRA

(com embaraço)

Não é nada, senhor cavalheiro;... o que poderia ser?... mas a guerra... os índios... me fazem medo.

DIOGO DE MENDONÇA

(com amargo sarcasmo que Elvira não compreende)

Medo dos índios!... oh! senhora, há tanto tempo que os conheceis. Cuidei que já estivésseis mais avezada... mas tendes razão... com maus auspícios penetrei nos umbrais de vossa casa, e parece que havemos de solenizar nosso consórcio com uma festa de sangue...

ELVIRA

(à parte)

E de lágrimas...

DIOGO DE MENDONÇA

(continuando o mesmo sarcasmo)

Parece que pisamos em um terreno solapado pela traição... O índio é feroz... a vingança implacável. (*carregando nas palavras com intenção sinistra*) Quem sabe se o sangue de *vosso amante* não será o primeiro que virá tingir essa terra em que pisais?...

ELVIRA

Oh! não! Deus protegerá os nossos dias... tende mais confiança em sua bondade e no valor de vosso braço.

DIOGO DE MENDONÇA

(*à parte*)

Em breve me compreenderá melhor. (*alto*) Sim, bela Elvira, confio em Deus e em meu braço que hei de cortar com o fio de minha espada o trama sinistro do astuto selvagem. Permiti que me retire, meus deveres me chamam, meus camaradas só esperam por mim...

Cena VI

ELVIRA

(*só*)

ELVIRA

Homem terrível! No olhar lampeja a vingança!... Só se apraz em pensamentos de sangue! Ah! e que esse bárbaro algoz dos selvagens seja destinado por meu pai a ser também o algoz de meu coração!? – Oh! não! não! nunca o será! (*pausa*) E que será feito de meu pobre Henrique, que, dês do dia da chegada desse homem funesto, ainda não foi visto? Quem afugentou de meu bosque o terno sabiá que com sua voz encantava esta solidão, e me embalava o coração em sonhos de ventura?... Transviado por esses desertos, quem sabe terá sido vítima de seus companheiros da floresta? – Se soubesse quanto sofro, depois que esse homem de maldição apareceu entre nós, não me teria desamparado, teria ficado junto a mim para me consolar. Ah! todos me abandonam; até Maria, que nunca fugia de meu lado, me deixa sozinha e perdida no horror de meus tristes pensamentos!... Entretanto, meu amor é puro: é filho da gratidão e da estima, minha consciência não o reprova; e por que hei de eu ter pejo de confessar perante os homens aquilo que não escondera aos olhos de Deus?... é assim que essa cruel sociedade converte em verdadeiros tormentos as mais puras aspirações, os mais deliciosos impulsos do coração!... Amor infausto e desastroso é este meu!... E eu cega e incauta, que com tanta complacência o afaguei nos seios d'alma!... Já agora não me é dado recusar: bom ou mau, baixo ou nobre, santo ou maldito, este amor tem de morrer comigo: para arrancá-lo daqui, força seria também com ele arrancar-me o coração!... (*entra Henrique com ar torvo e sombrio, e com passos indecisos se avizinha*)

Cena VII

ELVIRA *e* HENRIQUE

ELVIRA

(*com alegre agitação*)

És tu, Henrique?... ainda bem que torno a ver-te! quanto me afligia tua longa ausência!

HENRIQUE
(*com voz sombria e sinistra*)

Sim, tornais-me a ver, senhora; mas... pela vez derradeira!

ELVIRA
(*com espanto*)

Pela vez derradeira!?... que dizes?... pois queres nos fugir?... que mal te fizemos nós, Henrique?...

HENRIQUE

Que mal?... ah! não me interrogueis, senhora!...

ELVIRA
(*com inquietação*)

Oh! meu Deus! que ar estranho e sinistro tens hoje! que tens Henrique? o que te sucedeu...

HENRIQUE

Ah!...

ELVIRA

Fala... Não me atendes? fala; esse teu silêncio me desespera!

HENRIQUE
(*com tristeza*)

Ah! por que vim eu a este lugar?... por que, imprudente e cego, corri ao vosso encontro?... em vão quero falar-vos: a palavra gela-se de horror em meus lábios. Em nada posso, nada sei dizer-vos senão que vos amo muito, oh! mais que nunca, e que mais que nunca sou desgraçado!

Elvira

Tu és desgraçado, Henrique? ah! bem o sei!... e eu? porventura sou feliz?... acreditas acaso, que viva risonha e satisfeita? E por que me foges?... por que me queres tão cruelmente abandonar?... qual será o consolo dos desgraçados senão queixarem-se juntos, confundirem suas lágrimas?

Henrique

(*com leve inflexão de sentimento*)

Vós, infeliz!? vós, a bela filha do Capitão-mor Coelho de Souza, a adorada esposa do ilustre fidalgo Diogo de Mendonça!

Elvira

(*com desgosto*)

Ah! não fales assim; também tu, Henrique, queres escarnecer do meu infortúnio? Se me amas não me fales desse homem que abomino, desse homem, em cuja fronte sinistra vi gravada a sentença de minha perdição, desse homem que surgiu em nosso caminho, lúgubre como um fantasma de maldição!

Henrique

Embora!... D. Elvira, eu não posso, eu não devo mais amar-vos... seja para vosso bem a brilhante união que ides contrair!... sede felizes!... Quanto a mim, ah! não pergunteis mais pelo pobre indiano, a quem um dia afagastes com os vossos sorrisos: fugi dele, como quem foge de esfaimado tigre; fugi dele, que sua sina está escrita no céu em caracteres de sangue! Adeus, as brenhas me esperam: de lá saí, a elas me devo.

ELVIRA

Ah! cruel Henrique! é assim que compreendes o amor?... é essa a recompensa que destinavas à minha ternura e lealdade? Por ti eu ia rejeitar o esposo que me querem impor, arrostar a autoridade de meu pai, que me adora, afrontar o rancor desse homem que aspira à minha mão, sofrer o desdém, o insulto de todos, e tu me abandonas, cruel Henrique!... Que mal te fiz eu, para assim me abandonares tão sozinha, tão desamparada no mundo?

HENRIQUE

(*com angústia*)

Não, D. Elvira, não me fizestes nada, mas... um sopro de maldição mirrou para sempre as flores de nossa esperança!... Escutai-me; quero contar-vos uma história. Quis o céu que um dia o casto e mimoso lírio dos jardins do Branco nascesse na branca terra dos adoradores de Tupã. O robusto tronco do deserto amparou-a com sua sombra, e resguardou sua frágil existência da fúria da tormenta que ameaçava aniquilá-la; e a flor, sorrindo-lhe agradecida, embalsamava-lhe a coma com suaves aromas, que lhe mandava nas asas da viração. Mas um dia o furacão da morte rugiu-lhe pelas ramas, e o tronco, desabando com todo o peso de sua ruína, esmagou a pobre flor, que à sua sombra se abrigava! Ah! por que me destes o vosso amor?... por que encostastes a fronte branca e pura como as penas do guará sobre o peito maldito do infeliz selvagem?... Quanto fora melhor, que me odiásseis com estranhável ódio! D. Elvira, D. Elvira, eu vos peço por piedade, odiai-me, detestai-me; assim o deveis; vosso amor para comigo é um crime; um crime, com que ofendeis o céu e a terra!

ELVIRA

(*à parte, com assombro*)

Meu Deus!... que estranha e incompreensível linguagem é a sua!... (*alto*) Tu me aterras, Henrique, e eu mal te compreendo. Os maus espíritos da floresta te inspiraram esses sinistros pensamentos, ou um injusto ciúme te alucina e te desvaira. É esse homem que me quer para esposa, que te inquieta?... Tranqüiliza-te, Henrique, que nunca serei dele. Porventura não és tu o companheiro de minha infância, o irmão de minha alma, o gênio tutelar de minha vida? este ar que respiro, esta luz que me alumia, porventura não é a ti que os devo? estes olhos que te vêem, estes lábios que te falam, este seio que por ti palpita, este coração, esta alma, esta vida, tudo isto porventura não te pertence?... E que te importa esse homem?... algum dia o vi? que direitos tem ele à minha mão? Oh! nunca, nunca serei dele! prefiro seguir-te através de sertões bravios, exposta a todas as injúrias da natureza e dos homens, dormir nas brenhas, ou nas cavernas, ouvindo o bramido dos selvagens, o rugir dos tigres, o sibilar das serpentes, sofrer contigo fadigas, a fome, a sede, o frio, antes quero tudo isso, antes que pertencer um só momento a outrem, que não seja o meu Henrique!

HENRIQUE

(*com singular exaltação*)

Elvira, calai-vos, por piedade!... não faleis assim que me perdeis!...

Elvira

Não consentes que te exprima o meu amor? tu vais fugir-nos, e não me permites ao menos o consolo de dizer-te que te amo?... (*com tristeza*) Assim pois, todos me abandonam; esgotará sem ter ao menos quem me lastime todo o fel de meu sacrifício; expiarei sozinha e ao desamparo o meu fatal e irreparável erro!... Vai-te, Henrique; assaz punida estou de te haver amado: julgava-te superior aos de tua raça; com pesar reconheço que não és mais que um simples selvagem. Vai-te, e eu, sozinha e em triste desamparo, arrastarei até o túmulo meu lúgubre infortúnio, e morrerei, mau grado tua feia ingratidão, com o teu nome nos lábios e a tua imagem no coração. (*vai sair*)

Henrique

(*precipitando-se aos pés de Elvira*)

Perdão, perdão, Elvira! eu sou um desgraçado, um pobre selvagem, que não sabe o que faz, nem o que diz, eu sou um louco, perdoai-me. (*nesse momento vão passando pelo fundo uma turma de índios cativos, trazendo ao ombro enxadas, machados, foices etc., e após eles dois ou três feitores armados*)

Um índio

(*olhando para o céu*)

Ó Tupã, quando chegará o dia da vingança e da liberdade!

Outro índio

(*dirigindo-se para os companheiros e apontando para Henrique*)

Anhangá persiga o covarde que não se peja de ajoelhar diante de seus algozes!...

OUTRO ÍNDIO

(dirigindo-se a Henrique)

Tu és um vil! és a afronta dos filhos de Tupã, tu que assim beijas os ferros da escravidão! *(acabam de passar)*

HENRIQUE

Ouviste o que murmuram esses infelizes?... é meu pai que manda para reanimar meu coração que fraqueava nesta terrível luta!... Meu pai, meu pai, mesmo além da campa tu me bradas: – vingança, meu filho, vingança!...

ELVIRA

Que dizes!... tu tresvairas, pobre Henrique?...

HENRIQUE

(em delírio)

Não! eu ainda o vejo: fui eu que o estendi no camucim da morte; era terrível seu aspecto!... sobre sua fronte torva pairava ainda o gênio da vingança! Três vezes repeti sobre o seu cadáver o tremendo juramento! foram testemunhas o céu, a noite, os astros, os troncos das florestas e a tribo dos guerreiros!... Terrível e solene era o lugar! tremendo o sacrifício!... Adeus, Elvira, eu não te posso pertencer, eu não pertenço a mim mesmo, sou do destino; ele me impele com o braço de ferro! Adeus!... Eu não poderei mais chegar a ti senão através de um caminho de sangue!

ELVIRA

(aterrada)

Ah!... meu Deus!...

HENRIQUE

(*com febril exaltação*)

Sim jurei trazer a destruição, o incêndio, a morte a estes tetos que me abrigaram!... jurei a ruína dos teus, sem excetuar um só... jurei matar-te!...

ELVIRA

Ah! (*cai desfalecida; Henrique a recebe nos braços*)

HENRIQUE

(*tendo nos braços Elvira desmaiada, e depois de contemplá-la por um instante cheio de emoção e de assombro*)

Infeliz!... quanto me adora! e eu, ingrato, terei a cruel coragem de assassiná-la?!... Não!... mil vezes não! Elvira, perdoai-me, é agora que eu sinto todo o valor do tesouro imenso que eu possuía! nunca mais poderão arrancar-vos desses braços em que viestes cair! Pereça embora a tribo inteira dos Potiguares; pereçam quantos selvagens pisam a terra de Tupã: o que é tudo isso em comparação do anjo que eu ia sacrificar!... mil juramentos os mais sagrados, que me prendessem todos, de... bom grado eu os quebraria neste momento, para ampará-la em meus braços, para tê-la assim apertada ao coração! Elvira!... Elvira!... perdoai-me, ouve ao vosso Henrique. Não; eu não sou o vosso algoz... sou ainda o vosso escravo... o vosso fiel Henrique.

ELVIRA

(*voltando a si, como acordando de um sonho*)

Que é isto?... quem me fala?... onde estou eu?

HENRIQUE

Aqui, Elvira, aqui, nos meus braços!...

ELVIRA

Ah!... és tu, Henrique?

HENRIQUE

Sim, sou eu; é o vosso Henrique que nunca mais vos deixará, que assim o jura por este casto beijo, o primeiro que seus lábios ousam depor na pureza de vossa fronte! (*beija-a na fronte. Aparece Diogo de Mendonça, e sem ser sentido pára e cruza os braços*) E onde está esse, onde, que de hoje em diante ousará arrancar-vos dos meus braços?...

Cena VIII

Os mesmos, DIOGO DE MENDONÇA, PAJÉ

DIOGO DE MENDONÇA

Ei-lo aqui!... sou eu! (*Diogo de Mendonça para os soldados*) Prendei-o!... (*os soldados precipitam-se sobre Henrique, e o arrastam preso para fora*)

PAJÉ

(*aparecendo pelo fundo, enquanto os soldados saem com Henrique*)

Vai, traidor, vai receber o prêmio de teu atroz perjúrio!

FIM DO ATO TERCEIRO

ATO QUARTO

(*O sacerdote do sangue e o sacerdote da paz. Uma prisão singela e tosca, com um simples leito, sobre o qual se acha sentado Henrique, com os pulsos algemados, e atado a um grilhão, que se prende à parede com uma argola.*)

Cena I

HENRIQUE
(*só*)

HENRIQUE

Quando me acabarão com esta vida atormentada?! Há dois compridos meses que aqui me guardam sepultado na medonha solidão deste cárcere, em que até o alimento me vem por essa estreita fresta, sem que eu distinga a mão caridosa que mo vem trazer! neste túmulo, em que morri para o mundo, e só vivo para minhas dores!... túmulo horrível, que encerra todas as torturas da vida sem ter o repouso da morte!... E vós ousais chamar-nos de bárbaros, vós, que tão fecundos vos mostrais em inventar estranhos e malditos tormentos? O tacape do selvagem esmaga o crânio da vítima, e num momento a derriba no chão sem vida, o tigre ao primeiro bote ferra suas garras no coração da presa; mas vós poupais o corpo para poder assassinar a contento a alma entre lentas agonias, e queimar-nos a existência ao fogo lento das torturas do coração!... Não importa; soframos!... não me há de escapar uma só queixa; não me hão de ouvir um gemido. (*pausa*) Ah! que não sei como estes terríveis pensamentos que aqui me fervem de contínuo não me têm de todo apagado o riso! – Ora é a imagem de meu pai, que surge ameaçando ante meus olhos e me brada vingança! ou o pajé, que me aparece sobre um montão de cadáveres, irado e torvo, acabrunhando-me com o peso de suas maldições!... ora é o grito de traidor, que rompe dos lábios indignados de Coelho de Souza... ora é Elvira, que sofre, que por mim bebe todo o fel do infortúnio, Elvira, que geme, e que se debate entre as garras de vingativo Emboaba!... Ah! não saber eu o que vai nesse mundo, que dista de mim apenas alguns passos, e que me é vedado, como se entre mim e ele mediasse a imensidade!... (*pausa*) Quem poderá arrancar-me daqui estes implacáveis pensamentos, que noite e dia me queimam o cérebro, e me devoram o coração!... (*depois de refletir um pouco, com triste resignação*) Sim! sim!... para mim estão fechados todos os caminhos da vida! a morte é meu único refúgio. Elvira, ó minha adorada Elvira, já que não podeis ser minha, ao menos deixem-me morrer por vós! chorareis lágrimas de vossos belos olhos sobre a sepultura do infeliz americano, e não o amaldiçoareis, porque o amáveis. Eu virei do mundo das sombras visitar-vos num raio de lua, ou gemer no ramo da palmeira junto a vossa janela; virei consolar-vos, porque sei que não quereis bem ao maldito Emboaba, e me jurastes não vos casar com ele. Essa religião de um Deus de bondade, cujas virtudes tantas vezes por vossos belos lábios me ensinastes, nos diz que há para os infelizes uma pátria melhor além dos astros, onde não têm poder algum o ódio e a injustiça dos homens. Lá, Elvira, um dia nos encontraremos para sermos eternamente felizes. (*abre-se a grade da prisão, e entra o pajé abatido e turvo*)

Cena II

O mesmo e o PAJÉ

PAJÉ
(*com voz solene e triste*)

Filho de Pirajiba!

HENRIQUE
(*com sobressalto*)

Quem me fala? quem ousa aqui penetrar?

Ah! és tu?... ainda aqui, pajé? ainda aqui me persegues, hediondo fantasma, mensageiro de lágrimas e sangue?...

PAJÉ

Ainda! – ainda aqui venho bradar-te vergonha! opróbrio! maldição sobre o perjúrio!...

HENRIQUE

E como ousaste aqui entrar neste sinistro recinto, vedado até à luz do céu, e ao sopro da viração?

PAJÉ

Não sabes que os manitós protegem os passos do pajé, e que podem, se lhes apraz, abrir-lhe caminho até pela noite pavorosa do sepulcro? Não sabes que eles vagueiam invisíveis nas asas do furacão da noite, e que a seus tremendos conjuros quebram-se os ferrolhos das prisões, patenteia-se o seio das masmorras, e alumia-se o horror das sepulturas? – Ouve-me, indigno filho do mais valente dos chefes; ouve-me, e talvez se te acordem nesse coração envilecido os apagados brios!

HENRIQUE

Fala, pajé, mas não esperes cavar ainda mais fundo o abismo em que me precipitaste.

PAJÉ

Depois que vieste como um vil, quebrar o mais tremendo dos juramentos aos pés de uma mulher, os brancos deram fé de nossos movimentos, e caíram sobre nós de surpresa. Foi terrível a matança, indomável a carnagem dos guerreiros de Tupã! Inútil coragem!... Poucos ainda, dispersos e mal preparados, e sem ti, que és o chefe e sua última esperança, teus míseros irmãos, talados, mortos, perseguidos de brenha em brenha, deram com seus cadáveres farto banquete aos urubus do ar e aos lobos da floresta. O fogo devorou o que o ferro poupara; mulheres, velhos e crianças jazem sepultados sob um montão de cinzas, na taba que o incêndio devorou. (*com voz troante – de indignação*) E todo esse sangue derramado em jorros cai quente ainda sobre tua cabeça maldita, e não te sufoca!... e o grito de tantas vítimas troa nos teus ouvidos, e tu não tremes! e não te fulmina o raio da cólera de Tupã!!

HENRIQUE

E porventura também não sou vítima? não são os mesmos os meus algozes? em breve não irá também meu sangue mesclar-se ao desses infelizes?

PAJÉ

Escuta ainda: – esse teu sangue nos é precioso: ele pode ser ainda poupado ou nobremente derramado no campo da lide. Depois de tamanho desastre, fiquei só, gemendo em vão na minha caverna solitária, onde os manitós mudos e consternados não respondem mais aos meus conjuros. O resto dos guerreiros, que escaparam ao ferro dos brancos, embrenharam-se pelas selvas, dispostos a ir buscar nos seios dos mais profundos sertões guarida segura contra os opressores. Já iam longe em sua triste peregrinação, atravessando rios imensos, empinadas serras, impenetráveis brenhas, quando encontraram uma grande tribo, que vinha fugindo de igual perseguição lá das bandas do rei dos rios. Sentaram-se à sombra da mesma taba, fumaram juntos o cachimbo da paz, contaram-se mutuamente suas desgraças, e juraram amizade e aliança eternas. Ei-los que voltam, ocultando cuidadosamente sua moradia pelo seio mais escuro das florestas; já estão mui longe; amanhã mesmo, se o quiseres, a um só aceno teu, aqui se acharão. Eles virão quebrar-te esses ferros, proclamar-te-ão chefe dos chefes; guiados por ti, voarão ao combate, e recobrarão a liberdade e a terra de seus pais, ou morrerão a morte dos heróis.

HENRIQUE

E por que não vêm sem mim?

PAJÉ

Tão depressa te esqueceste as predições do céu, reveladas pela voz dos manitós? não sabes que em ti repousa sua última esperança, que em tuas mãos está a sua sorte? Vem, filho de Pirajiba, corre a conquistar a mais bela glória que jamais ornou a fronte dos guerreiros de Tupã.

HENRIQUE

Pajé, não sabes que minha cabeça é do patíbulo, e que meu coração é de Elvira?... Vai dizer a esses valentes guerreiros, a quem o céu proteja em seus generosos esforços, vai dizer-lhes que Jurupema não vive, que Jurupema é do túmulo. Vai-te, deixa-me morrer por ela e junto dela.

PAJÉ

(*com indignação*)

Miserável! se a vida, a liberdade, a glória já não acham eco nesse coração infamado, nem ao menos vingança tem poder de arrancar-te a esse vil abatimento?... Dize, mal-aventurado Jurupema, não tens vontade de trincar em teus dentes o coração de teu rival?...

HENRIQUE

Oh! se a tenho!... Pajé, nem tu podes avaliar quanto ódio me fermenta aqui neste coração!... (*pára um pouco, como que reflete*) Sim, pajé, falas certo... Vingar-me! ao menos vingar-me!... Onde estão eles? onde estão esses guerreiros?... são muitos?... São valentes?

PAJÉ

São numerosos, como os troncos da floresta, fortes e sedentos de sangue como o jaguar!

HENRIQUE
(*com vivacidade*)

Vai, pajé; corre a anunciar-lhes que chegou o dia da vingança; que seu chefe os aguarda. Sim; hei de vingar-me; hei de embeber o meu punhal sequioso no coração do vil que ousou arrancá-la dos meus braços, calcar aos pés o seu cadáver, abandoná-lo aos cães, e depois... correr a ela, e... com esta destra ainda ensopada do sangue do infame...

PAJÉ

Sacrificá-la também!

HENRIQUE
(*estremecendo de horror*)

Sacrificá-la!?...

PAJÉ

Assim o juraste.

HENRIQUE

E tu ousas dizê-lo, pajé?... oh não!... apertá-la ao meu seio e, se possível fosse, guardá-la em meu coração.

PAJÉ

Lembra-te que deves esse sangue aos manes de Pirajiba: lembra-te que ele deve correr em troco do sangue de tua mãe e de tua irmã!

HENRIQUE

(*com indignação*)

E porventura foi ela que as imolou? Vai-te, homem de sangue; vai-te nem mais te eu veja.

PAJÉ

Jurupema, escuta; não será mister que tu mesmo a imoles; se tua mão vacila, outro braço a ferirá.

HENRIQUE

(*com ameaça*)

Oh!... vinde;... vós, que a quereis imolar: vinde e achar-me-eis ao pé dela, rugindo furioso como o tigre, e um após outros ireis caindo a meus pés, como cai o junco aos golpes da foice do escravo. Ó pajé, tudo, tudo eu dera pela vingança, menos Elvira! eu dera todo o meu sangue para arredar de ao pé dela a mais leve sombra de perigo. E ai daquele que ousar tocá-la! ai dele!...

PAJÉ

(*com amargo sorriso*)

Pobre escravo!... não vês que nem braços tens?...

HENRIQUE

(*em fúria*)

Cala-te, pajé, o amor e o desespero dar-me-iam forças de gigante; eu arrancaria estas paredes, e as faria desabar sobre vossas cabeças!... (*acalmando-se*) Mas eu te desculpo; tu não me compreendes, tu não sabes o que é amor; se a visses, pajé, se a visses, como eu a vi pálida, delirante, transida de susto e de dor, cair sem acordo nestes braços... O tufão derribou a frágil palmeira nos robustos braços do vizinho jequitibá: maldito dele, se a não ampara! fulminado seja, e consumido no mesmo instante pelo fogo do céu!... se a visses, pajé!... ah! Elvira, quem, para te salvar, não arrostara então todas as iras da terra e do céu!?

PAJÉ

Mas dize-me, fraco e efeminado indiano, o tronco rei da floresta para salvar a palmeira tomba com todo seu peso sobre um povo inteiro, que à sua sombra se abriga, e a esmaga sem piedade?

HENRIQUE

E porventura não é ele a primeira e a mais desgraçada das vítimas?

PAJÉ

E que dirão os valentes guerreiros da liberdade quando minha voz lhes anunciar que o filho de Pirajiba se recusa a conduzi-los ao combate, e só se apraz em banhar de lágrimas seus ferros?... Onde acharão imprecações bastantes para amaldiçoar o seu nome?

HENRIQUE

Mas Elvira o abençoará.

PAJÉ

E esse nome será ouvido entre as maldições dos vivos, e os ossos de nossos avós estremecerão de horror nas frias igaçabas!...

HENRIQUE

Mas Elvira, ao ouvi-lo, verterá uma lágrima.

PAJÉ

(*com impaciente cólera*)

Basta, vil blasfemador!... basta, que este teu falar me enoja! Votado estás à eterna maldição dos vivos e dos mortos, dos teus e dos estranhos! o estrangeiro cuspir-te-á na fronte o insulto e teus irmãos te repelirão com horror; a mesma terra recusará receber em seu seio teus ossos, e teus manes vagarão aflitos pela região das trevas eternas!...

HENRIQUE

(*com impaciência e cólera*)

Vai-te, sinistro sonhador de desastres, vai-te, sacerdote das trevas; vai buscar a tua horda feroz, traze-a para estes lugares; destruí, arrazai, matai tudo; matai-me a mim também: em que vos sou necessário para derramar sangue?... não sois tantos e tão valentes? de que vos serve mais um braço?... sem mim não tendes coragem?...

PAJÉ

Sim!... viremos... viremos morrer morte heróica diante da taba da escravidão, e tu morrerás a morte infame do escravo...

HENRIQUE

Heróica aos olhos de Elvira!

PAJÉ

E essa mulher e esse estrangeiro verão das janelas do seu aposento os corvos e os cães disputando entre si o teu cadáver, e sorrirão de escárnio!...

HENRIQUE

Ela!... ah! nunca, pajé! nunca!...

PAJÉ

Sim, ela, essa mulher, a cujos pés sacrificas a vida, a liberdade, a tribo inteira, essa mulher mal se dignará dar-te um olhar de compaixão; e apenas se lavar desse chão a nódoa do teu sangue, tão depressa também teu nome estará varrido da memória deles, e ele e ela, no seio da paz e da felicidade, só tratarão de viver nos braços um do outro larga vida de amor e de ventura!

HENRIQUE

(*no auge do desespero*)

Nunca!... vai-te, agoureiro fantasma, vil urdidor de cenas de lágrimas e sangue!... não creio mais em teus embustes... porventura já não me tornaste o mais desgraçado dos homens? que mais queres de mim?

PAJÉ

(*com voz forte e solene*)

Em nome de Pirajiba, teu pai, eu te amaldiçôo! (*sai*)

Cena III

Henrique *e* Julião

Julião

(*entrando pela grade, por onde saíra o pajé*)

(*à parte*) Apre!... graças a Deus que lá se foi embora o tal reverendo pajé!... Não houve remédio senão introduzi-lo, pediu-me com tal modo... além de que, tenho muito medo destes feiticeiros... eles têm pacto com o demônio, e não quero por maneira nenhuma incorrer em sua indignação! Já me estava dando bastante inquietação; falava tão alto, que parecia trazer nos pulmões uma trovoada inteira!... em risco de me comprometer!... o que vale é meu amo, inteiramente ocupado com o seu casamento, não se lembra de mais nada... – Vamos agora cá ao nosso prisioneiro. (*olhando para Henrique, que se conserva sentado, embebido em seus pensamentos*) Coitado! como está desfigurado! faz dó!... este meu amo com efeito tem coração para tudo! mas também o atrevimento do bugre não era para menos... E vejam lá que boa jóia, que tanto recomendavam meu amo!... porque salvou a senhora D. Elvira das pontas de um touro!... e o pobre Julião que não tem privilégio de salva-vidas, e dá graças a Deus quando pode salvar a sua pele, havia de ficar por aí lançado à margem!... mas Deus assim não foi servido. (*para Henrique*) Então, irmão, está mais contrito? (*Henrique conserva-se mudo e imóvel*) Oh! pois o seu confessor, esse venerável ermitão das matas, não o pôde confortar?... tanto pior; amanhã morrerá impenitente.

HENRIQUE

Que disse, mameluco?... amanhã?

JULIÃO

(*à parte*)

Oh!... já fala! (*alto*) Sim, senhor, amanhã com o favor de Deus. Pelo que vejo, está muito alheio às novidades que vão por esse mundo.

HENRIQUE

Como hei de saber, se há dois meses aqui não ecoa voz de vivente.

JULIÃO

Ah! é verdade, nem me lembrava... pena é que as paredes, assim como dizem que têm ouvidos, não tivessem também boca para contar-lhe alguma coisa.

Pois saiba que depois que morreu o senhor Capitão-mor...

HENRIQUE

(*com surpresa*)

Coelho de Souza é morto?!

JULIÃO

E esta! pois nem isso sabe?... está morto e sepultado há muito tempo (*com malícia*) e consta que para matá-lo concorreram muito os desgostos que teve em razão de certas intrigas amorosas, das quais suponho que estás bastante inteirado.

HENRIQUE

(*com indignação*)

Cala-te, insolente!

JULIÃO

(*à parte*)

Ora quem manda-me calar!... (*alto*) Prudência, camarada; escute o resto.

HENRIQUE

(*com sentimento*)

Tu morreste, Coelho de Souza, meu único amigo; meu generoso benfeitor! bem sei que nunca aprovarias o meu amor, que até o repelirei com indignação, que vós outros, os brancos, tendes singulares caprichos; mas nem por isso deixarei de venerar a tua memória. Ah! que não tenha eu nestes olhos mais nem uma lágrima para dá-la às tuas cinzas!... E Elvira? Infeliz, quem a protegerá?... quem a livrará das garras do vil Emboaba?... (*com desespero*) oh!... meu Deus!... meu Deus!... eu enlouqueço... oh! liberdade! pajé... pajé... espera-me! eu vou contigo.

JULIÃO

Que tem?... sossegue, tenha paciência, e ouça-me, que ainda muito tenho que dizer-lhe. Como ia dizendo, depois que morreu o senhor Capitão-mor, a quem Deus haja, as coisas vão tomando outro rumo. Nossos parentes do mato levaram uma tremenda esfrega, uma lição, de que nunca mais se hão de esquecer, porque meu amo é o mais terrível acossador dos gentios, que têm pisado nesta terra de Santa Cruz; e agora, meu amigo, não se trata aqui senão do casamento de meu amo com a rica e ilustre e bela herdeira do Capitão-mor Coelho de Souza, que de amanhã em diante se chamará senhora D. Elvira de Mendonça.

HENRIQUE

(*com furor*)

Mentes, maldito!... Elvira nunca se casará!...

JULIÃO

Oh! se casa-se!... amanhã com favor de Deus; pois saiba mais, que a senhora D. Elvira, junta ao leito de morte do senhor seu pai, na hora do passamento, jurou com a mão sobre os santos Evangelhos desposar o senhor Diogo de Mendonça, meu nobre amo; e amanhã celebrar-se-ão as bodas, pois bem vês que a senhora D. Elvira, sem pai, sem mãe, sem nenhum parente nesta terra, precisa quanto antes de um marido. Acha-se aqui reunida a nata das melhores pessoas e senhores de engenho destes contornos. Sabe que contornos por aqui significam quarenta, cinqüenta e mais léguas em redor. Por isso temos gente do Cabedelo, Porto Seguro, e até do Recife, portugueses d'aquém e d'além-mar, gente toda luzida e bem disposta. É verdade que os desposórios se farão sem aparato, sem pompa, atenta a recente morte do senhor Capitão-mor; só haverá um espetáculo, aposto que não adivinha qual seja!... pois é o seu enforcamento!... São caprichos de meu amo; não deve levar isso a mal, que vocês lá pelos matos fazem piores.

HENRIQUE

(*com voz ameaçadora*)

Mameluco, mameluco, ai de ti, se zombas de mim! Fala a verdade, mameluco, somente a verdade.

JULIÃO

Nunca menti; é o que lhe digo: amanhã vossa mercê estará enforcado e meu amo casado.

HENRIQUE

E Elvira consente?

JULIÃO

Oh! se consente, pois ela o jurou.

HENRIQUE

(*com fúria*)

Mentes!...

JULIÃO

Verá. Eu bem lhe aconselhei que não se metesse a namorado; não me atendeu, agora está pagando. Olhe, Henrique, D. Elvira é como todas as moças desta terra, tem o coração quente, e muito cedo sentiu sede de amor; ora aqui, neste sertão, não tendo de todo em quem empregasse o seu amor, na falta de homens, e por um capricho lá de sua imaginação, assentou de amar a si, que, seja dito aqui entre nós, sem que disso se desvaneça, para bugre não deixa de ser sedutor; mas essa fantasia cedo lhe devia passar, e logo que aqui se apresentou meu amo, que é um completo cavalheiro, infalivelmente você seria lançado à margem. Enfim os conselhos de seu pai, do Reverendo Frei Ambrósio e de D. Maria e, sobretudo, as maneiras amáveis e o gosto gentil de meu nobre amo fizeram-na cair em si e arrepender-se de seu grande erro, que agora trata de reparar, casando-se com meu amo.

HENRIQUE

(*convulso e em desespero*)

Oh! maldição!... Não;... não será assim... ele e ela morrerão!... minhas armas!... dai-me as minhas armas!... Pajé, pajé, onde estás?... espera-me... por que me deixaste?... espera-me, eu vou vingar-vos. (*deixando cair os braços e a cabeça em profundo desalento*) Ah!... é tarde!

JULIÃO

Irmão, paciência e resignação. Trate de pôr-se bem com Deus, e deixe-se desses pensamentos mundanos.

HENRIQUE

(*no auge da cólera*)

Vai-te, vil mameluco, mensageiro da desgraça, vai-te antes que te esmague! (*dizendo isto com tal força sacode o grilhão, que ele se desprende da parede e cai por terra*)

JULIÃO

(*tremendo de susto, à parte*)

Ai, que estou perdido! (*alto*) Henrique!... oh! que tem!... Acomode-se: prudência; bem sabe que eu não sou culpado. (*vai afastando e fugindo para a porta, onde encontra Frei Ambrósio, que vem entrando*)

Cena IV

Os mesmos e FREI AMBRÓSIO

JULIÃO

(*a Frei Ambrósio*)

Ó meu reverendo, foi minha boa estrela que aqui o trouxe agora; acuda-me que o homem está furioso; olhe, já quebrou a corrente, e só Vossa Reverendíssima poderá contê-lo, pois parece ter nas entranhas uma legião de demônios. (*à parte*) E vou-me embora, que aqui não estou com a pele muito segura: quem quiser que fique com o tigre na gaiola. O que vale é que estas bravatas não passarão de hoje, que tenho ordem terminante de meu amo de enforcá-lo amanhã bem cedo. (*sai*)

Cena V

Os mesmos, menos Julião

Frei Ambrósio
(*chegando-se a Henrique*)

Filho, tu és cristão, e como tal te deves preparar para morrer na graça do Senhor.

Henrique

Não, padre, eu não quero morrer sem ter trincado nestes dentes o coração vil do Emboaba, sem ter sufocado nestes braços a serpente traiçoeira que envenenou-me o coração.

Frei Ambrósio

Acalma-te, filho; neste transe final e solene cumpre despir tua alma das mundanas paixões, desses andrajos e misérias da vida, para apresentá-la limpa e sem mancha nas mãos de teu criador. Lembra-te que és cristão, que recebeste na fronte a água santa do batismo...

HENRIQUE

Maldita a hora, em que caiu-me sobre a cabeça essa água da fonte da desgraça! maldito aquele que me arrancou de minhas brenhas, e me trouxe ao seio dessa abominável sociedade, onde só vim aprender os caminhos do opróbrio e da perdição. Meu pai, meu pai, perdoa-me; tarde conheço quanto era justo o teu profundo e irreconciliável ódio!... Ah! por que não me esmagaste o crânio contra um tronco, antes do que deixar-me em poder desses homens, onde cada rosto é máscara traiçoeira, que esconde um coração de algoz!?...

FREI AMBRÓSIO

Pobre infeliz!... nem tu medes o alcance das horríveis blasfêmias que teus lábios hão proferido!... pondera que a justiça divina é inflexível para o pecador impenitente, e que são eternos e irremissíveis os tormentos do inferno.

HENRIQUE

Não podem ser mais cruéis que as torturas que sofro... Crede-me, padre, eu já tenho o inferno dentro d'alma!

FREI AMBRÓSIO

Ah!... não profiras tão ímpias palavras: a água santa do batismo abriu-te os caminhos do céu, e tu, louco, hoje te esforças em fechá-los para sempre com esse teimoso aferro aos mundanos pensamentos!?... Acalma-te, filho, e dispõe-te a escutar as palavras de paz e de doçura que nos ensinou o nosso mestre divino.

HENRIQUE
(*mais calmo*)

Pois bem, padre; já que vem com a santa missão de tornar menos amargos os últimos momentos de um infeliz condenado, eu to agradeço: mas vai, eu to suplico, vai primeiro levar tuas palavras de paz e de brandura àquela mulher, àquele tigre, que me rasgou todas as fibras do coração em suas garras furiosas; vai ver se amansas os seus furores, dize-lhe que se arrependa de sua horrível traição, que tenha dó de sua infeliz vítima, que venha arrependida e lacrimosa lançar-se em meus braços e reconhecendo o seu erro, implorar o meu perdão; faze que eu a veja, que a abrace, que lhe diga um derradeiro adeus, e lhe imprima na fronte o beijo do perdão: faze-me isto, ó padre, e eu escutarei as tuas palavras, e eu morrerei tranqüilo.

FREI AMBRÓSIO

Ah! desgraçado!... por que te aferras teimoso a esse frívolos e profanos pensamentos que comprometem a salvação de tua alma?...

HENRIQUE

Quê! ela, um pensamento profano!... ela comprometer a minha salvação, ela que única pode salvar-me!?... Não te compreendo, padre; se não queres que eu fale, nem pense nela, vai, que baldadas serão todas as tuas palavras.

FREI AMBRÓSIO

Grandes e terríveis devem ser as tuas tribulações que assim te mostras empedernido e duro nas sendas do pecado! Mas, filho, compara este teu sofrer aos bárbaros tormentos a que se submeteu sem queixume o filho de um Deus para remir nossas culpas, e tu te envergonharás de tua fraqueza. De todas as dores e angústias que ora padeces, faze como ele um holocausto ao Senhor; quanto mais amargas e violentas são elas, maior será o galardão que te guarda no paraíso; considera que está por poucas horas trocares todo este fardo das humanas misérias por uma paz eterna e uma inalterável bem-aventurança.

HENRIQUE

Mas sem Elvira, padre? sem ela não há para mim felicidade possível; sem ela para mim tudo é inferno; mas com ela em toda parte é céu!

FREI AMBRÓSIO

A bem-aventurança eterna apaga para sempre d'alma todas as lembranças da terra...

HENRIQUE

Não o creias, padre; não há no céu nem na terra poder algum que me faça esquecer de Elvira (*com cólera*) Ah! onde está o maldito que ma roubou?... ah!... vingança!... padre, fala-me de vingança! eu não sou dos vossos, não sou cristão, não!... sou selvagem! sou tigre, e tenho sede de sangue! Ah! pajé! pajé! por que me deixaste?!

FREI AMBRÓSIO

(*à parte*)

Deplorável cegueira!... cumpre-me, entretanto, disputar até o último transe esta vítima ao inferno. (*alto*) Adeus, filho; eu te deixo, mas vou em minhas orações rogar ao Senhor que te conceda um momento de calma, um instante de arrependimento e compunção. (*sai e a grade se aferrolha*)

Cena VI

HENRIQUE *e* ELVIRA, *que entra precipitadamente vestida de luto, pálida e desalinhada, por uma pequena porta forte fronteira à grade.*

HENRIQUE
(*com espanto*)

Elvira!

ELVIRA
(*com inquietação*)

Foge, foge, Henrique!... a noite está escura; as trevas nos favorecem... por esta porta sairás sem seres sentido, por aí ninguém te espreita, porque ninguém julga possível que saias por esse lado. Só eu, só minha dedicação o conseguiria!... Foge, Henrique! (*dizendo isto, tira as algemas a Henrique*)

HENRIQUE
(*com pasmo e indignação a um tempo*)

Estou livre, e é a ti que devo a vida e a liberdade?

ELVIRA

Não faço mais que pagar-te uma dívida; foge, Henrique.

HENRIQUE

Agradeço-te, mas não aceito nem uma nem outra!

Elvira

(*com ansiedade*)

Foge, que estes momentos são preciosos… não pensas a que perigos me exponho para salvar-te… é mais que a vida, é a honra que eu exponho… não vás baldar tantos sacrifícios… por piedade, foge!…

Henrique

(*com firmeza*)

Não fugirei.

Elvira

Matar-te-ão…

Henrique

Morrerei!

Elvira

(*com angústia*)

E eu também morrerei de dor…

Henrique

Não creio!…

Elvira

Henrique, é a tua Elvira que te pede em nome do nosso amor, foge, Henrique… foge.

Henrique

(*com força*)

Pérfida!… de que me serve esta vida, e esta liberdade que me dás, se me roubaste para sempre a paz e a felicidade, se entregaste a outrem o teu coração!…

Elvira

Nunca! ele ainda te pertence...

Henrique

Quê!... Não serás amanhã a esposa do mui feliz cavalheiro Diogo de Mendonça?

Elvira

(*à parte em angustioso embaraço*)

Ah!... meu Deus!... meu Deus!... já tudo sabe! (*alto*) Sim, Henrique!... é verdade!... mas...

Henrique

(*acentuando as palavras com sombrio desespero*)

É verdade!... e por teus lábios confessas... Assim pois, um abismo nos separa para sempre, e nunca, nunca mais poderás ser minha!...

Elvira

(*com resolução*)

Sim, Henrique!... nunca!... nunca mais!... esquece-me, Henrique, detesta-me, amaldiçoa-me... mas foge!...

Henrique

Não! Já me assassinaste a alma, toma também o meu cadáver, eu to abandono, ceva nele também os teus furores, calca-o a teus pés, arroja-o a teus cães, para que seja mais completa a tua festa!...

Elvira

(*no auge da aflição*)

Ah! meu Deus!... que tormento!... se me demoro mais, eu e ele estamos perdidos para sempre!... (*alto;*

ajoelhando-se suplicante aos pés de Henrique e com indizível ansiedade) Henrique, não posso mais aqui demorar-me; mas esta porta fica aberta; é ainda um sacrifício a que por ti me exponho... Henrique, por piedade!... pelo céu!... por nosso amor, foge. (*dirige-se à porta, por onde entrara, e ao chegar a ela, voltando-se suplicante para Henrique*) Foge, foge, Henrique. (*sai*)

Cena VII

HENRIQUE
(*só*)

HENRIQUE
(*depois de um momento de reflexão*)

E que faço eu!... insensato que sou?... até que ponto me desvaira a presença dessa mulher?... Devo eu ficar aqui atado ao poste da infâmia, devorando em silêncio lágrimas de desesperação, serei insultado, estrangulado e morto, e eles vivos, eles triunfantes, eles contentes e risonhos nos braços um do outro?!... quão mau conselheiro é um coração que sangra!... Não, D. Elvira, ainda me verás!... Esse abismo, que nos separa, eu protesto vingá-lo, ainda que seja preciso enchê-lo de cadáveres e sangue!... e ai de vós então, senhora D. Elvira de Mendonça!... Fujamos!... mas onde irei? Ah! pajé!... pajé, onde foste? por que me deixaste?...

Cena VIII

O mesmo e o PAJÉ

PAJÉ

(*entrando pela mesma porta por onde saiu Elvira*)

Eis-me aqui! que queres de mim?

HENRIQUE

Vingança, pajé! vingança! – eu me entrego em tuas mãos; fala, e obedecerei; que exiges de mim?

PAJÉ

Vingança!

AMBOS

Vamos!

FIM DO ATO QUARTO

ATO QUINTO

Flores murchas

(*Um salão da casa de Coelho de Souza, mobiliado com luxo, guarnecido em roda de cadeiras de espaldar; duas janelas para um lado, uma porta para o fundo: comunicando com outra sala, outra porta para outro lado.* PERSONAGENS – *Diogo de Mendonça e cavalheiros portugueses, vestidos de corte, Elvira, vestida de noiva, Maria, Henrique, Pajé, selvagens, criados.*)

Cena I

DIOGO DE MENDONÇA
(*entrando, acompanhado por dois criados com ricas librés, e depois de ter sido cumprimentado pelos cavalheiros, que se levantam*)

Ilustres e leais cavalheiros, com o maior prazer vos anuncio que a Providência hoje assinala para mim um dia de bênção e felicidade, um dia que vem abrir ante meus olhos as portas de um futuro radiante de glória, de amor e de ventura. – Eis-vos aqui, senhores, vós tanta parte tendes tomado em meus trabalhos e angústias, que comigo derramastes lágrimas sinceras sobre o túmulo de nosso velho amigo e chefe, o Capitão-mor Coelho de Souza, vós que nunca recuastes nas rudes lutas em que nos empenhamos com o gentio, que tão heroicamente haveis contribuído com vosso suor e sangue para levarmos a cabo essa tão árdua e arriscada empresa, eis-vos aqui hoje reunidos para também tomar parte em meus regozijos e em minha felicidade, felicidade que, eu o espero, terá de refletir sobre vós todos em seus benéficos efeitos. Graças ao vosso esforço e lealdade, havemos triunfado há um tempo da indômita ferocidade dos selvagens e das sinistras maquinações da perfídia: o gentio que sempre nos trazia inquieto e alerta, ou morreu, ou aterrado e foragido, embrenhou nas selvas para nunca mais voltar: a paz e a segurança reinam em toda a colônia; a confiança renasce em todos os corações. E, para rematar tantos benefícios, galardoa-me hoje a Providência com prêmios sem dúvida muito avantajados a meus fracos serviços, ao passo que o céu entrega em meus braços a mais bela e a mais adorável das esposas; o Governador General da Capitania envia-me esta carta patente (*apresenta um papel*) pela qual me nomeia Capitão-mor com ampla autoridade por todo este sertão, e me faz ainda consideráveis doações de territórios pelo interior. Reconhecei pois em mim, senhores, o sucessor do ilustre finado Capitão-mor Coelho de Souza.

Todos os Cavalheiros

Parabéns! parabéns!...

2º Cavalheiro

Mil parabéns ao ilustre e esforçado cavalheiro Diogo de Mendonça, nosso digno Capitão-mor. – Nós vos dirigimos sinceras felicitações, e rendemos graças ao Altíssimo por tão assinalado benefício. (*Diogo de Mendonça inclina-se em sinal de agradecimento*) Sois na verdade um feliz e consumado cavalheiro, senhor Diogo de Mendonça! rico e nobre herdeiro de Coelho de Souza, feliz esposo de sua adorável filha, supremo chefe e dominador destes férteis e vastos sertões, sem ter mais quem vos perturbe no gozo desses bens, que o céu vos prodigaliza; nada mais vos resta a desejar para vossa completa ventura. De nossa parte contai também como sempre com a nossa lealdade e dedicação; renderemos a vossa autoridade o mesmo preito que já temos rendido ao vosso mérito e coragem. Parabéns! parabéns à nossa fortuna, que nos deu para chefe o nobre e valente cavalheiro Diogo de Mendonça!

Todos

Parabéns! parabéns!

Diogo de Mendonça

Agradeço-vos cordialmente tão espontâneas manifestações, e esforçar-me-ei para corresponder dignamente à confiança que tão generosamente em mim depositais. Agora, senhores, sabei que todos os meus cuidados tendem para estabelecer-me solidamente nesta terra, e nela garantir com eficácia nosso sossego e prosperidade para o futuro. Confiado em vosso esforço e perseverança, espero que teremos a glória de estabelecer duradouramente o domínio português nestas paragens, onde tantas tentativas têm naufragado. O mais difícil está conseguido, era a completa destruição dos índios Potiguares, flagelo destes sertões. Tenho redobrado de rigor para com eles, e à vista das últimas refregas que sofreram, conto que nunca mais se lembrarão de nos incomodar. Hoje mesmo, senhores, um formidável e salutar exemplo acaba de lhes ser dado; vede... (*conduzindo os cavalheiros para junto de uma janela, e apontando para fora*) vede lá naquele morro fronteiro! (*à parte*) Ainda bem que o meu fiel Julião cumpriu à risca as minhas ordens! (*alto*) Por aquele sinal conheceram esses perros malditos qual é o meu modo de tratá-los.

1º Cavalheiro
(*à parte*)

Um índio enforcado!... que horror!... belo espetáculo para festejar um dia de noivado!... (*alto para Diogo de Mendonça*) Sim, senhor!... é terrível! é um pavoroso exemplo!

Diogo de Mendonça

Aquele era o cabeça da última insurreição; era Henrique, que muitos de vós conheceram, e que entre os seus se chamava Jurupema. Tinha sido aprisionado ainda criança, e educado com todo o mimo pelo finado Capitão-mor; soube granjear sua estima por sua submissão, sua viveza e suas boas qualidades, isto é, por sua refinada hipocrisia: chegou a ocasão de mostrar que era da mesma ralé dos outros seus companheiros; esse miserável traiu-nos, e hoje paga com a vida o seu monstruoso crime!... Guardei sua execução mui de propósito para este dia em que entro de posse como legítimo senhor no domínio destes países, para que desde hoje fiquem eles conhecendo qual é o meu sistema de governo.

1º. CAVALHEIRO
(*à parte e com ironia*)

Belo exemplo na verdade, e sobretudo muito delicado para se oferecer aos olhos de uma bela noiva.

2º. CAVALHEIRO

Estreais de um modo admirável o vosso governo, senhor Capitão-mor, e eu vos auguro desde já a mais próspera fortuna, o feliz êxito em todas as vossas empresas. De feito, não vejo outro meio eficaz para conter esses perros senão pelo terror: só assim poderemos ter paz e segurança. Assim como nos é forçoso derribar a ferro e fogo estas florestas para que a terra nos dê o pão, de que havemos mister para viver, assim também é preciso purificar este país desta praga maldita de selvagens, para nela poder vingar a boa cultura da fé e da civilização. Não posso portanto deixar de aplaudir a vossa acertada lembrança, e dar-vos por ela os meus parabéns!...

ALGUNS CAVALHEIROS
(*enquanto entre outros circula um sussurro de desaprovação*)

Sem dúvida!... Parabéns, senhor Capitão-mor.

(*Uma voz do lado de fora*) Morte!... morte ao carrasco!

DIOGO DE MENDONÇA
(*desembainhando a espada*)
Quem será o atrevido?

1º CAVALHEIRO
Que audácia!... de quem será esta voz?

2º CAVALHEIRO
De quem quer que seja não é decerto de bom agouro (*parte dos cavalheiros se dirigem às janelas, outros saem pela porta do fundo, com a espada em punho*)

2º CAVALHEIRO
(*depois de ter-se debruçado à janela, olhando para todos os lados*)
Ninguém vejo: o maldito, quem quer que seja, evaporou-se como um sonho!...

DIOGO DE MENDONÇA
Senhores, não vos incomodeis... conheço esta voz; é de um velho índio, que às vezes por aqui anda vagando como um fantasma, e que o vulgo respeita como nigromante ou feiticeiro; seremos porventura crianças para termos medo de seus agouros? é um visionário, um louco: não vos dê isso cuidado.

Cena II

DIOGO DE MENDONÇA
(*só*)

DIOGO DE MENDONÇA

Voz sinistra, na verdade!... parecia sair dos túmulos!

Confesso que tremeria, se fosse possível hoje eu ter medo de coisa alguma neste mundo... Mas o vil feiticeiro irá fazer companhia ao traidor Henrique;... será mais um dependurado para solenizar este dia que devia ser o dia do amor, e tornou-se o dia do ódio e da vingança! vingança atroz, na verdade, mas necessária!... E esses que me vêem tranqüilo e satisfeito na aparência, e com o sorriso de felicidade nos lábios, mal sabem quanto fel me ferve no coração! mal sabem que úlcera negra e profunda encobre essas flores festivas! Oh! essa mulher, que de mim zombou tão cruelmente, que a mim preferiu um vil selvagem, a quem vergonhosamente prostituiu seu coração, essa mulher que desdenhou meu amor, será hoje forçada a aceitar o meu jugo. E só quando tiver largamente expiado os seus erros, quando, envergonhada e arrependida, cair a meus pés, implorando perdão, só então serei seu esposo; do contrário serei sempre seu algoz!... E quem sabe? muito pode o tempo e a reflexão: talvez purificada no altar pela bênção celeste, que nos vai unir, sua alma se regenere, e a tresloucada donzela! se torne digna e estimável esposa. Deus assim o permita! – (*chegando-se à janela*) Que fazem estes senhores cavalheiros!... Quererão bater toda a Capitania em busca de um velho louco?... se Julião aqui se achara, aposto que já teria descoberto o insolente... E que é dele?... que será feito de Julião, que ainda hoje não o vi? Quando todos me rodeiam, e me felicitam, só o meu fiel Julião não me aparece!... Onde estará ele?... cumpre-me sabê-lo. (*sai pela porta do fundo*)

Cena III

ELVIRA *e* MARIA, *que entram pela porta do lado*

ELVIRA

Oh! Maria, minha boa Maria, eu sofro muito!... não sei que será de mim! quanto me custa este tremendo sacrifício!... o altar é para mim mais lúgubre que o patíbulo ao condenado!...

MARIA

Bem vejo senhora, quanto sois digna de lástima!... se fosse possível, eu tomava para mim metade de vossos desgostos para não vos ver sofrer tanto. – Tão bela, tão moça, e já tão desgraçada!... Ah! que só o tempo e a ternura do vosso esposo vos poderão enxugar estas lágrimas!...

ELVIRA

Não, Maria; só a morte. (*senta-se em um espaldar, toda absorvida em seus tristes pensamentos*)

MARIA

(*à parte*)

Onde terão ido o senhor Diogo de Mendonça e estes senhores que assim deixam deserto este salão?...

que motivo teriam para sair, quando aqui nos deviam esperar?... Bem me parece ter ouvido aqui um rumor extraordinário. (*chegando-se à janela e recuando depois espavorida e tapando os olhos com a mão mas com voz abafada para não ser ouvida por Elvira*) Ah! meu Deus! é ele! é o pobre Henrique!... o homem cumpriu a sua feroz promessa! pobre de minha ama!... apesar de nunca aprovar seu louco amor por esse selvagem, quanta pena tenho dela! é bem mau este meu novo amo!... eu mesma me sinto transida de horror! Ah! que será dela?... como ocultar-lhe aquele horrível espetáculo?!...

ELVIRA

(*saindo de suas reflexões*)

Não; não sobreviverei muito a este terrível golpe!... a dor me matará.

MARIA

(*à parte*)

Meu Deus!... ter-me-á ouvido! (*alto*) Tende coragem, senhora; vivei, que o tempo trará remédio aos vossos sofrimentos; tudo se esquece...

ELVIRA

Eu nunca me esquecerei de nada. – Meu pai, tu me impuseste na hora do passamento este duro e amargo sacrifício!... pois bem; eu me resigno; cumpra-se a tua vontade, já que assim era mister para o eterno repouso de tua alma. Sim, desposarei Diogo de Mendonça, mas aceitá-lo-ei como um castigo do céu, como uma terrível expiação, a que me condena o destino, como um algoz que me vem punir. Serei desgraçada, mas não o serei por muito tempo, que em breve sucumbirei ao peso de tamanho infortúnio. – E Henrique!... ah!... meu Deus!... quantos sustos!... quantas agonias a um tempo!... sabes, Maria, o que é feito de Henrique?...

MARIA

(*com embaraço*)

Não sei... mas, senhora... naturalmente deve estar em sua prisão.

ELVIRA

(*com desassossego*)

Em sua prisão?!... estás bem certa disso, Maria?... (*à parte, com aflição*) Ontem não queria fugir o louco!... quem sabe deixou-se matar?... (*alto*) Maria, não te consta que ele fugisse?...

MARIA

Nada tenho ouvido dizer... mas... talvez... quem sabe?...

ELVIRA

(*com ansiosa inquietação*)

Não sabes nada? ah!... que incerteza cruel! Maria, esse homem malvado tinha jurado imolá-lo à sua ignóbil vingança; quem sabe não terá cumprido sua horrível ameaça?!... (*dirige-se para a janela*)

MARIA

(*procurando desviá-la da janela*)

Esquecei-vos disso, senhora! vosso esposo não é capaz de semelhante crueldade. Ele só deseja que se lance um véu sobre o passado...

ELVIRA

Mas um véu de sangue!...

MARIA

Não; de um generoso esquecimento. Vede como seu procedimento é delicado para convosco, que nem vos toca nesse melindroso ponto, porque sabe respeitar a chaga profunda de vosso coração, e espera que o tempo e a vossa virtude trarão remédio a tudo.

ELVIRA

Ah! Maria, onde tu não vês senão um rasgo de delicadeza, eu distingo bem claros os efeitos de uma fria e calculada maldade!... Ele o prometeu, Maria, ele é capaz de tudo! oh! Henrique!... meu pobre Henrique! (*procura ainda dirigir-se à janela*)

MARIA

(*procurando ainda distraí-la e desviá-la*)

Ah! senhora! escutai-me; agora me lembro; disseram-me que Henrique fugira esta noite.

ELVIRA

Fugiu?... falas a verdade, Maria?

MARIA

Sim, senhora, fugiu.

ELVIRA

Oh! não te acredito: queres me enganar. (*dirige-se à janela sem atender a Maria*)

Maria

(*com aflição*)

Senhora! retiremo-nos daqui... ele fugiu; sou eu quem vos assegura...

Elvira

(*recuando horrorizada*)

Ah! Maria!... Maria!... socorre-me... eu morro!... (*arroja-se pálida e aniquilada sobre um espaldar*)

Maria

(*acudindo assustada, e sacudindo brandamente Elvira*)

Senhora!... Senhora!... que tendes?... vamos!... não vos assusteis por tão pouco, minha querida ama! não é nada; não penseis que é Henrique que ali vedes... há tantos índios... é outro qualquer... não é a primeira vez que ali se manda justiçar os índios malfeitores.

Elvira

(*tornando a si com voz sufocada de dor*)

Cala-te, Maria; em vão procuras ainda iludir-me!...

Maria

(*com ternura*)

Acreditai-me, minha querida ama; não vos iludo.

Elvira

(*reassumindo súbita e sinistra energia*)

Cala-te, que baldados serão os teus esforços para enganar-me: sei tudo (*com o riso irônico do desespero*) Oh! Senhor Diogo de Mendonça, sois na verdade um cortês e bravo cavalheiro!... sabeis obsequiar com a delicadeza do mais extremoso e terno esposo!... Mas ficai bem certo que saberei corresponder dignamente, e retribuir-vos o galanteio com outro, que decerto não vos será desagradável. – Maria, vai buscar o cofrezinho de minhas jóias; estou muito simples, não te parece?... devo me adereçar mais ricamente; não é assim que devo me apresentar aos olhos de um tão enamorado e galante esposo. (*Maria sai*) Oh! infame carrasco, não esperes gozar do teu ignóbil triunfo. Desposar-te-ei, que esse amargo sacrifício eu o devo às cinzas de meu pai: mas eu juro por essas mesmas cinzas, juro por aquela inocente vítima da mais baixa e da mais atroz das vinganças, serei tua esposa um só instante, e tu não arrastarás para o leito nupcial senão um frio cadáver!... Sim, que de há muito estou prevenida!... cuidavas que, qual ovelha tímida e submissa, eu iria afagar as garras ensangüentadas do tigre? Daqui a alguns momentos serei tua;... alguns instantes mais estarei com Henrique na eternidade!... Oh! Henrique, meu infeliz e amado Henrique, antes contigo no túmulo do que com ele sobre um trono!

MARIA
(*entrando e depondo sobre a mesa o cofre das jóias*)
Eis aqui, senhora, adereçai-vos como vos aprouver, e sobretudo tratai de tranqüilizar-vos; tende ânimo, enxugai essas lágrimas...

ELVIRA
Lágrimas!... quem mas dera!... não vês que o fogo do desespero já as secou?...

Maria

Ah! não desespereis, minha querida ama. Deus é bom, ele se compadecerá de vós, e dará alívio às vossas dores. Tranqüilizai esse coração e preparai-vos, que se avizinha a hora de ir para a capela.

Elvira

(*abrindo o cofre*)

Sim, Maria, tens razão; podes ir dizer ao senhor Diogo de Mendonça que sua esposa se acha pronta para ser conduzida ao altar. (*Maria sai*)

Cena IV

Elvira

(*só*)

Elvira

(*tirando do cofre um frasquinho*)

Eis a jóia que eu procuro! jóia de inestimável valor, e que eu hoje não trocaria por todos os tesouros do mundo! e cujo preço só conhecem os desgraçados como eu! – é a jóia do esquecimento e do repouso eterno! (*vai beber o veneno, mas ao levá-lo aos lábios pára, estremece e hesita*) Oh! meu Deus! que vou eu fazer?... morrer!... com o coração a transbordar de vida, de mocidade e de amor... e este amor que me escalda, estas angústias que me anseiam, todo este fogo que me devora, apagarem-se eternamente no seio gélido da morte?! entregar meu corpo aos vermes do sepulcro,... e minha alma... a quem? ah!... (*estorcendo convulsivamente as mãos e erguendo ao céu os olhos angustiados*) Oh! meu Deus! meu

Deus! piedade!... (*pausa*) Não tenho coragem para morrer: tê-la-ei acaso para viver?... a morte me aterra; mas a vida... ah! a vida me é insuportável! (*dá alguns passos para o lado da janela e olha para fora*) Não é ele?... não é Henrique que ali está?!... que ali, por meu amor, sofreu morte ignominiosa?... e eu, covarde! eu ainda vacilo!... Perdoa-me, Henrique; perdoa, se um momento hesitei em seguir-te. (*chega-se à mesa, empunha com resolução o veneno e bebe-o*) Está selada a minha sentença!... sou do túmulo!... que venha agora o monstro desposar a morte... apartar em seus braços um cadáver! A campa!... eis o tálamo que meu amor lhe destina! é aí que sua esposa vai dormir a noite nupcial!... Sim, daqui a alguns instantes estarei morta!... morta!... Ah! meu Deus! perdoa-me: eu não podia viver... (*ouve-se do lado de fora um ruído extraordinário, que vem-se aproximando, gritos, tiros, retinir de espadas, abalroamento de tacapes, sons de inúbias, e de maracas etc.*) Que estranho ruído é este? Céus!... será isto já o delírio da morte?... Oh! não; é guerra! a guerra com todos os seus horrores! são gritos de morte e de vingança! ah! meu Deus! meu Deus! são os selvagens.

Cena V

ELVIRA *e* HENRIQUE, *que se precipita na sala com um punhal na mão*

ELVIRA

(*dando um grito de espanto*)

Henrique!...

HENRIQUE

(*com voz troante*)

Não é Henrique, não; é Jurupema!...

ELVIRA

(*com pasmo*)

Tu aqui, Henrique! Surgiste acaso do túmulo?... ou será o delírio?!...

HENRIQUE

Não; não é delírio; é o prêmio de tua perfídia!

ELVIRA

Céus! não és tu, pois, que meus olhos estão vendo ali suspenso naquele patíbulo?!...

HENRIQUE

(*com terrível sarcasmo*)

Assim o desejáveis, minha nobre senhora!... mas, enquanto dormíeis tranqüilos, sonhando venturas, e esperando acordar aos sons de hinos de festa e de alegria, o mísero traído, de cujos olhos ardentes de desespero o sono fugira para sempre, velava não longe daqui, aguardando a hora de acordar-vos aos sons de gritos de morte, e aos lampejos do punhal da vingança!...

ELVIRA

(*aterrada*)

Ah!...

HENRIQUE

Assim pois, o carrasco converteu-se em paciente; a vítima de ontem é o algoz de hoje. Aquele cadáver, que lá vês pendurado, é o do vil Julião, do mameluco querido de teu nobre esposo. Esse miserável, dando pela minha falta, batia os campos em minha procura: encontrou-me e encontrou a recompensa de seus serviços! E, enquanto de longe aplaudíeis a minha morte, eu marchava à frente dos bravos da floresta, caía sobre os vossos dispersos e desapercebidos, espalhava o susto e a morte, e por fim embebia meu punhal sequioso no coração de vosso feliz amante, e, saltando por cima de seu cadáver, aqui me apresento agora...

ELVIRA

Para matar-me também; não é assim, Henrique? Matar-me... que mais te resta agora, senão matar-me, a ti, que me traíste, que tão cruelmente me enganaste? Mata-me... mas espera!... não será preciso: teus desejos serão cumpridos, sem que manches tuas mãos em meu sangue. Mas antes que eu morra, Henrique, escuta-me, e tu me perdoarás! Henrique, eu te amo; eu te amei sempre, eu te amo mais que nunca...

HENRIQUE

Não o creio! não esperes mais embair-me com a doce peçonha de tuas palavras; tuas palavras são mentira, é mentira o teu amor!

ELVIRA

(*com angústia*)

Ah! não, não! acredita-me, Henrique, eu te amo. Eu era forçada a desposar Diogo de Mendonça; era minha mão só que eu lhe dava; porém o coração, como havia eu dar-lho, se ele há tanto tempo te pertencia?... Um tremendo juramento que meu pai arrancou-me no momento de morrer me ligava inexoravelmente a esse homem, que eu detestava: eu ia cumprir esse legado de lágrimas que deixou-me; mas, a despeito de tudo, eu te amava, Henrique, eu te amo muito!...

HENRIQUE

Elvira!... ah!... irei ainda uma vez ser iludido?!... Por piedade ao menos não zombes mais comigo.

ELVIRA

(*tirando do seio um ramo de flores murchas*)

Já que me não acreditas, Henrique, sejam testemunhas estas murchas flores... estas flores queridas, que um dia tu me deste, e que até conservo sobre o coração!...

HENRIQUE

(*largando o punhal e precipitando-se aos pés de Elvira*)

Elvira, minha Elvira, perdoa-me! bem me dizia o coração que tu não podias enganar-me!... (*levantando-se*) Oh! estas flores!... (*tomando as flores*) Dá-me estas flores queridas, penhor de tua lealdade! quero beijá-las, quero também apertá-las ao coração. Vinde ao meu seio, vinde, belas flores do amor e da lealdade, hoje entregais a meus braços o anjo que um dia em sonhos me prometestes!...

ELVIRA

Não vês como estão murchas? ah! que o sopro da morte mirrou-as para sempre, e as flores da esperança converteram-se em grinalda da morte!

HENRIQUE

Oh! não!... já que me amas, Elvira, nada hoje pode estorvar a nossa felicidade!... serás minha! (*com singular exaltação*) Hoje sou eu o chefe dos bravos: meu braço empunha as armas invencíveis do terrível Pirajiba: mil valentes guerreiros acodem à minha voz, e obedecem ao meu mando: ei-los que vão levando de corrida os inimigos vencidos, e derramando o susto, e a morte!... O terror precede o meu nome; a vitória marcha ao meu lado. Quem terá a louca audácia de contrastar o meu poderio? Hoje sou eu o rei das selvas! Vem, Elvira, vem, corre a meus braços, vem ser rainha comigo! Ou, se mais te apraz, farei voltar esses guerreiros para suas selvas, deixarei nas brenhas o tacape de cacique, pendurarei de novo na caverna do pajé as armas invencíveis de Pirajiba e voltarei ainda a ser o teu escravo, o teu fiel Henrique! Vem, Elvira, de qualquer sorte que queiras, nas cavernas ou nas florestas, à sombra da taba do índio, ou na habitação do luxo, em toda parte seremos felizes!... muito, muito felizes!

ELVIRA

Ah!... mais que nunca somos desgraçados!... escuta; não sabes ainda tudo... Neste momento o altar nos aguardava... eu ia ser dele para sempre.

HENRIQUE

E para sempre dele nos livrou o meu punhal!

ELVIRA

(*com voz febril*)

Eu ia cumprir um voto horrível, mas sagrado... e julgando-te morto... eu ia vingar-me a mim e a ti... dentro em pouco eu seria sua esposa... estava cumprido o juramento! alguns instantes depois... ah! eu estaria no túmulo contigo... cometi um crime... um crime enorme de que já sofro a horrível punição... Ah! Henrique! Henrique!... por que não fugiste?... por que assim enganaste a tua Elvira?... Agora sabes... para tua punição... que te amo... e que estou morta!!...

HENRIQUE

(*com ansiosa inquietação*)

Elvira!... minha querida Elvira! que tens?... fala... que crime cometeste?...

ELVIRA

(*com voz cada vez mais cortada e febril*)

Bebi o veneno... bebi a morte...

HENRIQUE

(*com indizível angústia*)

Ah! louca!... louca! que fizeste!

ELVIRA

Henrique, perdoa-me... tem dó de tua Elvira, que morre...

HENRIQUE

Não; não! Elvira... não morrerás... (*toma-lhe ambas as mãos e a fita com ansiedade*) (*à parte*) Meu Deus! como ela sofre!... que palidez sinistra!... (*alto*) Elvira!... olha o teu amante, que aqui está para salvar-te, ou para morrer contigo!... não desanimes! ainda haverá remédio... Elvira! tu sofres muito?...

ELVIRA

(*com voz cada vez mais arquejante e extinta*)

Não... tranqüiliza-te, Henrique... mas... não há remédio... eu morro... ah! que tortura!... morrer sabendo que és vivo... vendo-te, ouvindo a tua voz!... no mesmo dia achar-te, e na mesma hora... passar duas vezes pela dor de perder-te!... ah!... só isto bastava... para matar-me!... Nem no túmulo... onde ia procurar-te... nem no túmulo... me é dado unir-me a ti!... (*reforçando a voz com desespero*) Ah! que destino!... que destino cruel!...

HENRIQUE

Elvira!...

ELVIRA

Henrique!... que ansiedade!... como me pesa... esta cabeça!... Henrique, ampara-me... ampara-me. (*deixa cair a cabeça sobre o peito de Henrique, que a sustenta no braço e a contempla, desvairado de dor*) Uma nuvem... se estende, ante os meus olhos... já sinto o frio da morte... invadir-me o coração... Henrique... meu único... meu derradeiro amor... adeus... eu morro... adeus... ah!... (*seu corpo se quebra lânguido nos braços de Henrique, que a sustenta vigorosamente*)

HENRIQUE

(*agitando o corpo de Elvira*)

Elvira!... Elvira!... ah! está morta! (*fica na mesma atitude, mudo e como petrificado pela dor*)

Cena VI e última

Os mesmos, SELVAGENS *e o* PAJÉ

SELVAGENS
(*entrando de tropel na sala e gritando com voz atroadora*)
Vitória!... vitória! Vivam os Potiguares! viva o nosso chefe! viva Jurupema! viva! viva!...

HENRIQUE
(*com força*)
Morra!... morra o desgraçado Jurupema! (*apunhala-se e cai abraçado com Elvira nos braços dos selvagens que o rodeiam*)

PAJÉ
(*levantando as mãos ao céu, com voz lúgubre e forte*)
Acabou-se a nação dos Potiguares!...

FIM

SANGUE LIMPO

PREFÁCIO

Seja-me permitido escrever algumas linhas preliminares, não em favor da obra, pois como disse Madame de Staël, "um livro defende-se a si mesmo", nem para expender dificuldades inseparáveis de um ensaio em gênero tão escabroso de literatura, mas para manifestar o pensamento capital que presidiu à confecção deste drama.

Em princípios do ano de 1859, o Conservatório Dramático Paulistano, tentando pôr em prática uma idéia cheia de patriotismo, abriu um concurso literário, destinando prêmios para o melhor drama original, revestido de moralidade, que tivesse por assunto algum dos gloriosos episódios da história de nossos pais. Apesar de minha fraqueza e obscuridade, propus-me a entrar na liça, satisfeito de antemão com a idéia de ser vencido por engenhos nascidos no mesmo berço. Lançando um ligeiro olhar sobre o nosso passado, descobri sem grande custo o assunto que desejava. É com razão que Charles Ribeyrolles disse que a nossa história tinha uma página, a da Independência; e eu já pensava assim antes do talentoso proscrito francês. Sim, é do Ipiranga que data a nossa vida real; nunca se poderá chamar dia ao espaço que precede a aurora. Este assunto, porém, tão belo e tão nacional, traz consigo graves inconvenientes. O Ilmo. Sr. Dr. Paulo Antônio do Vale enumerou-os todos em uma carta, publicada por esse mesmo tempo, e assinalou os perigos a que se expunha o escritor incauto que ousasse apresentar na cena os vultos veneráveis e ainda palpitantes dos Andradas e do primeiro Imperador. Concordando plenamente com a opinião deste ilustrado paulista, autoridade em semelhantes matérias, pareceu-me entretanto que a pintura fiel da época, afastadas as personagens principais, teria ainda encanto bastante para prender os espectadores.

Achada a moldura, faltava delinear o quadro.

Todos sabem de que elementos heterogêneos se compõe a população brasileira, e os riscos iminentes que pressagia essa falta de unidade. Não é somente a diferença de homem livre para o escravo; são as três raças humanas que crescem no mesmo solo, simultaneamente e quase sem se confundirem; são três colunas simbólicas que, ou hão de reunir-se, formando uma pirâmide eterna, ou tombarão esmagando os operários! Penso eu (e este pensamento parece-me digno de ser a divisa de todos aqueles que trabalham no magnífico edifício da arte nacional), penso eu que o presente deve ser preparador do futuro; e que é dever de quantos têm poder e inteligência, qualquer que seja a sua vocação e o seu posto, do poeta tanto como do estadista, apagar essas raias odiosas, e combater os preconceitos iníquos que se opõem à emancipação completa de todos os indivíduos nascidos nesta nobre terra. Essa grande revolução, infalível porque é lógica, triunfante porque é santa, não há de ser contemplada pelos mais mancebos de hoje; restar-nos-á porém a glória de haver-lhe aplainado o caminho.

Não será dramático desenrolar a velha bandeira do Ipiranga, e nela apontar como antítese monstruosa a nódoa negra da escravidão, verme nojoso que rói a flor de nossas liberdades? Não será dramático mostrar o que fizeram nossos pais, e o que nós temos a fazer para coroar sua obra?

Foi possuído desta idéia que eu utilizei os belos dias de janeiro do ano passado, escrevendo o drama *Sangue limpo*. Encetando uma empresa que me parece de alta moralidade, e que outros completarão mais eficazmente, agredi as preocupações que existem contra os homens de cor. Bem sei que a execução não está a par da idéia; balbuciei uma língua nova para mim, e o meu entusiasmo juvenil extravasou por vezes dos moldes frios e inflexíveis do drama moderno. Julgo porém haver atingido o meu fim. Só ao gênio é dado começar pelo irrepreensível.

Poetas, artistas, cultivadores do belo, semeadores incógnitos do futuro, não esmoreçamos. Esta época vai rica de materialismo, de descrença e de ignomínias políticas: mas um dia erguer-se-á o sudário gelado desta nova Pompéia, e do cadáver só subsistirá o crânio, sede da inteligência!

1º de setembro de 1862.

PAULO EIRÓ

Paulo Eiró

SANGUE LIMPO

Representado pela primeira vez no
Teatro da cidade de São Paulo
a 2 de dezembro de 1861

PESSOAS DO DRAMA

D. José de Saldanha
Aires de Saldanha
Rafael Proença
Vitorino
Mendonça
Liberato
Brás
1º. Desconhecido
2º. Dito
Um militar
Um cabo
Luísa Proença
Onistalda
Povo, Soldados

A ação passa-se na cidade de São Paulo,
no ano de 1822, desde 25 de agosto
até 7 de setembro.

PRÓLOGO

(Pátio do Colégio, com vista da igreja ao fundo, e à direita o Palácio do Governo, cujas janelas devem estar iluminadas e com gente. Ao subir o pano uma banda de música toca no centro da praça o hino constitucional de 1820, findo o qual, das janelas do Palácio rompem vivas à Constituição, a el-rei D. João VI, ao príncipe regente e aos briosos paulistas: o povo corresponde entusiasta, e circula pelo pátio; neste passeio prolongado travam-se os diálogos seguintes.)

Cena I

D. José *e um* Militar

D. José

Vede! O príncipe não podia ser mais ardentemente recebido e vitoriado.

MILITAR

E contudo ele não quis aceitar a guarda de honra que lhe preparavam!

D. JOSÉ

Auras populares, ovações efêmeras ao homem que representa um pensamento, e que durarão até que outro pensamento desça, como Moisés do monte, e faça em pedaços o ídolo.

MILITAR

Que importa o futuro? Ninguém conta com ele. Antes que passe a monção, terá Sua Alteza chegado a seus fins ambiciosos.

D. JOSÉ

Culpa têm os que o impeliram em tal caminho. Não lhe sabiam da índole? D. Pedro de Alcântara não sabe receber ordens de quem quer que seja.

MILITAR

Como vos enganais! A desobediência do príncipe nunca teve por motivo o pundonor ofendido. Há muito que ele vive sonhando com uma coroa americana, de ouro, cravada de diamantes.

D. JOSÉ

O que prova isso? Que só ele sabe diferençar o falso do verdadeiro, e considera o futuro com olhos perscrutadores. E entretanto parecia que a Providência se propunha a renovar os destinos da velha Lusitânia! Amigo, a mudança da corte para o Novo Mundo era talvez a realização do único meio de salvar Portugal. Quando a bandeira de Ourique esvoaçasse neste imenso país, por onde se derramaria a superabundância de nossa população, cujos produtos encheriam nossos cofres, cujas florestas forneceriam o material para nossos estaleiros; quando chamássemos a este grande mercado as nações industriosas do mundo, estaria sacudido para sempre o jugo pesado, que nos impõe a Inglaterra, o cadáver da monarquia erguer-se-ia do túmulo em que dorme há três séculos, e seríamos de novo senhores do Atlântico. E que murmurassem os filhos da Europa! que nos importava o egoísmo de uma província remota? Lá só existiam as recordações gloriosas do passado; aqui porém estava a grandeza do futuro. Aqui estava uma epopéia, não a das lutas estéreis do Oriente, mas a das lides pacíficas e dos frutos sazonados da civilização. Os portugueses rejeitaram esse brilhante destino. Fazia-lhes falta o dossel da realeza, o grupo matizado dos cortesãos! Estavam tão ermos os paços de Belém! Clamaram em altas vozes pelo seu monarca esses vassalos zelosos: Dom João VI obedeceu-lhes e abandonou o Brasil. Desde esse dia está consumada irremissivelmente a separação. De hoje avante o oceano rolará entre dois povos.

MILITAR

Assim será, não duvido, mas o príncipe nem por isso deixa de ser... (*hesitando*)

D. JOSÉ

O quê?

MILITAR

Não o direi alto, que muitos curiosos nos cercam. (*afastam-se*)

Cena II

1º *e* 2º DESCONHECIDOS

1º DESCONHECIDO
(*em cena*)
É um herói o nosso defensor perpétuo.

2º DITO
(*idem*)
E um herói popular, meu caro reverendo.

1º DITO
Os nossos partidários das cortes é que estão se mordendo, mas procuram fazer boa cara. Menos susto lhes causou a vinda do Cândido do que agora esta augusta visita.

2º DITO
Foi uma medida de política bem perspicaz, e cuja utilidade já reconheceu o príncipe na sua viagem a Minas. Pena será que ele não saiba aproveitá-la. Os frutos estão maduros, por que não há de colhê-los?

1º DITO
E onde melhor que em São Paulo? Mas o príncipe que tome as suas medidas antes que chegue o sábio Mentor que deve conduzi-lo às cortes da Europa, a fim de aprimorar a sua educação.

2º DITO
Ah! ah! ah! que vão esperando.

1º Dito

Olhem que a desconfiança torna bem tolos os homens, ainda que sejam deputados. (*vão-se rindo*)

Cena III

Rafael, Luísa *e* Vitorino
(*descendo*)

Vitorino

Meu Deus, como está bonito isto! Que alvoroto! Desde os tempos do Conde de Palma, ou do Marquês de Alegrete, que não vejo o povo contente como está hoje.

Rafael

O que o povo quer é festa.

Vitorino

Mas festa em que haja liberdade e não arrogância e bazófias de magnates.

Luísa

Apreciem a variedade de gente que há. Aqui vê-se de tudo; a baeta roça nas sedas, a farda das milícias encontra-se com o poncho dos caipiras; olhem lá, às direitas! um negro esbarrando-se na batina de um padre. Nunca vi semelhante mistura de pobres e ricos, de velhos e crianças. A cidade toda está aqui.

Rafael

Sinal certo de que a alegria é geral.

VITORINO

Não é tanto assim. Gente da outra banda não vejo muitos, salvo algum negociante de jaqueta, raça de judeus, a quem o almotacé tem insultado vinte vezes, e que tem por timbre servir tanto a Deus como ao diabo.

RAFAEL

Que fim levou a tia Onistalda?

VITORINO

Cansou-se de navegar por este mar bravo, e foi dar fundo à porta da casa de fundição.

LUÍSA

Psiu! Deixem-me ouvir a música. (*intervalo de música; continua o passeio e alguns vivas*)

Cena IV

D. JOSÉ *e o* MILITAR

MILITAR

(*continuando*)

Essa glória era pura demais para ele. Preferiu revoltar-se contra a autoridade paterna, e adular tendências revolucionárias.

D. JOSÉ

Basta. Não vos posso seguir a esse terreno: sou servidor do príncipe...

MILITAR

Primeiro que tudo somos portugueses, bem que degenerados filhos dos heróis da Índia. Abata-se quem quiser; eu não hei de comer angu para agradar espíritos revoltosos.

D. JOSÉ

Sentido! Estais provocando um povo inteiro...

MILITAR

(*desdenhoso*)

Se ouvísseis o que por aí dizem!...

Cena V

Os mesmos e AIRES

AIRES

Até que os encontrei.

D. JOSÉ

És tu, Aires? Que andas fazendo?

AIRES

Passeio, meu pai, e divirto-me com o que vejo.

MILITAR

(*jovialmente*)

E quais são as belezas que o encantam?

AIRES

(*no mesmo tom*)

As da natureza meu coronel. São Paulo é um viveiro de moças bonitas, mas em compensação as velhas são horríveis.

D. José
(*rindo*)
É o efeito dos contrastes.

Cena VI

Os mesmos, Rafael, Luísa *e* Vitorino
(*em ângulos opostos da cena*)

Luísa
Que linda noite! Até o céu pôs luminárias.

Militar
(*a Aires*)
Parece-me que sabe aproveitar os seus vinte anos. Ora, diga-me que tal lhe parece aquela trigueirinha, que ali vem acompanhada de dois figurões, um deles sargento de linha? Fale: D. José lhe permite ser franco.

Aires
Essa de vestido branco, que está olhando agora para as janelas do palácio?

Militar
Essa mesma.

Aires
É a segunda vez que a vejo...

Militar
E que mais?... (*maliciosamente*)

AIRES

E pela segunda vez confesso que é de rara perfeição.

MILITAR

Rara perfeição! Isso é ser avarento de palavras. Olhe-a bem. Que corpo formoso e lânguido! que movimentos cheios de graça e de indolência! Como o brilho de seus olhos é adormecido! parecem duas estrelas gêmeas, em noite quente de verão. Realmente é a mistura mais deliciosa da raça branca com o tipo indiano.

D. JOSÉ

Valha-nos Deus! Está-me parecendo que ides fazer um estudo sobre as belezas paulistanas.

MILITAR

Estudo superficial. Deixo ao vosso Aires o cuidado de aprofundá-lo.

AIRES

(*rindo*)

Ah! ah! ah! Coronel, qual de nós é o rapaz?

MILITAR

O senhor, que dúvida? Mas eu já o fui também. Hoje o meu coração é cinza, mas cinza que ainda conserva calor.

RAFAEL

(*amuado*)

Que nos quererão aqueles fidalgos, que tanto para nós olham?

VITORINO

Para nós, não, para D. Luísa.

LUÍSA

(*com vaidade*)

Deixá-los, não me hão de derreter.

AIRES

Até já.

MILITAR

Que vai fazer?

AIRES

Vou... estudar. (*segue de longe a Luísa: D. José e o Militar desaparecem por entre o povo*)

Cena VII

RAFAEL, LUÍSA *e* VITORINO

RAFAEL

Sabem o que eu desejava agora? Era ser o príncipe. Queria sair a furto do palácio, acotovelar desconhecido esta multidão, respirar o incenso da popularidade, ouvir meu nome repetido mil vezes e formar um livro agradável de todas estas palavras entrecortadas, de todas estas perguntas indiscretas, de todos estes vivas incessantes.

VITORINO

Seria o livro mais mentiroso que se tem escrito.

LUÍSA

Quem sabe! Já ouvi dizer que Sua Alteza gostava de passear incógnito como aquele rei das *Mil e uma noites*. Eu também desejava, mas era saber se aquela condessa que lá vai coberta de seda e jóias estará mais alegre e feliz que eu.

RAFAEL

Penso que não. A soberba é mãe da desgraça. O ouro é brilhante, mas não deixa de ser metal.

VITORINO

Pois eu, como já estou cansado do passeio, queria antes estar no teatro, ouvindo a Zacheli cantar algum dueto, ou assentado ao balcão de um botequim, a comer pastéis e bolos de arroz.

RAFAEL

Se querem voltar para casa...

LUÍSA

Que pressa! se ainda é tão cedo! Demos outro giro pelo pátio e depois voltaremos.

RAFAEL

Pois bem; fica passeando com o Vitorino, enquanto vou comprar alguns doces para ti. Eu logo volto.

LUÍSA

Procure-nos aqui; sim, mano?

RAFAEL

Está dito. (*vai-se: Aires e o militar no fundo*)

Vitorino

Estou com medo que a tia Onistalda pegasse no sono aí por algum canto.

Luísa

Lá começa a música: vamos ouvi-la de mais perto. (*afastam-se. Intervalo de música*)

Cena VIII

1º. *e* 2º. Desconhecidos, *o* Militar *e depois* Rafael

1º. Desconhecido

Que notícias há de Lisboa?

2º. Dito

Más. Continua a mesma obstinação dos portugueses na guerra que fazem à emancipação brasileira. Esperam-se novos decretos repressivos. Os deputados paulistas têm-se assinalado na defesa dos nossos direitos. Antônio Carlos sobretudo faz lembrar os Régulos e Pompílios. Mas não é de qualquer desses nobres campeões que depende hoje a sorte do Brasil. A hora da independência está a soar, bate agora talvez; mas sem um nome prestigioso que contenha as ambições, sem uma águia possante que empunhe esse feixe de raios, tenho bem medo que a hidra da anarquia venha dilacerar-nos.

1º. Dito

Assim é de temer. Não existem acaso as antipatias do provincialismo, origem de tantas dissensões?

Ficará o Brasil retalhado em repúblicas como está sucedendo à América espanhola: sem contar com os partidistas dedicados que Portugal conserva em algumas províncias.

2º Dito

Desses não me temo. Acho impossível que o Brasil continue unido à coroa portuguesa. (*ao Militar*) Não pensa assim, meu caro senhor?

Militar

Não vejo impossibilidade em uma união que existe há tão largo tempo.

Rafael

(*procurando alguém*)

Aonde foram eles?

2º Desconhecido

O estado atual é muito diferente; lusos e brasileiros têm-se extremado.

Militar

(*com escárnio*)

Sim... graças à vossa mistura de sangue.

Rafael

(*voltando-se vivamente*)

Chama-nos então... mestiços?

Militar

Pode entender como quiser.

RAFAEL

Mestiços! Ah! meu bravo, a vós outros cabe metade da injúria. Tomai-a! (*animando-se*) Não vos envergonhais de lançar-nos em rosto as conseqüências do crime por vós praticado? Por vós, que tendes feito da América um pelourinho? Por vós, que não podendo obrigar o índio a cultivar a terra de que o despojastes, ides procurar além dos mares servos mais obedientes e mais vis? Quais serão os que, ainda não satisfeitos com a exploração infame dos sentimentos do amor e da paternidade, não desdenham fecundar o leito da escravidão? Somos nós, decerto. Sois generosos em demasia: não o achais, senhores?

MILITAR

Bravo! Está falando como um letrado... mas não me admiro: parece-me interessado na causa que advoga com tanto calor.

RAFAEL

(*sério e contendo-se*)

Basta de insolências, senhor. Se o seu trajo não é um disfarce, dirijo-me a um militar; eu trago também uma espada que ganhei na Cisplatina. Quer dar-me a honra de vir comigo?

2º DESCONHECIDO

Mestiços a nós... que insulto!

MILITAR

Nunca recusei um desafio. Se bem que proposto por um inferior... Vamos!

RAFAEL

Tende a bondade de seguir-me. (*vão-se*)

2º DESCONHECIDO

Que tal lhe parece esta? (para o 1º)

1º DITO

As afrontas não me admiram. Estes lobos de boa vontade nos estrangulariam, se o seu poder chegasse a tanto.

UM HOMEM DO POVO

Viva o nosso bravo sargento!

UMA MULHER

Que fez ele? Como se chama?

O HOMEM

Rafael Proença. É meu conhecido, e acaba de desafiar um atrevido mata-mouros que estava a apoquentar-nos, a nós brasileiros. Lá está se batendo, Deus o ajude.

A MULHER

Oh! meu Deus! Vou já correndo contar isto à minha xará. (*vai-se*)

1º DESCONHECIDO

Verá como a notícia espalha-se em pouco tempo por todo este povo.

2º DITO

Basta que as mulheres entrem nisso. (*afastam-se. Vai-se levantando um burburinho no povo*)

Cena IX

LUÍSA *e* VITORINO

LUÍSA

Paremos aqui: o mano não pode tardar.

VITORINO

São dez horas, e o povo cresce cada vez mais e fica desassossegado. Dizem cada mentira! Uns falam em recrutamento; outros em levante dos portugueses, inimigos do nosso príncipe, que Deus conserve por muitos anos...

LUÍSA

Coisas sem pé nem cabeça.

VITORINO

As coisas sem pé são as que andam mais, e as que perderam a cabeça mais presumem de ter inteirinho o miolo. D. Luísa, está vendo aquele sujeito pimpão, que ali passa com o chapéu amarrotado e uma casaca do tempo de Martim Afonso?

LUÍSA

Estou vendo. Quem é?

VITORINO

Sem mais nem menos é aquele a quem devo a honra de vir a este mundo, posto que por decência chamem-me filho de pais incógnitos. O que há muito nesta terra são pais de filhos incógnitos, semeadores que não colhem. Este bom velho creio que nunca pensou na minha existência, e eu deixo ficar a coisa assim, porque não desejo herdar o seu chapéu amarrotado, nem a sua casaca decrépita. (*Redobra o tumulto na multidão.*)

Cena X

Os mesmos e a MULHER *de há pouco*

LUÍSA

Olhe, Vitorino, como o povo está amotinado. O que será aquilo?

A MULHER

Não sabe então, minha flor? Eu lhe conto. É um desafio que houve entre um sargento...

VITORINO

Um sargento!

A MULHER

Sim, é um guapo sargento, bravo como um leão. Desafiou uma dúzia de soldados, dos portugueses, e lá estão malhando.

VITORINO

E como se chama ele?

A MULHER

Ora, deixe-me lembrar... Rafael Proença.

LUÍSA

(*atemorizada*)

Meu irmão!

A MULHER

Ah! é seu irmão? Pois saiba que é um valente homem. Até logo: vou correndo contar isto ao meu compadre. (*vai-se apressada*)

VITORINO

(*ansiado*)

Espere um pouco, mulher. Conte-me onde eles estão... (*segue-a correndo; grande rebuliço do povo*)

LUÍSA

Vitorino, aonde vai? Não me deixe só, por piedade! (*uma onda de povo envolve-a, cai*) Me acudam! (*música*)

Cena XI

LUÍSA *e* AIRES

(*Confusão. O povo afasta-se e deixa ver Aires,*
que traz Luísa desfalecida para o meio da cena.
A agitação vai cessando gradualmente.)

AIRES

Oh! meu Deus, quase a sufocaram. Que linda cabeça! Vou conduzi-la para alguma casa, até que recobre os sentidos.

LUÍSA

(*tornando a si*)

És tu, Vitorino?

AIRES

Não, mas creia que é um amigo. Sente-se melhor, menina?

LUÍSA

(*confusa*)

Sim, já estou boa: deixe-me ir procurar meu irmão.

AIRES

(*detendo-a*)

Bem vê que isso agora é impossível; não se pode atravessar a praça. Diga-me onde fica a sua casa; para lá iremos, e em breve ter-se-á (*sic*) notícias.

LUÍSA

Mas deixá-lo em meio de tantos inimigos!

AIRES

Está enganada; eu estive presente ao desafio. O contrário de seu mano é um velho militar, um pouco teimoso, mas de excelente coração. Creio que se contentarão com cruzar as espadas.

LUÍSA

Ah! senhor, Deus o encha de bênçãos pelo que acaba de dizer-me! já estou tranqüila. Deixe-me buscar uma pessoa conhecida com quem possa voltar à minha casa.

AIRES

E por que não serei eu mesmo?

LUÍSA

Não quero dar-lhe mais esse incômodo.

AIRES

Eu lhe chamo felicidade. Onde mora?

LUÍSA

Rua da Cruz Preta, em uma esquina.

AIRES

(*batendo na testa*)

Louco que sou! Hoje é o primeiro dia que passo nesta cidade; não conheço ainda as ruas. Tome a senhora mesma o caminho, e eu a acompanharei. Aqui tem o meu braço; firme-se nele.

VITORINO

(*chegando*)

D. Luísa, aqui estou.

LUÍSA

Ah! Vitorino, não pensava que fosse assim! A não ser... este senhor, ficava eu hoje pisada por toda esta gente.

VITORINO

Agradeço muito a ele os seus favores, e peço perdão à senhora: mas, quando ouvi falar que o padrinho estava cercado de inimigos, não pude deixar de acudir.

LUÍSA

Encontrou-o?

VITORINO

Sim. Houve intervenção da polícia e tudo acabou por duas cutiladas.

AIRES

Senhora, vejo que já não necessita do meu préstimo: bem a pesar meu, deixo a sua companhia. O que me consola é que, graças a esta noite, por algum tempo lembrar-se-á de mim.

LUÍSA

Como de um amigo generoso, a quem devo talvez a vida. Vamo-nos, Vitorino. Deus o guarde, senhor, e o felicite pelo bem que me fez.

AIRES

Felicitar-me!... ah! bem o podia a senhora, sem recorrer a Deus! (*pausa. Luísa e Vitorino partem*)

Cena XII

AIRES

(*só*)

(*Seguindo Luísa com os olhos*) Rua da Cruz Preta, em uma esquina... Hei de vê-la ainda uma vez. (*pensativo*) É tão formosa! (*O movimento do povo tem cessado; a música repete o hino constitucional. Cai o pano.*)

FIM DO PRÓLOGO

ATO PRIMEIRO

Entrevista de amor

(*Sala pequena em casa de Rafael Proença. Uma janela de postigo, à esquerda. Portas no fundo e à direita. Mobília no gosto antigo, cadeiras forradas do couro, candeeiro de cobre sobre o bufete.*)

Cena I

(RAFAEL, VITORINO, *de braços cruzados,*
LUÍSA *sentada no vão da janela e* ONISTALDA
com uma candeia na mão)

RAFAEL
(*afivelando o cinturão*)

Então, tia Onistalda, que notícias nos dá da ceia? Olhe, que eu tenho pressa de sair!

Onistalda

Tenha mais um bocado de paciência, Inhozinho, que a mesa já está posta. Ai! eu não posso lidar tanto. Estou do meio-dia para a tarde.

Vitorino

Tarde, diz ela! Isso é coisa que já passou: vá rezando as Ave-Marias, tia Onistalda, que vassuncê já regula por aí.

Onistalda

Salta pra lá, tagarela! eu te arrenego. Vim aqui dentro buscar... não sei o quê... ah, sim! uma faca que deixei ali.

Vitorino

(*à parte*)

Tomei quizília com esta mulher. Que figura. Parece um saco de pinhões.

Onistalda

(*passando por Luísa, em voz baixa*)

Siu, nhanhã... ele está aí defronte.

Rafael

(*pegando rapidamente no braço de Onistalda, que deixa cair a candeia*)

Como! que está aí dizendo, mulher?

Onistalda

(*a tremer*)

Ai! pois mecê ouviu?

RAFAEL

(*irado*)

Responda-me, se quer viver. Quem é esse ele? Não me está ouvindo?

LUÍSA

(*chegando-se*)

Mano!

RAFAEL

Com mil demônios! O que ela te disse, Luísa?

VITORINO

Ora, ora, forte novidade! Padrinho, quem está aí é o preto aguadeiro.

ONISTALDA

Sim, é ele mesmo... o Luís... Veio buscar o dinheiro... de dois barris.

VITORINO

(*à parte*)

Vá mais esta para o saco!

RAFAEL

(*depois de alguns momentos de dúvida*)

Então para que diabo são estes segredos? (*larga Onistalda que respira com ruído*) Paguem o que devermos! não quero credores.

ONISTALDA

(*erguendo a candeia*)

Ah! minha Nossa Senhora, que mão pesada!

RAFAEL

Vamos, marche para a cozinha, que é lá o seu lugar. (*à parte*) Ai de quem me quiser enganar! (*Onistalda sai; Luísa torna-se inquieta*)

Cena II

RAFAEL, LUÍSA *e* VITORINO

VITORINO

Pobre mulher! Saiu vendendo azeite às canadas.

RAFAEL

Vai-me fechar aquela janela, Luísa. Pode bem ser que fizesse agora um juízo temerário, mas é certo que não me fio inteiramente nesta mulher... e nem aconselharei aos outros que se fiem.

VITORINO

Tem ao menos uma virtude, bem rara nos índios. Não bebe.

RAFAEL

Má virtude essa em quem gosta de fabricar mexericos: não se descobrem com tanta facilidade. Mas vejam se tenho ou não razão de desconfiar. Ontem, à boca da noite, voltando para casa, vi a tia Onistalda que da porta da rua estava a conversar com um indivíduo, que não pude reconhecer, por causa do capote em que estava embuçado. (*Luísa presta grande atenção*)

VITORINO

Talvez algum parente... Ela os tem por toda parte.

RAFAEL

Não era, porque a tia Onistalda tratava-o por senhor. Uma suspeita instintiva, que não pude vencer, fez-me parar na esquina. O embuçado parecia pedir alguma coisa que lhe era negada, até que tirando um objeto branco, que julgo ter sido uma carta, entregou-o à velha e desapareceu. Mostrei-me então. A tia Onistalda estava confusa... eu não lhe disse palavra... Confesso que envergonhei-me de patentear a minha espionagem. Pretendo dar-lhe alguma gratificação e despedi-la brevemente, pois não preciso de correios em casa.

VITORINO

Isso não quer dizer nada. É cisma sua, padrinho.

RAFAEL

Cisma? Pois vão ouvindo. Hoje, ao levantar-me, fui direito à janela e abri-a. Por dentro do postigo, que casualmente ficara aberto, vi eu... adivinhem o quê?!... uma rosa branca. Linda flor na verdade, mas seria fatuidade em mim acreditar que me era destinada... como seria milagre ter brotado ali no espaço de uma noite.

VITORINO

Aí está uma coisa bem galante. O padrinho a receber flores! Isto não faz-lhe rir, D. Luísa?

RAFAEL

(*a Luísa*)

De que estás triste?

LUÍSA
(*a custo*)

De nada, mano.

RAFAEL

Tenho-te estranhado, há uns poucos de dias. Tu, tão jovial, tão amiga de rir e brincar, tens ficado séria de repente... andas sempre a pensar.

VITORINO

E isto em tempo de festa, quando a nossa cidade está feita corte! Estou certo que... a rosa branca, achada pelo padrinho, foi posta ali... pela mão de algum desses bonitos oficiais, de bigodes tão bem retorcidos.

RAFAEL
(*severo*)

Está certo?

VITORINO

Quero dizer... que assim me parece. Eles apreciam muito esses galanteios.

RAFAEL

E para quem seria a flor?

VITORINO

Para... D. Luísa, por exemplo.

LUÍSA
(*vivamente*)

Para mim! Está enganado... eu não procuro ser vista.

VITORINO

Perdão... eu não falava sério. (*irônico*) Bem sei que a senhora não cobiça essas honras... não busca os que estão acima de nós.

RAFAEL

Assim deve fazer sempre. Eu lhe dou o exemplo. (*disfarçando*) Falemos em outra coisa. Sabem uma novidade? Sua Alteza Real parte amanhã para a vila de Santos.

VITORINO

Boa notícia para os figurões... de cá.

RAFAEL

Como assim?

VITORINO

Podem agora encurtar os cordões da bolsa, e fazer a soma total da despesa.

RAFAEL

Esse total há de espantá-los certamente.

VITORINO

Padrinho, perdoe-me o atrevimento. Se eu fosse vosmecê. aproveitava esta ocasião.

RAFAEL

Qual ocasião?

VITORINO

Muita gente tem sido despachada. Por que não há de requerer ao príncipe um posto melhor? Não é coisa difícil. Quem guerreou tanto lá pelo Sul pode pedir alguma mercê sem se envergonhar.

RAFAEL

Eu... pedir? Não tenho jeito para isso, nem vontade.

VITORINO

Ser alferes não é desgraça.

RAFAEL

Como soldado possuo o bom conceito e a amizade dos meus companheiros. Subindo a oficial, despertaria a inveja... isso é o menos... sofreria os desdéns daqueles que não têm metade dos meus serviços.

VITORINO

Quem se deixa desprezar tendo uma espada à cinta!

RAFAEL

Que mal conheces o mundo! A honra é a geração; ninguém me tira disto. Em vão nasce um homem, à semelhança de Deus, possuindo inteligência, rico de vontade e esperanças. Se a natureza imprimiu-lhe no rosto uma cor odiosa, se a fortuna atirou o seu berço para dentro de uma choça, todos os seus esforços serão baldados, trabalhará inutilmente. Quando mesmo conseguisse elevar-se, ergueria consigo a humilhação. Mártir de seus deveres, dando a vida pela pátria, seu destino, sua recompensa é o esquecimento; não haverá uma cruz humilde para fazer menção de sua morte. Não, Vitorino, eu nada pedirei.

VITORINO

Como quiser, padrinho.

RAFAEL

Que estás fazendo aí, Luísa? Queres abrir a janela... para que fim?

LUÍSA

Pareceu-me ouvir bulha fora.

RAFAEL

É engano teu: eu nada ouço.

VITORINO

Há de ser algum pateta que volta das luminárias, falando em Constituição, garantias, e nas visagens que nos estão fazendo os tais deputados do Reino. É o que se trata nas praças, nas casas, nas boticas, em toda parte.

RAFAEL

As cabeças estão a arder. Possa acabar isto sem grandes distúrbios, e para maior honra dos brasileiros. Quisesse-o Sua Alteza, e o gigante americano punha-se hoje de pé.

VITORINO

Ele continua a se fazer de rogado, mas não terá outro remédio senão dar o sim à noiva.

RAFAEL

Ficamos hoje sem ceia? A tia Onistalda é capaz, por despique, de deixá-la esfriar antes de chamar-me. Vamos ver isso. (*sai*)

Cena III

Vitorino *e* Luísa

Luísa

(*indo espreitar curiosamente à janela da esquerda*)

Será verdade?

Vitorino

(*à parte*)

Coitadinha! Olha bem, à direita, à esquerda. Torna a olhar... assim mesmo... A noite é das mais escuras, os sinos estão a dar horas, lá se ouvem as cornetas... mas isso que tem? Ela há de enxergar o seu vulto, há de estremecer a cada um de seus passos. Ah! maldito!

Luísa

(*voltando-se*)

Que está dizendo, Vitorino? Maldito quem?

Vitorino

(*confuso*)

Maldito... eu mesmo. Ora, que grande figura sou eu? Um pobre-diabo, aprendiz de alfaiate, que passo o dia movendo os braços e a noite batendo as pernas. Mas sempre tenho o meu préstimo, divirto um pouco aos outros. Lá isso é muito certo. Eu toco viola por pontos, canto dois ou três lunduns, e uma dúzia de modinhas, danço, sapateio, enfim, sou um bom parceiro, inimigo da tristeza e de brigas; e, como não sou inteiramente vadio, mereço o pão que estou comendo.

LUÍSA

Nós é que não merecemos semelhantes queixas, senhor Vitorino.

VITORINO

Oh! meu Deus! não me fale assim. Senhor Vitorino!... Pois eu estou fazendo queixas?

LUÍSA

O mano tratou-lhe mal hoje?

VITORINO

Nem hoje, nem nunca.

LUÍSA

Então sou eu a criminosa. Aqui estou: de que me acusa?

VITORINO

De nada, D. Luísa. Se lhe ofendi, perdoe-me. É que às vezes tenho certas idéias, certas esperanças... coisas de rir, passam logo. Bem sabe que eu procuro prestar-lhe algum serviço, sempre que posso. Hoje mesmo... se é que sirvo para alguma coisa... disponha de mim.

LUÍSA

Por que hoje então?

VITORINO

Vejo que não lhe mereço confiança. Pois bem, começarei eu. Vê esta cartinha? É a de que o padrinho falou. A tia Onistalda perdeu-a, não sei como, mas eu a ergui logo e parece que ninguém mais a viu. Aqui está ela.

LUÍSA
(*tomando a carta*)

Uma carta! (*lê-a tremendo, torna a dobrá-la e com os olhos baixos*) Vitorino, diga-me uma coisa: você leu este bilhete?

VITORINO

Li, sim, senhora.

LUÍSA

E conhece a pessoa que o escreveu?

VITORINO

Conheço.

LUÍSA
(*escondendo o rosto*)

Deus meu, é certa a minha desonra!

VITORINO

Conheço, sim. Eu sei de tudo, e vou-lhe dizer para que se fie de mim; mas antes perdoe-me. Sim, D. Luísa, perdoe-me ter sido um espião, um vilão-ruim, que tem seguido os seus passos, espreitando as suas ações: mas eu, talvez pela demasiada confiança que me davam, pensava que éramos todos da mesma família. Meteu-se-me isto na cabeça. Tinha ciúmes de quantos passavam por diante desta casa; da quitandeira que parava a conversar com a tia Onistalda, do estudante de latim que ao voltar da escola enfiava os olhos pelo nosso corredor, do soldado que vinha visitar o padrinho; enfim, tinha ciúmes de todos e de mim mesmo. Parecia-me que a nossa casa era um paraíso terrestre, por onde os homens deviam passar de largo, com os olhos baixos. Quer que lhe diga tudo? Quando eu, à noite, levava de viola até tarde, subindo e descendo a rua, era ainda a mesma desconfiança; meu coração estava sempre sobressaltado, sempre aqui. Que loucuras, não é assim? Perdoe-me. Foi então que me encontrei com o senhor Aires. Não sei o que me fez desconfiar dos seus passeios a esta rua. Ele chegou-se a mim e indagou se a senhora não tinha adoecido com o susto que teve aquela noite da chegada do príncipe; e por aí seguiu, fazendo perguntas sobre as pessoas de casa: respondi a algumas delas, a fim de ver qual era o seu intento. Descobriu-se afinal, e ofereceu-me dinheiro, se quisesse encarregar-me de uma carta dele para a senhora. Dei-me aos diabos com a tal proposta, e quis arrumar-lhe uma tunda; mas fui eu que a tomei. Lembra-se daqueles três dias, que andei de lenço atado na cabeça? Pois foi ele. Anteontem, mexendo o samburá em que tia Onistalda faz as compras, achei no fundo um papel: era uma carta que o senhor Aires lhe mandava... Que zanga tive de saber ler. Deu-me vontade de rasgar aquela maldita carta e engolir os pedacinhos. Não fiz tal, pu-la no mesmo lugar. Eu queria experimentar. A carta porém foi recebida... lida... guardada... Para que vigiar mais? A serpente tinha entrado no paraíso. Peço-lhe outra vez perdão, D. Luísa, e disponha de mim como quiser.

LUÍSA

Fala-me isso de coração?

VITORINO

É só como eu sei falar.

LUÍSA

Eu me entrego à sua amizade. Você é bom... nada há de dizer ao mano.

VITORINO

(*à parte*)

Mau princípio. (*alto*) Nem meia palavra.

LUÍSA

Escute. Ele está ali, encostado na esquina, à minha espera... quer falar-me. Rafael não tardará a sair. Depois... eu lhe peço... faça esse moço entrar aqui.

VITORINO

(*com força*)

Aqui?... Isso não. Pelo Senhor Bom Jesus de Iguape!

LUÍSA

Vitorino!

VITORINO

Prometi servir-lhe no que pudesse, hei de cumprir a palavra que lhe dei. Quer que defenda esse homem, que o trate como se fosse meu irmão, que lhe obedeça como escravo?... Quer que me incumba dos seus recados? Farei isso, descerei a tanto. Mas introduzir um estranho, em ausência de meu padrinho, nesta casa que serve-me de abrigo... nesta casa em que tenho sido tratado como filho... não! nem falar nisso, D. Luísa.

LUÍSA

Olhe, Vitorino; ele não se há de demorar, sairá imediatamente. Quero só dizer-lhe duas palavras... que fuja daqui, que não me procure, que eu o aborreço de morte... Ah! se soubessem como eu tremi por ele, quando, há pouco, Rafael percebeu o que me dizia a tia Onistalda! Fiquei sem uma pinga de sangue no corpo. Faça o que estou a pedir... nada custa... Eu sempre fui sua amiga, não é? Por que não há de fazer-me esse favor?

VITORINO

Mas é que... não sei o que faça.

LUÍSA

Faça o que eu lhe digo... não se há de arrepender por isso.

VITORINO

Se meu padrinho chega a descobrir...

LUÍSA

É mesmo para evitar essa descoberta que eu quero falar-lhe, persuadi-lo a que não se exponha, que não ande por tão perto... que volte ao seu palácio... que me deixe.

VITORINO

(vacilando)

Ah! que se fosse assim!...

LUÍSA

Não acredita pois em minhas palavras? Fale, quando é que o enganei? Ah! já sei o que é; pensa que eu tenho amor a ele: não! nenhum, posso jurar. Isso seria uma loucura. Ele está muito alto para mim. Filho de fidalgos, e eu irmã de um soldado.

VITORINO

Sargento, e muito honrado. Quem disser o contrário... quebro-lhe os queixos.

LUÍSA

Não ouviu o que Rafael mesmo esteve nos dizendo? A honra é a geração.

VITORINO

Será. Que nos importa isso?

LUÍSA

Nós arranjaremos tudo muito bem. A rua está deserta, e quando Rafael tiver saído para o quartel dirás ao senhor Aires que entre. Pior é andar ele rondando esta casa; o mano está desconfiado, e os vizinhos... o que já não terão dito!

VITORINO

Está bom, eu farei quanto me manda: que remédio posso eu dar a isto? O que há de acontecer tem muita força.

LUÍSA

Ah! meu rico Vitorino!

VITORINO

(*à parte, com tristeza*)

E a dizer-me que não lhe tem amor!

Cena IV

Os mesmos e RAFAEL

RAFAEL

Pronto e em marcha. Os soldados não correm perigo de envelhecer à mesa. Vamos ver se há serviço... e que não haja... voltarei tarde.

Ran, tan, plan, tan, plan, zabumba.
Bela vida militar!

Vitorino, cerre bem a porta, rezem o terço e durmam na paz do Senhor. Dê-me daí o boné. Viu o meu punhal?

VITORINO

(*dando-lhos*)

Aqui estão.

RAFAEL

(*saindo*)

Adeus, gente.

VITORINO

Deus o acompanhe.

Cena V

LUÍSA *e* VITORINO

(ficam silenciosos por algum tempo. Luísa vai depois à janela e espreita de joelhos)

LUÍSA

Está parado e a fumar.

VITORINO

Quem?

LUÍSA

Meu mano: vai agora descendo a rua.

VITORINO

E o outro... foi-se embora?

LUÍSA

Não. Sempre no mesmo lugar. (*levanta-se*)

VITORINO

O que se tem de fazer faça-se já. A consciência está a remorder-me, mas eu dei palavra. D. Luísa, pela última vez, lhe peço: não faça esta imprudência. Pense bem.

LUÍSA

Descanse, Vitorino, e faça o que eu lhe ordenei.

VITORINO

(*resoluto*)

Vamos lá. (*saindo*) Este mundo... este mundo... (*Luísa desce à boca da cena*)

Cena VI

LUÍSA

(*só*)

Meu Deus, que lhe vou dizer? e o que ele dirá de mim? Tenho o espírito numa confusão! É preciso desenganá-lo, mostrar-lhe o obstáculo, que nos separa... para sempre! E, depois que tiver cumprido este dever, um adeus eterno e ânimo para encarar a vida. Ânimo?... é o que me falta. Por que havia de aparecer-me este homem? Por que deixei entrar na alma este sonho de uma existência superior ao meu nascimento? Se ainda ele fosse pobre, se fosse humilde e desprezado... seria uma grande ventura. Não posso ter-me de pé... que fraqueza esta minha!... Quem falou? Ah! é Vitorino... e vem acompanhado. (*mão no peito*) Coração, não batas tanto!

Cena VII

LUÍSA, VITORINO *e* AIRES

VITORINO

Pode entrar, senhor, sem receio.

AIRES

Como foi isto? Custa-me a acreditar. (*a Vitorino, dando um patacão*) Meu rapaz, tome esta moeda em agradecimento, e depois... procure-me.

VITORINO

Dinheiro?! Nada, não preciso dele. Guarde-o. O meu ofício é outro. (*indo a Luísa*) Está contente?

LUÍSA

Retire-se agora.

VITORINO

(*espantado*)

Como disse?... Retirar-me!

LUÍSA

(*fitando-o*)

Sim. Teme alguma coisa? Retire-se e vigie à porta.

VITORINO

Mais essa! É o que eu não esperava (*ríspido*) Boa noite. (*saindo*) O pior é dar-se o primeiro passo. (*passando por Aires*) Ora pois, porte-se como homem de bem. (*sai. Aires aproxima-se indeciso*)

Cena VIII

LUÍSA *e* AIRES

LUÍSA

(*inclinando-se*)

Aí tem uma cadeira, senhor. Pode sentar-se.

AIRES

Obrigado. Aceito. (*senta-se*) Senhora, a comoção em que me vê diz-lhe bastante o apreço que dou à graça que acabo de receber, e me parece ainda um sonho delicioso. Há dez dias que lhe consagro todos os meus instantes. Há dez noites que passo velando embevecido ao pé das suas janelas, ditoso por estar mais perto da senhora. Quantas cartas não lhe tenho escrito! Quantos meios não tenho imaginado para vê-la de relance! Este pensamento imutável, esta insistência maravilhosa não pode ser recebida com fria indiferença; não julga assim? Ela deve produzir amor ou ódio. E agora pergunto a mim mesmo a qual destes dois sentimentos devo a felicidade de estar aqui, diante da senhora, à noite, sem testemunhas, como dois amigos que há longos anos se não viam. Em seus olhos não percebo vestígio algum de ódio... poderei ler neles o amor?

LUÍSA
(*com acanhamento*)
Essa curiosidade... não posso satisfazer.

AIRES
Pensa que o desejo? Não. Eu sou agora como um doente, exausto de febre e de insônia; que conta as horas, a revolver-se no seu leito solitário; até que, descobrindo os primeiros clarões da madrugada, suspira, fecha os olhos e adormece. Sinto-me tão feliz!

LUÍSA
(*agitada*)
Escute-me agora, senhor, eu lhe peço. Ao dar um passo tão melindroso, não tive o intento de satisfazer vaidades, escutando palavras que não ficam bem na boca que as profere, nem devem soar em meus ouvidos. É verdade que recebendo-o nesta casa, em ausência de meu irmão, contradigo-me, expondo esta mesma reputação, de que pareço tão zelosa, mas Deus sabe qual foi o meu pensamento...

Senhor, deve entender-me: peço-lhe com instância, de joelhos, se for preciso, que se afaste desta casa, que não procure mais ver-me... (*com esforço*) Do contrário... a sua vida corre perigo...

AIRES

(*altivo*)

Minha vida... ninguém tema por ela!

LUÍSA

Rafael é bom e reconhecido, mas quando se trata de seu nome, do seu crédito, perde o tino, é capaz de tudo. Quando me lembro que ele poderia voltar agora... É tão desconfiado! Deixe-me, pois, senhor Saldanha, e por este sacrifício conte com a gratidão de uma pobre moça. Ela já lhe era devedora da vida, dever-lhe-á hoje a honra. Não vê que toda insistência seria inútil e perigosa? Não queira perder-me. (*com voz trêmula e perturbação*) O senhor é nobre demais para ser meu esposo... eu muito honesta para ser sua amante. Que espera pois?

AIRES

(*impaciente*)

Que espero? Tudo. Luísa, eu estou lendo em seus olhos como num livro aberto. Debalde está a dizer-me razões que não compreendo. Fale; dirija-me rogos, ameaças, injúrias mesmo. Eu só percebo uma coisa: é que sou amado.

LUÍSA

(*envergonhada*)

Senhor!...

Aires

Repelis-me, pobre criança, porque vos sentis atraída, porque quereis tirar pela corrente até quebrá-la, mas quando a vossa força esgotar-se meu triunfo será certo.

Luísa

(*erguendo-se*)

Vitorino!

Aires

Não o chameis, de ninguém precisamos agora. Tenho tanto a dizer-vos! Sim, haveis de ouvir-me quanto guardo no coração. Quero mostrar-vos esses dias compridos, que empreguei adorando esta casa, feliz quando via alvejar um lenço branco por detrás do postigo; ou fechado em meu quarto, fugindo a festas e etiquetas, para vos escrever cartas longas e ardentes, que não têm merecido uma palavra em resposta. Quereis ver as minhas noites? Eu tenho-as gasto em tentativas inúteis ou sonhos que me desfalecem.

Luísa

(*sempre agitada*)

É tarde, senhor... Peço-lhe que se retire.

Aires

(*continuando*)

Nesses sonhos eu vos vejo como aquela noite, bela, sobressaltada, segurando-me convulsa pelo braço; outras vezes, na igreja dos Remédios, de mantilha preta, que não podia encobrir uns olhos brilhantes, nem disfarçar um corpo gracioso.

LUÍSA

(*sentida*)

É isto o que tinha para dizer-me?

AIRES

(*com ardor*)

O que eu vos queria dizer, Luísa, é que esta aproximação de nossa existência tem alguma coisa de fatal, e que a morte é o único obstáculo à união de duas almas apaixonadas.

LUÍSA

E eu lhe digo, senhor, que a sua confiança é demasiada, que não conseguirá ruins intentos. (*com esforço*) Sou fraca, conheço bem isso, mas saberei defender-me das suas seduções.

AIRES

Quem vos fala em sedução? Nao merecia ser avaliado tão mal. Olhai para mim, Luísa! Eu vos amo mais do que a meu pai e mais do que à vida: como ousaria a sangue frio manchar a minha primeira afeição? Profanar o meu ídolo?

LUÍSA

(*anelante*)

Aires!

AIRES

Sim, dá-me esse nome; como ele me parece doce, pronunciado pela tua boca! Eu amo-te, pobre anjo, e é tanta a força deste amor que a meus olhos desaparecem os perigos. Temes teu irmão, eu duvido de meu pai; como pode ser que os entes, a quem damos nomes tão santos, tornem-se inimigos mortais da nossa felicidade? Não é possível! Não nos deixemos abater, que o tempo é precioso. Sua Alteza Real pouco se pode demorar aqui e meu pai deve regressar com ele. Chega-te ao pé de mim, Luísa... mais perto... quero contar-te o que tenciono fazer.

LUÍSA
(*escutando sobressaltada*)

Meu irmão...

AIRES

Teu irmão é talvez como meu pai, aferrado aos seus preconceitos, sacrificando tudo a um ponto de honra; mas D. José de Saldanha tem coração de pai, e sou eu o seu único amor, o seu primeiro orgulho. Quando eu for lançar-me a seus pés, e quando lhe der a escolher de uma parte o sacrifício de algumas conveniências, com uma vida toda de gratidão e respeito; e de outro lado a revolta ou a desgraça de seu único filho... vacilará talvez, mas o amor paterno há de prevalecer.

LUÍSA

Se eu ao menos tivesse os favores da fortuna!

AIRES

De pouco te valeriam, Luísa. Meu pai desprezaria a riqueza, ainda que lhe apresentassem todo o ouro das Minas. Faria mesmo um esforço para esquecer a humildade do teu nascimento. O que eu temo, o que faz-me estremecer de pavor...

LUÍSA

(*ofendida*)

O que queria dizer?

AIRES

Não te magoes, Luísa. Eu não te quero ofender. Se eu te amo!

LUÍSA

Eu!... eu também... (*cala-se perturbada*)

AIRES

(*jubiloso*)

Acaba, Luísa!... deixa falar o teu coração?... É como eu quero. Abrires-me a tua alma inocente, para eu guardar nela meus júbilos, minhas lágrimas. Tenhamos coragem e chegaremos à ventura.

LUÍSA

(*vencida pelos afetos*)

Ou à morte. Aires, tem razão! Meu sangue não é puro... ferve, queima-me! E quando lhe ouço falar em sermos felizes... Não! nunca o seremos!... E, apesar disso, a minha alma arremessa-se, abraça esta idéia insensata, e quando ela faltar-me... cairei morta!

AIRES

Não me fales em morrer: seria blasfemar de Deus. Hoje mesmo contarei tudo a meu pai, hei de abrandá-lo; depois trá-lo-ei aqui; e quando ele te vir, a tua beleza, a tua angélica bondade...

Cena IX

Os mesmos e VITORINO

VITORINO
(*trêmulo e apressado*)

Estamos perdidos!

AIRES

O que sucedeu?

VITORINO

O padrinho está de volta.

LUÍSA
(*aflita*)

Rafael?

VITORINO

Ele mesmo.

AIRES

Olhe bem que pode ser engano.

VITORINO

Eu enganar-me!... Não é possível. Se eu fosse cego, era capaz da conhecer o seu passo no meio de um esquadrão de milicianos. Vi-o dobrar a esquina.

AIRES

Deixem-me sair...

VITORINO

Para ir esbarrar-se com ele? Por aí já não se pode efetuar a retirada. A única saída que tem é aquela janela.

AIRES

Quê! Pois eu hei de saltar por aí?

VITORINO

Assim é preciso. (*a meia voz*) Para escalar a praça não acharia a coisa tão difícil. Vamos lá, menino.

LUÍSA

Ah! meu Deus, ouvi bulha.

VITORINO

É o padrinho que empurrou a porta. Fale mais baixo, senhor, ou antes não fale... saia!

AIRES

(*a Luísa, abraçando-a*)

Eu não me esquecerei do que prometi. Adeus, camarada. (*sobe à janela e salta; o postigo fica erguido*)

VITORINO

O demo te persiga. Abraçá-la adiante de mim... que desaforo!

LUÍSA

(*apoiando-se em uma cadeira*)

Se ele me fala... estou perdida.

Cena X

Luísa, Vitorino *e* Rafael

Rafael

(*largando o capote*)

Não esperavam ver-me voltar tão cedo, decerto. Saibam que amanhã tenho de ir a Santos acompanhando o Príncipe Real. Não gostei da incumbência, mas esta vida acostuma-nos a tudo. (*descansando*) Então que fizeram vocês?

Vitorino

Nada, padrinho... Íamos dormir.

Rafael

(*observando, desconfiado*)

Parecem tão assustados. Andou por aqui alma do outro mundo? (*vendo a janela aberta*) Ai! que é aquilo! (*corre ao postigo e debruça-se ansioso para fora*)

Luísa

(*tremendo*)

Mano, fui eu que...

Rafael

Foste tu? Percebo agora... não me enganei! (*com ímpeto*) Desonra do meu nome... morrerás ao nascer! (*furioso, arranca do punhal e corre para Luísa*)

Luísa

(*caindo de joelhos*)

Oh! minha mãe!

RAFAEL

(*suspende-se, atira fora o punhal e ajoelha também*)

Agradece-lhe, Luísa... agradeçamos juntos. Se ela não nos olhasse do céu, teu irmão seria agora um miserável. (*Quadro. Cai o pano.*)

FIM DO ATO PRIMEIRO

ATO SEGUNDO

Dois orgulhos

(*A mesma vista do ato antecedente. É manhã.*)

Cena I

RAFAEL *e* LUÍSA

RAFAEL

(*continuando*)

Foste muito leviana, Luísa, e sobretudo muito ingrata para comigo.

LUÍSA

(*dolorosamente*)

Pois ainda não me perdoou?

RAFAEL

Esse perdão dou-to em prêmio da tua sinceridade... tardia. Bem vejo que o mal não é tamanho como a princípio imaginei; mas não deixa de inspirar-me cuidados. Que importa que não pronunciasses palavra de que tenhamos de corar? Que importa que não praticasses ação alguma que se torne nódoa do nosso nome? Já não és livre, minha irmã; teus pensamentos, teus desejos, teus sonhos, tua alma inteira pertence a esse homem.

LUÍSA

Por minha desgraça!

RAFAEL

A que devemos talvez a nossa honra? Ao seu procedimento respeitoso.

LUÍSA

À sua alma grande e generosa.

RAFAEL

Mas não és tu unicamente quem deve implorar perdão. Eu também sou culpado. Perdoa o meu arrebatamento de ontem. Se soubesses como eu te amo, o ciúme que tenho das tuas menores afeições! Eu nunca te disse isto, mas é assim. Nós soldados não gastamos o nosso tempo em protestos. Conta pois comigo, Luísa; mas não te alucines. É pouco, muito pouco o que eu posso fazer a teu favor. Se se tratasse de defender-te, de vingar uma injúria, de derramar por ti o meu sangue, verias como eu procedo em tais casos. Se desejasses algum desses objetos de luxo, dessas lindas tetéias, que não possuímos, mostrar-te-ia que não sei festejar a bolsa quando pretendo agradar-te. Satisfaria enfim o teu menor desejo. Uma só coisa não posso fazer, nem por ti... é cometer uma vileza. Esse moço te estima, dizes tu, deseja casar contigo; assim será, mas o verdadeiro é não especular com um momento de generosidade. Não nos curvemos inutilmente. Aquele que a sociedade injusta deserdou dos seus gozos e triunfos; o pária abjeto, cuja vista só empesta, esse ainda pode conservar intata a sua dignidade, o seu orgulho; pode dizer com desdém aos grandes e opulentos: "Fartai-vos, ride e folgai embora! não me abaixarei para erguer as migalhas de vossa mesa: o meu pão seco hei de comê-lo com prazer." Vamos. Não alimentes esperanças enganosas que te hão de matar. Acostuma-te a olhar a felicidade como uma coisa impossível; quando chegar a hora do desengano terás menos a perder. Faze-te forte, como deve ser a irmã de um soldado.

LUÍSA

(*num soluço*)

Sim, eu serei forte.

RAFAEL

Que é isto? Tu me despedaças o coração. Procura distrair-te, não te entregues assim. Vai arranjar-me a roupa: olha, eu preciso de pouca coisa.

LUÍSA

E tenho de ficar só?

RAFAEL

Por pouco tempo será. Até amanhã somente. Vitorino há de fazer-te boa companhia. À minha volta... veio-me uma boa idéia... quando eu voltar pedirei um mês de licença, e iremos passá-lo no campo; algures hei de arranjar uma chácara. Que bela vida não levaremos nós! As várzeas começam a brotar, as pitangueiras cobrem-se de flores, estamos em plena primavera. Só do que eu não gosto é das queimadas; o ar fica cheio de fumo e tão pesado...

LUÍSA

E deixa tanta melancolia no coração!

RAFAEL

Mas assim mesmo é belo. Eu... já se sabe! levo o tempo todo a caçar. E tu... que pretendes fazer?

LUÍSA

Eu?

RAFAEL

Emprestarei alguma história para nos leres, ou então iremos juntos às tinguijadas. De qualquer modo que seja, divertir-nos-emos à grande. A vida é boa, nosso coração é que não sabe satisfazer-se. Ora esta!... creio que estou voltando às tristezas. Vai, minha filha, vai cuidar da mala.

Cena II

RAFAEL

(*só*)

Pobre criatura! Bem vejo que as minhas palavras não dão consolação, mas é só o que tenho para oferecer-lhe. O combate não tarda, e sinto-me sem forças para lutar. Que martírio não é vê-la definhar assim, e beber suas lágrimas! Antes quisera ter adiante de mim as forças todas de Artigas e Frutuoso Rivera. Meu Deus, afastai desta casa alguma desgraça.

Cena III

Os mesmos e Onistalda

Onistalda

Está pronto o almoço.

Rafael

Não quero almoçar: leve alguma coisa ao quarto de Luísa. Depois dê uma boa ração ao meu cavalo, ração de viagem. Espere, eu mesmo vou fazer isso. (*sai*)

Onistalda

(*sentando-se*)

Arre lá! Parece que nem para isso se fiam de mim. Decerto tem medo que eu lhe furte o milho. Aí vem Vitorino... cantando sempre... Psiu! Este não se há de queixar do fastio.

Cena IV

Vitorino *e* Onistalda

Vitorino

(*cantando*)

Quem tiver moça bonita
Não a leve na função:
Se está livre de um abraço,
Não está de um beliscão.

Que ditoso fim levaria a tia Onistalda?

Onistalda

Aqui estou, Pilatos. Que quer?

Vitorino

Almoçar.

Onistalda

Sempre com a barriga nas costas, e sempre comendo que nem um...

Vitorino

Que nem um índio, titia.

Onistalda

(*arrufada*)

Eu não sou índia.

Vitorino

(*à parte*)

Mordeu-lhe a pulga. (*alto*) Pois é pena. Os caboclos hoje estão sendo muito procurados; maior honra é descender de Tibiriçá que do Rei de Espanha. Há por aí muita gente boa que se pudesse deitar fora o sangue de emboava que tem nas veias fazia tal, ainda que tivesse de substituí-lo pelo de papagaio ou anta.

Onistalda

Você me chama de anta!

Vitorino

Eu, não: só se fosse pelo beiço que está me fazendo. Mas vamos: dê-me de almoçar, que chego da tenda, e de São Bento à Cruz Preta não é um pulo. Encontrei Sua Alteza Real, que parece andar se despedindo desta boa cidade, com seu ajudante de ordens e outras personagens entre as quais troteava um pobre velho barrigudo, de cabelo empoado, coisa muito para se ver e apreciar.

ONISTALDA

Hoje não se gasta dinheiro com tapioca. Não há moda que dure. Acabaram-se os josezinhos, os calções e as saias à Zamperini... isso é cá do meu tempo; você não alcançou. Agora ninguém fala já em trufas e polvilhos: e o mesmo caminho hão de levar as mantilhas, os touros...

VITORINO

E a tia Onistalda. *Requiescat in pace. Amen.*

ONISTALDA

Apelo! Você quer começar mal o dia, pagão? Não sabe que isso é agouro?

VITORINO

O quê? Falar em língua de padre?

ONISTALDA

Senhor sim. Ainda mais que esta noite esteve cantando embaixo de minha cama um grilo preto. É sinal de morte.

VITORINO

Ora, o grilo preto!

ONISTALDA

E os cães da vizinhança, reparou? Uivaram a noite inteira. Peguei um chinelo do pé esquerdo, bati três pancadas no chão e deixei-o virado: mas os malditos continuaram a fazer a mesma matinada. É porque o sapato não era de homem.

VITORINO

Grilos... cães... Jesus! Daqui a pouco passa revista aos boitatás e almas do outro mundo.

ONISTALDA

Você brinca com estas coisas!

VITORINO

Que esta noite houve coisa de agouro, houve; mas muito diferente disso...

ONISTALDA

Que foi então?

VITORINO

Escusa perguntar, que não lhe conto. Parece-me que foi a hora mais assustada que tenho tido em minha vida... depois do dia em que fui ver enforcar o Chaguinhas.

ONISTALDA

Pensa então que eu nada sei? Eu reparei bem no moço que entrou, e não vi mais sair... e o grito de inhozinho?

VITORINO
(*à parte*)

Bruxa, quem te vazasse os olhos! (*alto*) Já que põe tanto sentido no que se passa, diga-me o que tem feito o padrinho esta manhã?

ONISTALDA

Esteve aqui, batendo boca com a irmã. Os dois estão bem tristes.

VITORINO

Eles têm razões de sobra. E eu... estou com um medo de lhes aparecer!

ONISTALDA

Ora diga-me: que dia é hoje?

VITORINO

Quinta-feira, 5 de setembro de 1822. Há de ser um belo dia; veja só que céu! que manhã! Dá-me uma vontade de sair a correr por aí fora

ONISTALDA

Quinta... é isso mesmo. Domingo é dia de festa na Penha, e não fez ainda aquela touca que me prometeu.

VITORINO

Ela está quase pronta; milagre será se puder acomodar esses "carijós".

ONISTALDA

Saiu uma alma do purgatório.

VITORINO

Em troca da touca, o que vai me dar?

ONISTALDA

Almoço de café.

VITORINO

Almoço de café! Saiu outra alma do purgatório. Eu sou capaz de passar com essa bebida; o meu maior desejo é que este governo de São Paulo cubra-se um dia de cafezais: só então poderei beber café a meu contento. Enquanto [não] começam as plantações, vamos para a varanda. D. Luísa já almoçou?

ONISTALDA

Não. Está no seu quarto... fazendo renda talvez. Agora lembrei-me de que tenho uma carta para entregar-lhe. (*tira-a do seio*)

VITORINO

Uma carta!... de quem é?

ONISTALDA

Ora! pois não sabe?

VITORINO

Ai, ai! Se o padrinho percebe...

ONISTALDA

Que se lhe há de fazer! Tenho pena destes pobres moços...

VITORINO

Essa sua pena, tia Onistalda, ainda lhe há de fazer penar no inferno. (*vai-se*)

ONISTALDA

Mais pode Deus e o glorioso Santo Elesbão!

Cena V

ONISTALDA *e* LUÍSA

LUÍSA

Que carta é essa?

ONISTALDA

Bons dias, nhanhã. Passa melhor?

LUÍSA

Essa carta é para mim? Quem trouxe?

ONISTALDA

É, sim. Um moleque de libré veio entregá-la, haverá meia hora. Aqui está. Quer que lhe traga aqui o cafezinho?

LUÍSA

Não, não quero.

ONISTALDA

Ao menos uns ovos escalfados!

Luísa
(*abrindo a carta*)
Também não quero. Deixe-me só.

Onistalda
(*saindo*)
Não sei como se pode viver assim!

Cena VI

Luísa *e* Rafael

Rafael
(*severo*)
Escreveram-te, Luísa?

Luísa
(*com serenidade*)
Sim, mano. Foi ele. Quer ler? Não há mais segredos entre nós. Leia alto, que eu não posso; tenho uma nuvem sobre os olhos.

Rafael
E tão pálida! Não vás tu adoecer.

Luísa
Não, isto é nada... falta de dormir. Verá como logo estou boa. Faz favor de ler?

Rafael
Já que assim o queres... (*lê*) "Falei a meu pai, Luísa. Ao princípio tomou ele as minhas palavras

como um gracejo, um capricho de criança. Mas quando compreendeu a firmeza de minha voz, o fogo dos meus olhos, ergueu-se e interrogou-me severamente. Contei-lhe tudo. Nada encobri, nada dissimulei. Ameaçou-me então com a volta ao Rio de Janeiro; respondi-lhe que era livre, e que se tentassem violentar-me tinha a lei a meu favor. Ameaçou-me com o desprezo e a aversão da sociedade; asseverei-lhe que preferia as doçuras do amor. Disse que me deserdaria; ofereci-me para chamar um tabelião. Suplicou-me com lágrimas que não enchesse de amargura os últimos dias de sua velhice; chorei com ele, mas não cedi. Calou-se então. Oh! Luísa, nunca eu vi passar num rosto humano uma tempestade assim! afinal sossegou bastante para poder falar, e perguntou-me a tua morada. Ele há de ir ver-te; com que fim? Para admirar tantas virtudes e dar-te o suave nome de filha? Ou para arrancar uma renúncia que eu nunca farei? Não sei dizer. Ele padece horrivelmente. Meu Deus, não permitais que eu me torne um parricida! Adeus, Luísa; deves amar-me e muito."

LUÍSA

(*tomando-lhe as mãos e radiante*)

Então, Rafael, não é bom? não é altivo? não é digno de amor?

RAFAEL

Sua alma é generosa e independente... mas é seu pai quem tem razão.

LUÍSA

Ah! todos me abandonam.

Rafael

Por ti eu sacrificarei... o que puder sacrificar. Mas temo bem pelo fim de tudo isto. D. José de Saldanha é um fidalgo de têmpera rija, incapaz de consentir em uma aliança, que (segundo ele) desonraria os seus brasões. Eu... sou um soldado grosseiro e teimoso, que não posso sofrer a menor dúvida sobre o meu desinteresse. Ah! Luísa, Luísa, entre estes dois orgulhos tu hás de ficar esmagada.

Luísa

E diz-me isso, mano?

Rafael

Queres então que te minta? Olha, quando eu penso que pode chegar um dia em que alguém se julgue com direito para dizer: "Rafael de Proença é um homem de tino, sabe tirar a sardinha com a mão do gato: aproveitou-se da simplicidade de um namorado para arranjar a irmã otimamente. É um homem de fortuna." Queres que eu ouça isto?

Luísa

(*abatida*)

Não me resta esperança alguma.

Rafael

Resta-te o meu amor, Luísa. Por que não havia de ele bastar à tua alma? Olha, Luísa, eu também tenho-me vencido, tenho arrancado muito desejo do coração. Pensas tu que a minha mocidade é uma árvore maninha, sem rama e sem verdor? Só Deus sabe o que tem sido. Mas eu nunca embalei essas ilusões; vestia a minha farda, dava-te um beijo na testa e esquecia-me de tudo. Às vezes somente demorava-me a olhar para o futuro e dizia comigo: O soldado há de ter descanso um dia, e poderá em algum retiro plantar a flor cheirosa de sua felicidade.

LUÍSA

E se plantasse essa flor, mano, cultivando-a com amoroso desvelo, regando-a com a água de seus olhos e o sangue mais puro, e viesse depois o sol, quente, sem nuvens, sem dó, e fizesse murchar a pobre flor, não sentiria a sua morte, não desejaria morrer com ela?

RAFAEL

Eu!... talvez que assim fosse.

LUÍSA

Você é homem, Rafael, é forte, pode falar como fala. Eu sou uma pobre mulher, hei de morrer... como morro.

RAFAEL

Que desatino! Luísa, tu me assustas.

LUÍSA

Por quê? Ninguém deve fazer caso do que diz uma louca. Eu não tenho a cabeça boa.

RAFAEL

Sentes febre?

LUÍSA

Sim, tenho. Quis ver se dormia um pouco... não pude fechar os olhos!

RAFAEL

Banha as fontes com água e vinagre, e deita-te outra vez. Hás de sentir melhoras, verás.

LUÍSA

Sim, eu farei tudo quanto quiser; mas antes disso há de conceder-me um favor.

RAFAEL

Qual é? Podes dizer.

LUÍSA

Queria falar a esse homem quando vier cá.

RAFAEL

Tu, Luísa? Não, sou eu quem devo recebê-lo, ele te intimidaria facilmente e conseguiria de ti quanto quisesse. Não tenhas medo que eu abandone a tua causa, servi-la-ei o melhor que puder, não te darei razão de queixa. Vai descansar, filha, e tem fé nas minhas forças.

LUÍSA

(*suspirando*)

Ai! Eu preferia a minha fraqueza.

RAFAEL

(*à porta da direita*)

Vitorino, venha cá. Olha, Luísa, vai para o teu quarto, mas não durmas; e quando eu te chamar... entendes-me?

LUÍSA

Sim, eu virei.

RAFAEL

Bem vês que satisfaço como posso as tuas vontades.

Cena VII

Os mesmos e VITORINO

VITORINO

Aqui estou, padrinho. (*à parte*) Lá vai sermão.

RAFAEL

Daqui a pouco há de vir procurar-me um homem. Chama-se D. José de Saldanha. Faça-o entrar para aqui, entendeu?

VITORINO

Sim, senhor. (*partindo*) Saldanha... Onde foi que ouvi este nome?

LUÍSA

(*vacilando*)

Meu Deus! (*Vitorino torna atrás vivamente*)

RAFAEL

(*correndo para Luísa e amparando-a*)

Que foi isso?

LUÍSA

Nada... Uma vertigem...

VITORINO

Há de ser fraqueza. Se ela não almoçou!

RAFAEL

(*solícito*)

E não queres ficar doente! Vamos para dentro. (*mais baixo*) Minha Luísa, não te deixes abater. Para te salvar, eu farei tudo... tudo, percebeste?

VITORINO

Quer que eu mande vir um caldo?

LUÍSA

Não. Já passou.

RAFAEL

Um cálix de vinho será melhor. Vem cá, firma-te no meu braço. (*saem*)

Cena VIII

VITORINO *e depois* AIRES

VITORINO

Passou-me a vontade de rir. Não volto hoje ao trabalho, que tudo nesta casa vai mal encaminhado. Estou quase acreditando com a tia Onistalda em grilos pretos.

AIRES

(*fora do postigo*)

Vitorino!

VITORINO

(*espantado*)

Donde é que me falam?

AIRES

Da janela. Abra.

VITORINO

Ele ainda! (*vai abrir-lhe o postigo*) Que vem fazer aqui, imprudente?

AIRES

Diga-me, meu pai está aqui?

VITORINO

Seu pai? Quem é seu pai?

AIRES

D. José de Saldanha.

VITORINO

Ah! Não veio ainda, mas não deve tardar muito por aí. Tenho ordem de fazê-lo entrar.

AIRES

E Luísa... não a posso ver?

VITORINO

Está doente, senhor, muito doente. Tem febre, e há pouco deu-lhe uma vertigem.

AIRES

Pobre anjo! terás de voltar para o céu?

Vitorino

Ah! senhor Aires, diga-me uma coisa. Acredita em agouros?

Aires

Que está dizendo? É ele, é meu pai. Adeus, Vitorino. (*afasta-se*)

Cena IX

Vitorino *e* Onistalda

Vitorino

Pobre moço, gosta tanto daquela janela! Ai! (*voltando-se assustado*) É a tia Onistalda... Qualquer sombra me assusta. Pensei ver um grande grilo preto... histórias!

Onistalda

(*entrando*)

Não ouviu bater, Vitorino?

Vitorino

Sim, eu lá vou. (*vai-se*)

Onistalda

(*só*)

Ele não acredita em agouros... está bom. Coisas de velhas, coisas de crianças. Quando tem uma cruz no pescoço pensa que Deus fechou os olhos. O que têm [a] ver um grilo, uma sombra que se move, um homem vestido de preto? Nada. Mas esse nada leva muita gente ao cemitério. (*sai*)

Cena X

D. JOSÉ *e* VITORINO, *depois* RAFAEL
(D. José entra silencioso, de feições contraídas e severas. Mistura de orgulho e ironia)

VITORINO
(afadigado)
Queira sentar-se, senhor... aqui está uma cadeira. Eu vou chamar meu padrinho. *(D. José inclina-se)*

RAFAEL
(entra e corteja a D. José)
Retire-se, Vitorino. Queria falar-me, senhor? *(Vitorino sai)*

D. JOSÉ
Quero falar ao senhor Rafael Proença.

RAFAEL
Estou às ordens de V. Exa. *(sentam-se)*

D. JOSÉ
Sargento, é a primeira vez que o vejo em minha vida, e quanto ao senhor creio que nunca lhe passou pela idéia que existisse D. José de Saldanha.

RAFAEL
Nem todos podem ter uma fama universal.

D. JOSÉ
Entretanto venho pedir-lhe... uma coisa tão singular que não sei explicá-la. Tem lido novelas?

Rafael

O tempo não me sobra para isso.

D. José

Faz muito bem; eu também já não as leio, mas sei o que elas contêm. Um homem encontra-se com outro que lhe é inteiramente estranho... Estamos nesse caso. Vê-lhe uma grande tristeza impressa no semblante, simpatiza com ela. Chega-se ao estranho, dá-lhe os bons-dias e indaga o que tem, convidando-o a verter em seu seio as mágoas que sofre. O outro, movido pela mesma simpatia, conta-lhe a sua vida desde a meninice. Assim é, se me não falha a memória.

Rafael

Quer V. Exa. então...

D. José

Ser seu confidente. Parece-lhe isto uma farsa? Ponha no sentido que Sua Alteza Real, ou alguma outra pessoa influente deseja o seu adiantamento e mandou-me tirar informações.

Rafael

Seria melhor que V. Exa. se dirigisse aos meus superiores. Dar-lhe-iam todos os esclarecimentos.

D. José

E por que não seria o senhor? Dá-se por suspeito?

Rafael

Pois bem; seja assim como deseja. Estou hoje com veia de intimidade maravilhosa.

D. José
(*irônico*)

O negócio é mesmo de veias. (*Rafael levanta-se impetuosamente, e estaca fitando os olhos no quarto de Luísa*) Está incomodado?

Rafael
(*acalmando*)

De nenhuma sorte. Tenho uma pessoa doente em casa; não é de estranhar que julgasse ouvir chamar pelo meu nome. (*sentando-se*) Falávamos nas informações que exige de mim: quer V. Exa. ver a minha árvore de costado: é pena que os meus antepassados se esquecessem de plantá-la.

D. José

Um general da antiguidade dizia: A minha família começa em mim. Não quer seguir essa opinião?

Rafael

Com muito gosto, e será um grande refrigério para a minha memória. Ouça-me, senhor D. José, a minha história é breve. Fiquei órfão de pai na idade de doze anos. Minha mãe teria igualmente sucumbido ao pesar, se não lhe restassem filhos, que precisavam da sua dedicação. Fechou as lágrimas no seio, e trabalhou corajosamente, dia e noite, para que não nos faltasse alimento. Quando eu começava a ser-lhe de alguma utilidade, fui recrutado, arrastado para longe de minha família, às campanhas mortíferas do sul. O que eu sofri naquele tempo, de saudade e de privações, é impossível contar. Servi às ordens do ilustre general Curado, combati no Carumbé e em Catalã, e ganhei a banda de sargento depois da batalha de Tacuarembó. Acabada a guerra com a tomada de Montevidéu, pude voltar a São Paulo. Ah! Minha mãe já não existia! Desde então tenho-me conservado nesta cidade, e gozo, graças a Deus, do melhor conceito.

D. José

E não tem família?

Rafael

Sim, resta-me uma irmã solteira, a quem muito estimo... Quer V. Exa. conhecê-la?

D. José

Por que não? A minha simpatia deve abranger toda sua família.

Rafael

(*chamando*)

Luísa!

Cena XI

Os mesmos e Luísa

Luísa

(*pálida e trêmula*)

Chamou-me?

D. José

(*à parte*)

Não se fez esperar muito.

RAFAEL

Sim, Luísa; vem para o pé de mim. Acanhada! debruça o rosto sobre o meu ombro, esconde essa cara. (*animando-se*) Senhor D. José de Saldanha, não é certo que todo homem, pobre ou rico, bom ou mau, festejado pela sociedade ou proscrito por ela, tem um objeto santo, um ídolo venerado, que nada mancha e nem se pode manchar, que seria o nosso Anjo da Guarda, se Deus se tivesse esquecido do no-lo dar? Para uns é um filho, para outros uma esposa, uma amante. Pode ser também a glória, a virtude, a liberdade. O meu ídolo, senhor, ei-lo aqui; é esta pobre menina; resume em si todas as minhas afeições mortas, todos os meus sonhos do presente. Fazê-la feliz e adorada seria para mim felicidade e adoração. Que quero eu? De que preciso? Desconhecido em nome, pardo na cor, soldado na fortuna, não canso a minha alma com ambições: mas para ela, para este anjo... julgaria sem valor uma coroa. Se tem por acaso um filho, senhor, deve compreender minhas palavras.

D. JOSÉ

(*levemente enternecido*)

Sim, tenho, é bom e generoso. Ah! por que custa-me tanto fazê-lo feliz!

RAFAEL

Além disto, senhor... veja a minha Luísa. Não é bonita? Que brilho de saúde e de mocidade! Quando ela aparecesse em alguma corte, no meio de uma sociedade elegante, quem não diria que nasceu em berço de riqueza, cercada de mimos e regalos? Quem não diria que nestas veias gira o sangue europeu, que... bem o sabe, senhor... é o único sangue puro que há?

LUÍSA

Como sofro!

RAFAEL

Pobre Luísa! Retira-te agora, e vai descansar. Dorme sem cuidados.

LUÍSA

Obrigada, meu irmão. (*beija-lhe a mão e sai. Rafael acompanha-a até a porta*)

Cena XII

RAFAEL *e* D. JOSÉ

D. JOSÉ
(*em pé e agitado*)

Não, não devo ceder... seria uma fraqueza deplorável. (*a Rafael*) Senhor, falemos em outro tom; o que tenho a dizer-lhe é bastante importante, e dispensa preâmbulos.

RAFAEL

Como V. Exa. quiser...

D. JOSÉ

Meu filho Aires de Saldanha viu, por sua e minha desgraça, a essa menina que acaba de sair daqui; a sua rara beleza, a sua graça e inocência fizeram impressão naquela alma sensível. Vendo que o casamento era o único meio de possuir a pessoa que adora, veio pedir o meu consentimento. Eu sei o que devo aos meus quarenta antepassados. Procurei fazer-lhe ver as conseqüências de semelhante união, quis mesmo dominar a sua vontade, mas nada pude conseguir. Foi com a alma dilacerada que aqui vim ter. Confesso que tem-me agradado sumamente. Sei agora que sua irmã é um anjo, e o senhor um moço de educação e de brios. Espero que não porá dúvida a unir-se comigo para obrigar meu filho a renunciar a um projeto insensato.

RAFAEL

(*com amarga ironia*)

Senhor, eu sei tudo isso que acaba de dizer-me, mas permita que ajunte algumas pequenas explicações. Esse encontro de seu filho com Luísa, que V. Exa. parece lamentar tanto, não teve lugar debaixo dos meus auspícios. Eu não tenho pressa de perder a companhia de minha irmã, buscando-lhe marido, e ela é bastante recolhida. Foi somente ontem que eu vim no conhecimento da honra que o senhor Aires queria fazer-nos. Mas não pense V. Exa. que eu contribua para livrar os seus quarenta avós da desfeita que os ameaça. Deixarei de ser advogado de Luísa, mas não me unirei aos seus algozes. Sabe o que faço? Cruzo os braços e digo-lhe friamente: Meu caro senhor, proceda como entender.

D. JOSÉ

Eu não quero impor sacrifícios; se deseja alguma... retribuição pecuniária...

RAFAEL

(*estremecendo*)

Dinheiro! (*pausa*) E em quanto avalia V. Exa. a renúncia de minha irmã?

D. JOSÉ

Dir-mo-á, e será satisfeito.

RAFAEL

Eu lhe vou dizer, senhor. Se V. Exa. tivesse uma irmã como a que eu tenho, pura, bela e extremosa, que nunca venderá seu corpo, mas que sabe dar a quem ama toda sua alma; e viesse alguém propor-lhe o... negócio, que me está propondo, que lhe diria, senhor? qual seria a sua resposta? Quê! pois será honesto e justo para o fidalgo aquilo que parece infame e vil ao peão? (*com força*) Senhor, o coração de Luísa não tem preço!... minha irmã não se vende!*

D. JOSÉ

É injusto em pensar...

RAFAEL

Nem mais uma palavra, senhor, para que eu tome por um sonho a baixeza de que me julgou capaz.

---

* Em errata da 1ª edição, Paulo Eiró, em lugar de "não é uma prostituta!", manda ler – "não se vende!". E, em nota, explica: "Isto é para não excitar os biocos de certos espectadores, que se arrepiariam ouvindo o brutal 'whore' de Otelo, e que aplaudem todavia as Revoltas, as Lusbelas e a demais caterva realista. A coisa é sempre a mesma; o nome é que tem variado". Eiró deixou escapar "whorse", erro tipográfico, em vez de "whore" (nota da 2ª edição preparada por Jamil Almansur Haddad).

D. José

Acredite que eu não sou desses fidalgos ridículos que não perdem ocasião de falar nos seus pergaminhos. Abraçaria de boa vontade como filha a uma moça do povo, se ela fosse semelhante à sua irmã. O caso presente porém é tão especial...

Rafael

Por causa da minha cor? Tem razão. A sorte do homem pardo é tão miserável! O pobre pode chegar à fortuna; o plebeu pode alcançar honras e glória: mas o homem que traz em si o selo de duas raças diversas e inimigas, o que poderá fazer ele? Dirá às suas veias que conservem este e não aquele sangue? Dirá à sua epiderme que tome esta ou aquela cor? Obstáculo insuperável, que esmaga os maiores arrojos da vontade! Preconceito bárbaro e monstruoso que vota ao desalento e à obscuridade tanta alma grande!

D. José

Acompanho-os nesses sentimentos de filantropia; e bem que não deseje ir de encontro às idéias recebidas, por absurdas e desumanas que sejam, saltaria por cima desse inconveniente a fim de assegurar a felicidade de Aires e a minha... pois são uma e a mesma coisa. O obstáculo que existe é outro e maior, direi mesmo invencível. Que importa uma ligeira modificação do sangue?... mas deixar pesar sobre a minha família uma nódoa indelével... Sargento Proença, seu pai era escravo?

RAFAEL

Meu pai? (*depois de um longo espasmo de furor*) Senhor, é a uma pergunta ou a um insulto que eu devo responder?

D. JOSÉ

(*com placidez e desdém*)

Por que se exaspera assim? Se na sua alma existe uma chaga viva, não fui eu que a abri.

RAFAEL

(*serenando*)

Tem ainda razão, senhor D. José. Sejamos até o fim homens de gelo. Eu responderei a essa pergunta contando a história de meu pai. Ela nada tem de rara, mas é curiosa. – Um fazendeiro abastado havia perdido sua mulher. Ainda robusto, sentia esses transportes, que na mocidade têm o nome de amor, mas que nos fins de uma vida, consagrada toda ao domínio e à cobiça, tornam-se cegos e vergonhosos como os instintos dos brutos. Para que contrair um segundo himeneu, que transformaria seus planos de família e de engrandecimento, quando viviam aí pelas senzalas e campos tantas escravas complacentes? Foi o que ele pensou e o que fez. A preferida, senhor, era uma pobre mulata que, criada com mimo por sua senhora, não fora rasgar os pés na roça ou nas matas virgens, nem crestara o rosto nas exalações ardentes do engenho de açúcar. Foi a minha avó, senhor D. José. Ela não resistiu aos afagos de seu senhor... pois não seria ridículo? Daí a nove meses o fazendeiro tinha mais um filho e mais um escravo. Sim, mais um escravo: e para que lhe concederia a liberdade? Que direitos lhe dava a ele esse pingo de sangue limpo que se lhe introduzira nas veias? Para que diminuir a herança dos filhos queridos? A pobre criança viveu pois com os outros crioulinhos, feliz por lhe deixarem sua mãe. Quando morreu o fazendeiro, seus filhos tiveram escrúpulos de associar-se àquela injustiça atroz: meu pai recebeu a sua carta de alforria. Eu já o tinha dito: esta história é vulgaríssima, mas era preciso dar uma resposta a V. Exa.

D. José

Vê agora que é...

Rafael

Sou filho de um escravo, e que tem isso?... onde está a mancha indelével?... O Brasil é uma terra de cativeiro. Sim, todos aqui são escravos. O negro que trabalha seminu, cantando aos raios do sol; o índio que por um miserável salário é empregado na feitura de estradas e capelas; o selvagem, que, fugindo às bandeiras, vaga de mata em mata; o pardo a quem apenas se reconhece o direito de viver esquecido; o branco enfim, o branco orgulhoso, que sofre de má cara a insolência das cortes e o desdém dos europeus. Oh! quando caírem todas estas cadeias, quando estes cativos todos se resgatarem, há de ser um belo e glorioso dia!

D. José

Vejo com pesar que nada temos feito...

Rafael

(*prorrompendo*)

E que quereis que eu faça, senhor? Não basta já de vergonha e de humilhação? A vós é que compete retirar-vos, antes que eu me esqueça dos vossos cabelos brancos. (*D. José vai a sair, entra Aires, firme e altivo*)

Cena XIII

AIRES *e os mesmos*

AIRES

Sargento Rafael Proença, venho pedir-lhe a mão de sua irmã.

D. JOSÉ

Aires, que significa isto?

RAFAEL

Chega tarde, senhor. Eu sei bem o que faço, lavro uma sentença de morte. Embora! Vosso sangue não há de unir-se com o meu sangue. (*Quadro. Cai o pano.*)

FIM DO ATO SEGUNDO

ATO TERCEIRO

Independência ou morte!

(Um pouso na estrada de Santos. O teatro é dividido em duas partes, representando à esquerda do espectador uma taberna com balcão, bancos etc. e duas portas, uma no fundo, dando para a estrada, outra que comunica com o interior da casa: à direita uma salinha, com trastes usados e grandes estampas de batalhas, pregadas às paredes; uma janela ao fundo. Porta na parede de divisão.)

Cena I

(À direita Aires, dormindo com o rosto encoberto. À esquerda Mendonça, junto ao balcão, e Brás, entrando.)

MENDONÇA

Então como vai isso?

Brás

O arco está pronto, patrão: um arco todo feito de murta, com dois coqueiros aos lados, que parecem os batentes da porta do céu. Olhe-me cá da porta um bocadinho: verá que maravilha!

Mendonça

(*indo olhar*)

Ótimo. O príncipe há de gostar disso.

Brás

Ora, não me paga as tardes? Olhe que o trabalho foi grande. Vamos! Um copinho da brasileira.

Mendonça

(*desarrolhando uma botija*)

Ah! rapaz, cedo começas com o vício.

Brás

Que se lhe há de fazer! Os Brases todos sofrem da garganta. (*bebe*) Ai! que pinga! Se o patrão repetisse a esmola...

Mendonça

Vá para lá, velhaco. Não tenho camas desocupadas em casa.

Brás

Homem! Por falar em camas... o moço ainda está lá dentro?

Mendonça

Ainda.

Brás

E dorme?

Mendonça

Certamente.

Brás

Assim, fidalguinho. Aposto que aquele não sabe o que é a gente ganhar a vida. E o mais é que estou com pressa de vê-lo acordar.

Mendonça

Por quê?

Brás

Pois não sabe? Berganhamos a roupa.

Mendonça

Que está dizendo?

Brás

A verdade certa. E eu então que fico tão prejudicado! Dar meu chapéu de Braga, a minha calça de todos os dias, e o meu jaleco sem botões por uma roupa fina, que está alumiando de nova. É certo que está uma sopa. O sujeito pelos modos andou conversando com os peixes.

Mendonça

E por isso é mudo como eles. Não lhe pude arrancar dez palavras do bucho. Deixemo-lo dormir, que isso tudo me pagará, e vejamos um pouco da banda da Ipiranga: Nada! Nem gente, nem poeira.

Brás

É cedo, patrão. O homem não passa antes das quatro horas.

Mendonça

E é mau porque perdem a sede. Ainda te lembras do que ajustamos?

Brás

Eu cá só me esqueço das dívidas. Veja bem se não é isto. Assim que apontar a comitiva, saltamos para a estrada e nos imos meter debaixo do arco, em risco de beijar as unhas dos cavalos. Ora, o príncipe não é tão soberbo que nos queira passar por cima. Pára. Os outros fazem o mesmo. Nós então berramos que é um gosto ouvir. – Viva o príncipe regente! – Vinho legítimo da Madeira, e Porto superior. – Abaixo o absolutismo! – Comida fina e barata; a louça é de graça. – Viva a Constituição! – Quartos para dormir: criada bonita.

Mendonça

Alto lá!

Brás

Ora, bem vê que estes vivas nos hão de render alguma coisa. Se o Príncipe parar, paga para beber; e se não, paga para passar.

Mendonça

(*abraçando-o*)

Ó Brás, tu és um grande homem!

BRÁS
(com modéstia)

Deixe-me crescer primeiro. (*chega à porta da direita e espreita*) Não se acordaria ainda!

Cena II

Os mesmos e LIBERATO
(é um negro alto e robusto, de feições orgulhosamente ferozes. Traz a roupa em andrajos e uma grande faca à cinta. Entra silencioso, toca na aba do chapéu e vai sentar-se ao fundo, ao pé do balcão)

MENDONÇA

Que quer?

LIBERATO
(com voz rouca)

Aguardente... vinho... sangue... alguma coisa que atordoe, sim, senhor. (*Mendonça serve-o*)

BRÁS
(à parte)

Aí está uma figura que eu não quero por nada encontrar fora de horas. E parece que pediu sangue para beber... Ora esta! com tanto que não seja o meu...

MENDONÇA

Donde vem você, tio?

LIBERATO

De baixo, meu senhor. Sim... todo branco é senhor.

MENDONÇA

Ah! você chega de Santos? O que há por lá de novo?

LIBERATO

Não há nada. Mataram um homem.

MENDONÇA

Uma morte!

BRÁS

São Brás! Se a conversa continua assim, desconfio.

LIBERATO

Senhor, bota mais cachaça aqui. Eu tenho sede. Eu tenho dinheiro. Hoje é o dia de minha liberdade.

MENDONÇA

Prenderam o matador?

LIBERATO

(*rindo*)

Ah! não. Liberato é ligeiro, não pesa; branco tirou as carnes dele.

MENDONÇA

E como foi esse crime? Quem é esse tal Liberato?

LIBERATO

Ah! senhor, quer ouvir história? Negro vai contar. Eu conheço muito Liberato... é outro como eu mesmo.

Brás
(*à parte*)

Assim me está parecendo.

Liberato

Liberato teve três cativeiros. Primeiro senhor dele era um velho muito bom. Dava esmola pra pobre: Liberato morria de fome. Senhor velho ouvia missa todos os dias, não saía de igreja: Liberato trabalhava sem parar, não tinha dia santo seu. Um dia, branco quis fazer uma capela; não tinha dinheiro, vendeu Liberato na fazenda. Foi mulher que comprou ele. Marido já tinha morrido. Era bonita... bonita... cara de anjo... fala dela era música. Negro apanhava todo dia, negro comia barro pra não morrer de fome, negro não tinha licença de dormir. Sinhá dizia: Feitor não presta! E sinhá ajudava feitor. Um dia mucama quebrou o espelho grande: sinhá arrancou os olhos de mucama.

Brás

Que santinha!

Liberato

Liberato não pôde mais, fugiu. Foi gente atrás, e pegaram nele. Sinhá disse: Surrem até morrer. Liberato apanhou três dias. Nisto chegou homem branco, homem grande, lá do Rio, e disse: Dou meu cavalo rosilho por este negro. Sinhá considerou e respondeu: Pode levar. Liberato esperou que desatassem as cordas e foi ajoelhar ao pé de branco. Branco virou as costas. Liberato jurou não se ajoelhar nunca aos pés de homem. Senhor novo dele tinha um filho, que gostou de moça bonita de São Paulo, e quis casar com ela. Senhor velho foi ver moça, e não deu licença. Senhor moço teimou. Pai dele, então, que faz? Chama soldado, leva filho à força pra Santos. Lá no Cubatão senhor entra num saveiro com filho... rema que rema... chegou na vila. Havia duas noites que senhor não dormia. Fechou filho dele num quarto de cima, pôs Liberato de guarda ao pé da porta e foi-se deitar. Outro dia, quando acordou, abriu o quarto; estava vazio. Chama Liberato. – Onde está meu filho? – Não sei, não, senhor. – Ajoelha, cão. Liberato não quis ajoelhar. Homem pegou num chicote, e tornou a dizer: Ajoelha. Liberato puxou a faca e abaixou-se. Quando branco deu a primeira chicotada, Liberato estendeu o braço: senhor D. José caiu morto. Aí está como foi. Encha o copo, meu amo.

MENDONÇA

É um bom exemplo para os que são compassivos em demasia. Se o tal pateta deixasse Liberato expirar no tronco, estaria hoje com vida e saúde.

LIBERATO

(*rindo atrozmente*)

E com cavalo rosilho dele, sim, senhor.

BRÁS

(*de parte a Mendonça*)

Não lhe parece que o negro sabe a história tintim por tintim? Aposto eu em como viu tudo.

MENDONÇA

Tens razão. Será bom dar com ele na cadeia... mas é preciso disfarçar e não lhe negar aguardente. (*toma o chapéu e sai*)

BRÁS

Não há de ser precisa muita. Vejam como ele cabeceia! Ó preto, queres beber mais?

LIBERATO

(*ébrio*)

Bota, menino. Hoje Liberato é forro... não há de ajoelhar mais.

BRÁS

Senão na forca.

Cena III

Os mesmos, VITORINO *e* LUÍSA

VITORINO

Adeus, Brás. (*vem dando o braço a Luísa, que se apóia nele pálida e abstraída*)

BRÁS

(*alegre*)

Oh! senhor Vitorino! Há tanto tempo que não aparece!

VITORINO

Não tens por aí um quarto, em que D. Luísa possa descansar?

BRÁS

A casa está à sua disposição.

VITORINO

Basta-me a salinha. Faz favor de me preparar uma limonada? (*entra com Luísa à direita, e não dá fé de Aires, que continua imóvel. Luísa parece acordar de profundo sono, e deixa-se cair em uma cadeira*)

BRÁS

Só assim poderá acordar o meu fidalgo.

LUÍSA

(*suspirando*)

Ai! Onde estamos, Vitorino?

VITORINO

Em casa de um nosso conhecido, o senhor Mendonça... não sabe? É preciso tomar fôlego. O sol está de abrasar e a senhora tão abatida...

LUÍSA

(*erguendo-se vacilante*)

Não. Eu nada tenho. Vamos!

VITORINO

D. Luísa... espere um instante. Quer que me arrependa de lhe haver obedecido? Me diga, o que significa pôr-se a senhora a pé, nesta estrada, doente e acabrunhada como está? Aonde imos nós? Em procura de quem? Se é do padrinho, a senhora bem sabe onde ele pára, a sua comissão está acabada, pois o príncipe é esperado hoje. Para que então sair de casa, deixar a cidade? Se é por outra pessoa... se é por causa do senhor Aires...

LUÍSA

Sim... e se for por ele?

VITORINO

Se for por ele... calar-me-ei então. A senhora interrogue sua consciência, ela lhe responderá bem alto.

LUÍSA

(*quase a chorar*)

Já me despreza, Vitorino?

VITORINO

Eu, D. Luísa?!

LUÍSA

Eu bem ouço seu coração dizer: Que mulher leviana e indigna é esta? Que alma vil que esquece o último dos seus deveres e faz da afeição desinteressada dos seus ponte para correr à desonra e à perdição! Não é assim?

VITORINO

(*tristemente*)

A senhora nunca entendeu o meu coração.

LUÍSA

Perdão, Vitorino, perdão! Não sei o que digo... padeço tanto! Se era um martírio cruel estar lá, sem Rafael para consolar-me, só e devorada de febre e de cuidados, mais valeria morrer... morrer caminhando sempre... morrer mais perto de meu irmão e de Aires. Ah! se ao menos eu tivesse notícias... Que estou dizendo? Meu amigo, tem razão... leve-me daqui... salve-me...

VITORINO

Quer que voltemos, D. Luísa?

LUÍSA

Não... quero que me deixe só.

VITORINO

Tem razão. É melhor esperarmos aqui pelo padrinho, e entretanto a senhora cobrará forças. Um pouco de sono não lhe fará mal. Eu saio, para ver quem passa na estrada. Se precisar de alguma coisa, chame o Brás. (*passa à esquerda. Aires ergue-se mansamente*)

BRÁS

Aqui está sua limonada.

LUÍSA

Quem poderá lutar com o destino?

AIRES

(*com brandura*)

Eu, Luísa.

LUÍSA

(*erguendo-se vivamente*)

Aires!... Meu Deus, eu queria morrer assim... (*cai-lhe nos braços*)

AIRES

Que fiz eu? Acabei talvez de matá-la... Pois a ventura também mata. Não! é apenas um desmaio... para que eu possa apertá-la ao seio sem remorso.

Ah! Luísa... como estás pálida! que transfiguração! Que orvalho de morte sangrou a minha linda flor?...

LUÍSA

(*tornando a si*)

Aires! Por que me deixaste, meu Aires?

AIRES

Deixar-te, Luísa! Não viste porventura a mão que nos separou, e que se podia erguer para amaldiçoar-me? E entretanto eu soube tudo arrostar, as iras de meu pai, a escuridão da noite, o mar que não se dignou tragar-me, os desfiladeiros da serra; e aqui me tens... amante feliz e filho maldito.

LUÍSA

Aires!

AIRES

Tu não me deves agradecimento, nada fiz por ti. Não ver-te, não estremecer ao som de tua voz é superior às minhas forças. Mil vezes antes morrer! Quando estás comigo, Luísa, vejo o céu azulado, as réstias de sol; as aves cantam e eu sou feliz. Se estou ausente de ti... não sei para que Deus fez o mundo.

LUÍSA

Sim, Aires, eu o entendo. Se me pudesse explicar assim! Queria contar-lhe qual tem sido meu sofrimento nestes três dias. Se eu não precisasse de vê-lo ainda... teria morrido. Somos bem desgraçados!

AIRES

Antes, mas agora... no céu não estaria melhor.

Brás
(*à esquerda*)
D. Luísa... parece que está doente.

Vitorino
É verdade... a caminhada lhe fez mal. Ficou descansando um pouco.

Brás
Bem... mas deixou-a só na salinha?

Vitorino
(*impaciente*)
Ficou dormindo.

Brás
Dormindo!... mas então... Ah! entendo.

Vitorino
Quanto te devo?

Brás
Cinco réis. (*Vitorino paga-lhe e sai*) Se eu pudesse espiar um pouco àquela porta... veria coisas engraçadas. Nada de asneiras, e trabalhar!

Cena IV

Aires *e* Luísa

Aires
Luísa!

LUÍSA

O que é? Por que me acorda deste sonho?

AIRES

Não queres que te deixe só? Precisas talvez de repouso.

LUÍSA

Não... não preciso... estou tão bem! As minhas lágrimas ainda correm, e já quer deixar-me... Ingrato! Não consinto que se vá... temo tanto torná-lo a perder!... Aires, não fale mais nisso... fique.

AIRES

Meu coração não pede outra coisa e todavia... é inevitável a nossa separação. Ai! daqui a meia hora Vitorino te virá buscar.

LUÍSA

Não o acompanharei.

AIRES

E quando chegar teu irmão!...

LUÍSA

Que chegue... Ah! ele diz isto para me afligir mais... Ainda que Rafael me amaldiçoe... ouve bem?... eu não lhe obedecerei. Não hei de, não! Aires, se me ama... não me abandone... só sua presença me dará forças para resistir.

AIRES

Meu anjo... que direitos tenho eu para exigir tanto?... mas se tu me compreendesses...

LUÍSA

Escute, Aires. Eu sei bem quanto lhe devo... quanto por mim quis sacrificar. O afeto de seu pai; seu orgulho de família; as graças e a riqueza de tantas mulheres... tudo... até a honra... não é certo que se desonrava casando comigo? E que tenho eu para dar-lhe em troca de isso tudo? meu amor só. Pois bem!... eu lho dou e quero que me agradeça.

AIRES

(*ajoelhando*)

De joelhos, Luísa.

LUÍSA

Rafael disse-me tanta coisa que não sei entender. Se amo, por que não hei de dizê-lo? Sou sua esposa; por que não hei de lhe pertencer?

AIRES

(*erguendo-se*)

Posso eu contradizer-te, Luísa? Sim, fora do amor tudo é vaidade. Espera-me aqui... em breve partiremos... Vou aprontar dois animais para nos conduzirem. Lembra-me ter visto na manjedoura um bonito cavalo branco: será para ti. Estás pronta a acompanhar-me... não é assim?... tu o disseste. Mas Vitorino... ele está à tua espera... se descobrir nossos projetos de fuga, há de opor-se sem dúvida. Vou sair por esta janela. Ah! ei-lo aí fora. Chega agora o dono da casa... vou falar-lhe. Até já, Luísa; não desanimes.

LUÍSA

Daqui a pouco estarei pronta. Volte logo. (*conserta a roupa etc.*)

Cena V

Os mesmos e MENDONÇA

MENDONÇA

Muito bem!... o nosso canhembora não se arredou do lugar. Já lhe deixei arranjada na cidade casa de graça. Não tarda aí a escolta.

AIRES

(*à esquerda*)

Senhor!...

MENDONÇA

Que manda?

AIRES

Não tem um cavalo para vender?

MENDONÇA

Tenho dois.

AIRES

Melhor. São meus. Faça o favor de vir entregar-mos, que preciso deles já.

MENDONÇA

Pronto. Ó Brás, já sabes o que tens a fazer?... Vê que os soldados façam despesa... e que a paguem.

BRÁS

Deixe por minha conta. (*a Aires*) Meu amo, a minha roupa... quero dizer, a sua roupa está lá dentro. (*saem Mendonça e Aires*) Oh! foi uma verdadeira pechincha. O pano é bom e não está rasgado.

LUÍSA

Meu Deus, sinto que me falta o ânimo! (*cai sobre uma cadeira e esconde o rosto nas mãos*)

Cena VI

LUÍSA, BRÁS, *um* CABO *e quatro* SOLDADOS

O CABO
(*da porta*)

Psiu!

BRÁS

Podem entrar, camaradas.

O CABO

Onde está o fulano? Será este?... (*indica Liberato adormecido*)

BRÁS

Sem tirar, nem pôr.

O CABO

Está me fazendo pena. Vejam como está avinagrado, e a roncar que nem um bispo! Olá, rapazes, qual de vocês quer carregar esse barril de cachaça? Nenhum?...

UM SOLDADO

Eu, senhor cabo. Deixe primeiro tomar-lhe o peso. Aposto que este tratante não traz passaporte...

BRÁS

Ah! malandro! está-lhe fazendo cócegas nas algibeiras. (*Liberato desperta, e ergue-se impetuosamente. Os soldados recuam*)

O CABO

Está preso. Camaradas, sentido com a porta! não o deixem fugir.

LIBERATO

Preso!... Quem quer me prender?!...

O CABO

Eu, se for do seu gosto. Foi denunciado à Justiça, por haver feito uma brincadeira... lá por Santos... não é isto?

LIBERATO

Preso... entrar na cadeia... forca depois... Não, caminho é comprido... quero outro mais curto. (*desembainha a faca*)

O CABO

Não se entrega?... Cheguem, amigos... agarrem-no, e se resistir.

LIBERATO

Espera, branco. Vê esta faca? ainda tem sangue... mas preto não quer mais defender a vida. Fui eu que matei senhor D. José, e o meu nome é... Liberato. (*fere-se e cai morto. Horror nos soldados*)

O Cabo

Oh! diabo! Quem esperava por esta brincadeira? Que pressa teve ele!

Um Soldado

Poupou uma corda à Justiça.

O Cabo

E talvez alguns arranhões à tua pele. A diligência está feita. Ponham-se em marcha. (*vai a sair; Brás corre a detê-lo*)

Brás

Então, senhor cabo, não gasta alguma coisa?

O Cabo

Agora não pode ser. (*baixo a Brás*) Não vês que somos cinco? Espera, meu rapaz: eu volto logo... só. (*alto*) Vamos, gente. Arrastem isso. (*sai com os soldados, levando o cadáver*)

Cena VII

Brás, Aires *e* Mendonça

Mendonça

Os cavalos são bons. Ficam-lhe quase de graça. Não se há de arrepender do negócio.

Aires

Dê-me a conta do que devo, que não me posso demorar muito. É verdade... não há outro caminho para sair na estrada?

MENDONÇA

Há outro, aqui por dentro. Encurta bastante. (*Aires entra, à direita. Mendonça senta-se ao balcão para escrever*) Brás, dá-me papel e tinta. Esqueci-me de perguntar o nome. Que vá... Francisco José Pena.

BRÁS

Não lhe vai deixar uma só.

LUÍSA

Pois já?...

AIRES

Vamos, Luísa, não há tempo a perder. Que fazes? Aqui está teu chapéu... toma o xale... apressa-te.

LUÍSA

Aires, o coração bate-me tanto... não é uma ação má que imos cometer?

AIRES

Quê, Luísa! Já te arrependes do passo que vais dar! Que é feito do teu amor, e da tua resolução?

LUÍSA

(*desatando o pranto*)

Aires...

VITORINO

(*fora*)

D. Luísa... ele aí chega.

AIRES

É Vitorino... Oh! meu Deus, que tudo se vai perder!

Luísa
(*erguendo-se*)

Não, Aires... eu já estou pronta. Aonde quer que eu vá? diga...

Aires

Segue-me. Ah! a minha bolsa que eu esquecia... Vamos agora. (*dá-lhe o braço, dirigem-se à esquerda*)

Cena VIII

Os mesmos e Rafael

Rafael
(*fora*)

Ela está aqui, Vitorino? (*entra precipitadamente pela esquerda, como quem chega de longa marcha, e vai direito a Mendonça*) O príncipe vai passar... (*atira ao balcão um punhado de moedas*) Tomem isto... e não se esqueçam de gritar: Independência ou morte!

Mendonça

Ouves, Brás?... corramos ao arco. Deixa o dinheiro rolar, avarento! (*saem ambos correndo*)

Cena IX

Rafael, Aires *e* Luísa

Luísa
(*à esquerda*)

Ah! Aires, o amor que eu lhe tenho deve ser bem grande...

RAFAEL

(*correndo para Luísa*)

Minha irmã... (*ao tomá-la nos braços, vê Aires, repele Luísa com indignação e pasmo, e recua violentamente*) Ah!

LUÍSA

(*caindo de joelhos*)

Perdão... Rafael!

AIRES

(*aniquilado*)

Ele!... ele aqui!...

RAFAEL

(*com frieza*)

Senhora... perdoe-me... não a conheço. Vinha de fora, aqui está tão escuro... enganei-me.

LUÍSA

Meu irmão...

RAFAEL

(*desdenhoso*)

Engana-se igualmente: eu já não tenho irmã. (*a Aires, dando um passo*) Que vinha aqui fazer, senhor Saldanha?

AIRES

(*mostrando Luísa*)

Levá-la comigo, ou morrer.

RAFAEL

Levá-la consigo... nada mais justo. Tem provavelmente direitos sobre ela; e eu, quando ainda os tivesse... não os quereria sustentar. (*rindo com amargura*) Ah! ah! ah! Cuida que eu os embargarei? que arrancarei os cabelos, e me atravessarei na porta?... Oh! não! Que tenho eu com isso? Um passeio ao luar... com uma bela amante ao lado... é coisa que a ninguém se proíbe. Não valia a pena apear-me para ver essa bagatela. Senhora, pode passar.

LUÍSA

Mano, mate-me... mate-me antes... mas não me fale assim.

RAFAEL

Matá-la... Para quê? Seria uma brutalidade sem motivo. Uma noite... não faz muito tempo isso... haverá quem se lembre... suspeitei que o meu amor só não bastava à minha irmã, e estive a ponto de cometer um crime. Hoje, vejo-a desonrada... e vou-me embora. (*dá alguns passos para sair, e volta-se repentinamente. Prorrompendo*) Meu Deus... e sou forçado a amaldiçoar este dia!... Luísa, que fizeste?... Onde está o teu anjo da guarda? Não te lembraste de mim? não te lembraste de nossa mãe? Desgraça! desgraça! Eu ardia de impaciência de ver-te, guardava para ti mil beijos, mil consolações... e tu abandonavas-me... Luísa!

LUÍSA

Perdão!

RAFAEL

Não, não posso perdoar-te... porque não te posso punir. Pensas que é a ele que odeio e detesto?... não! é a ti, a ti somente. Que é Aires de Saldanha a meus olhos? um estranho, um filho de outra pátria, uma vida que há de cessar quando eu quiser. Mas tu, Luísa!... tu minha irmã!...

LUÍSA

Perdão para ele!

RAFAEL

Nunca! São baldadas as tuas súplicas. Roja! roja, miserável! satisfaze a tua natureza. As mulheres são víboras.

AIRES

Ergue-te, Luísa... Pedir por mim é degradar-me.

RAFAEL

Que disse ele? Parece que o infame ainda se atreve a provocar-me! Cuidado, Saldanha... ou verás como a esmago diante dos teus olhos.

AIRES

(*pondo-se de permeio*)

Mata-me antes, Proença!

RAFAEL

Desgraçado!

AIRES

(*erguendo Luísa*)

Ergue-te, Luísa; não fraqueies. Lembra-te que me amas, e que te amarei com o dobro dos afetos que podes perder. Teu irmão te repele... eu também fui amaldiçoado por meu pai.

Cena X

Os mesmos e VITORINO

VITORINO

Já não tem pai, senhor.

AIRES
(*admirado*)

Que dizes?

RAFAEL

D. José...

VITORINO

O senhor D. José foi assassinado por um escravo, que ele julgava ter favorecido a fuga de seu filho. (*Rafael medita*)

AIRES

Assim, fui eu que o matei... foi a minha mão que descarregou-lhe o golpe! Vês tu, Luísa? o meu destino é este... Foge de mim! Eu sou um ente maldito... cujo contato tudo mancha e infelicita. Oh! Luísa, que futuro eu sonhava!... e que existência é esta!

RAFAEL
(*gravemente*)

Escuta, Saldanha. Deus acaba de tirar-te os bens mais estimáveis da vida. Da tua família resta só uma sepultura ensangüentada. Esta terra que pisas já te não conhece; é uma terra livre, que te rejeita com suas faixas de escravidão. Nem pátria, nem família...

AIRES

Acaba, tirando o que Deus me deixa.

RAFAEL

Quando tinhas tudo isso, eras para mim um inimigo. Hoje, que nada tens, estendo-te a mão e digo-te: Queres aceitar a minha pátria e a minha família?

AIRES

(*maravilhado*)

Que vens a dizer?

RAFAEL

Dá-me a tua mão, Luísa. Hoje é o dia do Ipiranga e da felicidade. Aires de Saldanha, queres ainda ser meu irmão?

LUÍSA

(*com um grito de júbilo*)

Rafael! eu devo-lhe a vida.

AIRES

Irmão! tu és grande como Deus. (*abraçam-se estreitamente*)

RAFAEL

(*comovido, tentando desembaraçar-se*)

Basta... Que é isto? Querem estrangular-me em agradecimento do que fiz? (*Tropear de cavalos, tinir de espadas, vozes fora.*) Ouvem?...

MENDONÇA, BRÁS *ETC.*

(*fora*)

Independência, ou morte! (*o príncipe e seu séquito atravessam o fundo do teatro*)

VITORINO

É Sua Alteza que chega.

RAFAEL

(*grave e descobrindo-se*)

Descubram-se, filhos... É o Brasil que passa.

VOZES DO SÉQUITO

(*fora*)

Independência, ou morte! (*O ruído afasta-se; cai o pano.*)

FIM DO DRAMA

Cromosete
Gráfica e editora Ltda.

Impressão e acabamento
Rua Uhland, 307 - Vila Ema
03283-000 - São Paulo - SP
Tel/Fax: (011) 6104-1176
Email: adm@cromosete.com.br